Gonglu Shuiyun Gongcheng Shiyan Jiance Renyuan Kaoshi Yongshu

公路水运工程试验检测人员考试用书

Gonggong Jichu

公共基础

（第二版）

交通运输部工程质量监督局
交通运输部职业资格中心 组织编写

解先荣 主编

人民交通出版社

内 容 提 要

本书为交通运输部工程质量监督局和交通运输部职业资格中心组织编写并审定的《公路水运工程试验检测人员考试用书》之一。本书根据国家有关法律法规及交通规范性文件的管理要求，紧密联系公路水运工程试验检测实际，强调实用性和可操作性，内容全面、系统，全书共分三篇十一章，主要内容包括：公路水运工程试验检测的发展概况；公路水运工程试验检测管理有关法律法规，如计量法、标准化法、建设工程质量管理条例、实验室资质认定、认可管理、公路水运试验检测管理办法、公路水运试验检测人员继续教育管理办法、公路水运试验检测安全管理、资质认定评审准则；试验检测基础知识，如试验检测常用术语和定义，法定计量单位，数值修约规则与极限数值的表示和判定、误差与测量不确定度，实验室能力验证，统计技术和抽样技术，设备检定校准结果的运用等内容。本书在编写时紧扣2012年《公共基础》科目考试大纲要求的内容，力求条理清楚，实践性强，重点突出。

本书既可作为公路水运工程试验检测技术人员培训教材，也可供试验检测管理及相关专业技术人员使用。

图书在版编目(CIP)数据

公路水运工程试验检测人员考试用书.公共基础/交通运输部工程质量监督局，交通运输部职业资格中心组织编写.—2版.—北京：人民交通出版社，2012.3

ISBN 978-7-114-09722-5

Ⅰ.①公… Ⅱ.①交… ②交… Ⅲ.①道路工程—试验—资格考试—自学参考资料 ②道路工程—检测—资格考试—自学参考资料 ③航道工程—试验—资格考试—自学参考资料 ④航道工程—检测—资格考试—自学参考资料 Ⅳ.①U41 ②U61

中国版本图书馆CIP数据核字(2012)第050913号

书　　名：公路水运工程试验检测人员考试用书　公共基础　(第二版)
著 作 者：交通运输部工程质量监督局
　　　　　交通运输部职业资格中心
责任编辑：曲　乐　韩亚楠
出版发行：人民交通出版社
地　　址：(100011)北京市朝阳区安定门外外馆斜街3号
网　　址：http://www.ccpress.com.cn
销售电话：(010)59757973
总 经 销：人民交通出版社发行部
经　　销：各地新华书店
印　　刷：北京盈盛恒通印刷有限公司
开　　本：787×1092　1/16
印　　张：17.25
字　　数：400千
版　　次：2010年6月　第1版　2012年3月　第2版
印　　次：2013年4月　第2版　第5次印刷　累计第10次印刷
书　　号：ISBN 978-7-114-09722-5
定　　价：44.00元

《公路水运工程试验检测人员考试用书(第二版)》编审委员会

序

工程试验检测贯穿于设计、施工、监理、验收、养护、维修等各个环节，已成为控制和评判工程质量的重要基础，对保证工程质量起着举足轻重的作用。工程试验检测对专业性、技术性、实际操作性要求高，而检测人员素质的高低直接影响到试验检测结果的准确性。特别是近年来，许多新技术、新材料在工程上的广泛应用，使得检测岗位更需要高素质的复合型人才。因此，为保证试验检测数据的公正、准确、可靠、有效，就必须有行之有效的制度来加强对试验检测从业人员的管理，不断提高试验检测从业人员水平。

交通运输部历来对工程试验检测工作十分重视。1998 年，颁布了《公路水运工程试验检测人员资质管理暂行办法》等一系列规章制度，强化对试验检测人员的管理。2003 年，印发了《关于公布已取消和改变管理方式的交通部行政审批项目后续监管措施的通知》，明确要求对公路水运工程试验检测人员实施从业标准管理。2005 年，颁布了《公路水运工程试验检测管理办法》，再次明确自 2007 年 11 月 31 日起，试验检测从业人员需通过业务考试方能上岗，随后我局印发了《公路水运工程试验检测人员考试办法》，全面开展公路水运工程试验检测人员业务考试。2009 年以来，我局会同部职业资格中心在全国范围内先后组织了四次公路水运工程试验检测人员过渡考试，共有约 32 万人参加考试。

试验检测从业人员的素质，决定着试验检测工作的质量和水平。组织实施试验检测从业人员的考试和继续教育，是提高试验检测人员业务能力和水平的有效途径。为此，我局会同部职业资格中心组织编写了《公路水运工程试验检测人员考试用书》。该套用书结合当前我国公路水运工程建设技术水平和国家、行业有关标准、规范的发展情况，紧扣 2012 年新版试验检测考试大纲要求，全面系统地介绍了公路水运工程试验检测基础理论和实用技术，可作为公路水运工程试验检测人员考试的复习指导用书，同时也适用于广大试验检测人员业务学习和继续教育，具有较强的实用性和可操作性，基本能满足公路水运工程试验检测工作的实际需要。

在该套用书的编写过程中，部职业资格中心精心组织，克服时间紧、任务重的困难，按时完成了编写任务；人民交通出版社为编写工作的完成提供了有力的保证；有关专家认真审查、严格把关，提出了很好的意见和建议。在此向他们表示衷心的感谢！

交通运输部工程质量监督局 李彦武

2012年3月

出版说明

质量是工程的生命，试验检测是工程质量管理的重要手段。客观、准确、及时的试验检测数据，是工程实践的真实记录，是指导、控制和评定工程质量的科学依据。加强公路水运工程试验检测，充分发挥其在质量控制、评定中的重要作用，已成为公路水运工程质量管理的重要手段。

随着我国公路水运工程建设标准、规范体系的不断完善和试验检测技术的日益发展，对试验检测人员的职业能力和水平提出了更新、更高的要求。原交通部1998年以来陆续颁布了《公路水运工程试验检测人员资质管理暂行办法》、《公路水运工程试验检测管理办法》和《公路水运工程试验检测人员考试办法》等一系列规章制度，启动了公路水运工程试验检测人员从业资格管理。2007年，原交通部基本建设质量监督总站以省为单位组织了公路水运工程试验检测人员业务考试；2009年以来，交通运输部工程质量监督局会同交通运输部职业资格中心，在全国范围内先后组织了四次公路水运工程试验检测人员过渡考试。

为满足试验检测行业发展要求，并为试验检测人员考试提供复习参考，部质监局会同部职业资格中心组织编写了《公路水运工程试验检测人员考试用书》。本套考试用书内容丰富、系统、涵盖面广，每本用书内容相对独立、完整、自成体系，结合当前我国公路水运工程建设技术水平和国家、交通运输部有关标准、规范的发展情况，收录了当前公路水运工程试验检测的前沿理论和新技术。整套考试用书有理论，有基本操作讲解，有实例，全面系统地介绍了公路水运工程试验检测理论和实用技术。作为公路水运工程试验检测人员考试的复习指导用书，本套考试用书在编写时，紧密结合考试大纲要求，适用于广大试验检测人员全面系统地学习和掌握公路水运工程试验检测技术，具有较强的实用性和可操作性，基本能够满足公路水运工程试验检测工作的实际需要。

本套考试用书包括《公共基础》、《公路工程试验检测人员考试用书》、《水运工程试验检测人员考试用书》，共9册。

《公共基础》由解先荣主编，主要介绍公路水运工程试验检测发展概况、公路水运工程试验检测管理有关法律法规、试验检测基础知识等。

《公路工程试验检测人员考试用书》包括《材料》、《公路》、《桥梁》、《隧道》、《交通安全设施及机电工程》5 册。《材料》由李福普、李闯民主编，内容包括土工试验、集料、水泥和水泥混凝土、沥青和沥青混合料、钢材以及土工合成材料等的试验检测。《公路》由和松主编，主要介绍公路工程质量检验评定和路基路面现场测试等。《桥梁》由何玉珊、章关永主编，主要介绍桥梁工程质量等级评定、桥梁工程结构常用仪器设备的性能和使用、桥梁静动力荷载试验等。《隧道》由陈建勋主编，主要介绍超前支护与围岩施工质量检查、开挖质量检测、施工监控量测、混凝土衬砌质量检测等内容。《交通安全设施及机电工程》由韩文元、包左军主编，主要介绍交通工程试验检测基础知识，交通管理设施、监控设施、通信设施、收费设施等的试验检测。

《水运工程试验检测人员考试用书》包括《材料》、《地基与基础》和《结构》3 册。《材料》由谭华主编，主要从所用的工程部位、组批原则、取样方法、检验项目、试验设备、试验步骤、试验结果分析等环节详细阐述了水运工程常用材料的试验检测。《地基与基础》由徐满意、周福田主编，主要介绍土工基础知识、常用的土工试验方法、主要的原位测试方法、主要的地基处理方法和复合地基桩身质量检测等。《结构》由朱光裕主编，主要介绍混凝土结构力学及缺陷现场检测、结构与构件的静动力试验、桩的静荷载试验、基桩高应变动力检测、锚杆试验与检测技术等。

本套考试用书以国家和交通运输部颁发的有关法规及标准规范为依据，虽经全面审查和补充修改，但其中仍难免有不足之处，诚挚希望广大读者在学习使用过程中及时将发现的问题函告我们，以便进一步修改和补充。该套考试用书在编写过程中得到人民交通出版社和有关专家的大力支持，在此一并致谢。

交通运输部工程质量监督局
交通运输部职业资格中心
2012 年 3 月

前　言

交通运输部工程质量监督局和交通运输部职业资格中心于2012年2月编制出版了《公路水运工程试验检测人员考试大纲》(2012年版),大纲对各专业考试科目的划分和要求掌握的内容范围作了明确的规定和说明,为指导参加考试人员结合大纲学习与掌握相关知识,交通运输部工程质量监督局和交通运输部职业资格中心组织有关专家编写了《公路水运工程试验检测人员考试用书》,该系列考试用书同时也可作为从事试验检测管理与操作的工程技术人员及高等院校相关专业师生在实际工作和教学中的参考用书。

本书是在2010版《公共基础》考试用书的基础上,根据2012年《公共基础》科目考试大纲要求内容修订的。2012年《公共基础》考试大纲是在原2010年考试大纲的基础上,根据新近发布的有关法律、法规,以及对试验检测工作的需要,对原有考试大纲的内容进行了补充完善。与2010年《公共基础》考试用书要求的内容相比,本书保留了原有的国家有关试验检测法律、法规及规范性文件的内容,如计量法、标准化法、建设工程质量管理条例等法律法规;交通运输部工程质量监督局出台的规范性文件,如试验检测机构信用评价、工地试验室管理指导意见;《检测和校准实验室能力认可准则》、《实验室资质认定评审准则》、测量不确定度、实验室能力验证以及管理术语内容,试验检测人员必备的基础知识,如数据的修约、国际单位制等,能力验证等内容;在法律法规方面,新增了交通运输部工程质量监督局2011年发布的《公路水运工程试验检测人员继续教育办法(试行)》、《公路水运工程试验检测机构换证复核细则(试行)》的内容,同时增加了公路水运试验检测的安全管理章节;在试验室检测基础知识方面,对测量不确定度的应用提出了要求。

本考试用书在修订时,紧扣2012年考试大纲的要求,力求做到全面、系统、实用、通俗易懂,但由于编写时间仓促,水平有限,错误在所难免,恳请广大读者多提宝贵意见。

本书由解先荣主编,姜竹生参与了第三章的编写,王捷、王亦麟分别参与了第八章、第九章部分内容的编写,在编写过程中得到了黄孙俊、吴晓明、刘亚楼、鲍香苔等的大力支持,在此表示感谢。

编　者

2012年2月

目　录

第一篇　概　　述

第二篇　公路水运工程试验检测管理

第三篇　基础知识

附 录

第一篇

概　　述

第一章 概 述

质量是工程的生命，试验检测是工程质量的重要组成部分，是工程质量科学管理的重要手段。伴随着公路水运工程建设的发展，试验检测也得到了较快发展，从业人员的数量和素质都有较大提高，试验检测在质量控制、评定中的作用得到充分发挥。回顾试验检测的发展历程，对于提高试验检测工作质量，为工程提供客观、公正、准确的检测数据具有重要意义。

第一节 公路水运工程试验检测起源与发展

我国公路水运工程试验检测起源于 20 世纪 80 年代，由于当时设备简陋，试验规范标准不全，施工质量控制大多凭经验，试验数据很少。直到 20 世纪 90 年代，国家为了加快经济的发展，交通建设投资规模急速增加。随着高速公路的建设发展，规范标准的逐步完善，质量意识的不断提高，公路工程试验检测数据已成为交(竣)工验收评定的依据，试验检测工作在质量控制方面的重要性日益显现，人们对试验检测工作的重视程度得到提高。

为加强对公路工程试验检测人员的管理，提高公路工程试验检测工作质量，实现检测数据对工程施工的质量控制和指导，交通部基本建设质量监督总站❶于 1997 年首次对公路试验检测做出管理规定，出台了《公路工程试验检测机构资质管理暂行办法》，明确了从事公路试验检测的机构需取得相应的资质，并对资质等级以及设备、人员配置作出规定，之后又发布了《公路水运工程试验检测人员资质管理暂行办法》及《公路水运工程试验检测人员资质培训管理暂行办法》等规范性文件，规定试验检测人员资格系执业资格，分为公路工程和水运工程两个专业，有试验检测工程师、试验检测员两种资格。具备资格者，经试验检测机构聘任，按照核定的业务范围，从事相应的试验检测工作。这些管理规定的出台，初步建立了公路工程试验检测管理法规体系，这对于尚处于起步阶段的公路试验检测机构及人员的规范管理，起到很好的指导作用，增强了人们对试验检测工作管理必要性的认识。

随着水运工程建设的快速发展，技术标准的提高，水运工程建设新技术新工艺和新材料不断涌现，社会对水运工程的建设质量要求越来越高，水运工程实行了施工技术的质量检测验收制度。为了规范水运工程质量检测管理，保障质量检测验收数据的准确可靠，2002 年交通部❷出台了《水运工程试验检测机构资质管理办法》(交通部令 2002 年第 4 号)，将水运检测机构类别分为材料和结构。材料设置甲乙丙三个等级，结构分为甲乙等级，对从事水运工程试验检测的机构和人员做出了规定，在人员数量、设备配置、检测环境等方面提出了相应的要求。《水运工程试验检

❶交通部基本建设质量监督总站更名为交通运输部工程质量监督局，后同。

❷交通部现已更名为交通运输部，后同。

测机构资质管理办法》的出台，在规范试验检测机构管理、人员检测行为等方面发挥了重要作用，引导了检测市场朝着规范、健康、有序的方向发展，为该时期水运工程质量的保障发挥了应有的作用，为后期公路水运工程检测市场的管理积累了经验，同时也为《公路水运工程试验检测管理办法》(交通部令 2005 年第 12 号)(以下简称《办法》)的出台奠定了基础。

为满足公路水运试验检测机构和人员对管理的需求，以及《中华人民共和国行政许可法》和国务院转变管理方式的文件精神，原来的管理方式已经不适应当时的形势，要求必须改变思路，创新管理模式。2005 年交通部基本建设质量监督总站经过大量调查研究，广泛征求意见，历经多次专家会议的讨论，依据有关法律法规，针对公路水运建设特点，出台了《办法》。该《办法》首次将公路水运检测要求进行了统一，建立了公路水运检测机构的等级评定制度，根据检测机构的能力水平实施等级管理，同时明确能力等级划分原则以保证检测机构能胜任与所从事的公路水运工程规定的试验检测参数相适应为准。为了贯彻实施办法，出台了《公路水运工程试验检测机构等级标准》及《公路水运工程试验检测机构等级评定程序》(以下分别简称《等级标准》、《等级评定程序》)。《等级标准》规定了各等级的检测能力及与之相对应的人员资格及数量、设备要求、试验检测用房等，各等级检测能力设置是根据公路工程质量检验评定标准和水运工程强制性标准来进行的，基本覆盖了标准中关键性指标和参数；在进行能力等级划分时，要尽量与已形成的检测市场相衔接；对于水运工程基本上沿袭了《水运工程试验检测机构资质管理办法》(交通部令 2002 年第 4 号)的划分模式，公路工程检测机构等级设置的综合甲、乙、丙级也和原有的相同，但增加了桥梁隧道和交通工程检测专项。

由于交通建设工程大都在远离城市、交通不便的地方，为了满足工地现场检测的需要，必须设立工地试验室，通过工地试验室的检测，实现对在建工程质量的控制。工地试验室的出现，在方便工地现场检测的同时，也给试验检测的管理工作提出了更高的要求。

《办法》针对交通行业特有的工地试验室作出规定，强调“取得《公路水运工程试验检测机构等级证书》的检测机构，可设立工地试验室，承担相应公路水运工程的试验检测业务，并对其试验检测结果承担责任”。这样设定，使责任主体得以明确，对保证工地试验室的检测工作质量可起到积极作用。

为了加强对试验检测人员的管理，提高试验检测人员的素质，交通部基本建设质量监督总站依据《办法》的规定，于 2007 年 2 月 24 日出台了《公路水运工程试验检测人员考试办法》，对试验检测人员考试的组织、考试科目与方式、考试报名及试验检测证书等内容作了详细规定。

自《办法》颁布以来，全国试验检测市场得到进一步发展，管理得到进一步规范，具有公路水运工程试验检测等级证书的机构达到一定的规模。目前具有甲级及专项证书的机构有 80 余家；具有乙、丙级的机构有千余家。全国检测机构的等级数量从高到低形成“金字塔”式的合理布局，交通行业检测市场得到了前所未有的发展。为了满足市场对检测人员的需求，交通运输部基本建设质量监督总站多次组织全国性的考试，参考人数累计达数十万之多，通过考试取得相应证书的人数达十余万人，培养了一批业务素质较高的队伍，为交通建设工程质量水平的提高夯实了基础。试验检测市场正朝着健康有序的方向发展，在控制工程质量，提供科学、客观准确的数据，指导施工、创造优质工程精品工程方面，发挥着重要作用。

第二节 公路水运工程试验检测的作用

试验检测贯穿于公路水运工程的始终,从设计初期的地质勘察到施工建设再延伸到使用中的监控养护,均离不开试验检测。设计需要地质勘察的数据为其设计方案提供依据,施工建设工程中的质量控制需要对所用材料的质量进行检测,避免使用不合格的材料,同时对已完工的工程实体进行检测,确保工程的实体质量满足相关规范要求。试验检测是工程建设中,进行质量、进度、费用三大控制的重要手段,通过试验检测,可以合理地选择原材料,优化原材料的组合,提高工程质量,降低建设成本,节约工程造价;通过试验检测,可以确定新材料的使用品质,为提升新材料的质量提供技术支撑,为发展新技术做出贡献;通过试验检测,可以不断改进施工工艺,优化施工流程,保障施工质量;通过试验检测,可以确定工程内在质量和外观质量,验证施工与设计的一致性,及时发现、消除工程质量隐患,为保证工程质量奠定基础;通过试验检测,还可以为分析工程质量事故的原因提供佐证,为实事求是地处理工程质量事故提供科学依据。可以说,试验检测工作是推进技术进步的先导,是加强质量管理的先行,是严格质量把关的重要关口,也是质量优劣评定的重要依据。

"十二五"时期是全面建设小康社会的关键时期,是深化改革开放、加快转变经济发展方式的攻坚时期。把可持续发展作为基本要求,促进绿色发展。树立绿色、低碳的发展理念,继续推进资源节约型、环境友好型交通行业建设,加快建立以低碳为特征的交通运输体系,强化节能减排,集约节约利用资源,促进资源循环利用,加强生态和环境保护,实现交通运输绿色发展。到2015年,基础设施网络更趋完善,结构更加合理,交通运输供给能力明显增强基础设施公路网规模进一步扩大,技术水平与质量明显提升,公路总里程达到450万公里,国家高速公路网基本建成,高速公路总里程达到10.8万公里,覆盖90%以上的20万人以上城镇人口城市,二级及以上公路里程达到65万公里,国省道总体技术状况达到良等水平,农村公路总里程达到390万公里。

港口码头结构进一步优化,深水泊位达到2 214个,能力适应度(港口通过能力/实际完成吞吐量)达到1.1。内河航道通航条件显著改善。"两横一纵两网十八线"1.9万公里高等级航道70%达到规划标准,高等级航道里程达到1.3万公里,内河水运得到较快发展,运输优势进一步发挥。

面对大量新建和已建成正在使用中的道路、桥梁及水运工程项目,如何通过建设过程中的质量控制和使用后期的质量监测,采集并分析数据的变化,确定科学的养护方法和养护时间,保证其使用期间的质量满足要求,达到设计使用寿命或延长使用寿命,节约资源,已成为试验检测工作需要面临的新课题。公路水运工程试验检测技术是一门正在发展的新兴学科,它融试验检测基本理论和测试操作技能及公路水运工程相关学科基础知识于一体,是工程设计参数、施工质量控制、施工验收评定、养护管理决策及各种技术规范和规程修订的主要依据。21世纪,是我国进入全面建设小康社会,加快推进现代化建设的新阶段。随着工程建设管理水平的不断提高,人们给工程质量赋予了新的内涵,工程质量不仅关系到人民生命财产安全、人身健康、环境保护和其他公众利益,还与保护资源、节约投资、提高经济效益和社会效益息息相关。工程质量已成为人类创造文明财富、保护生态环境、推进科技创新、体现人文景观成果的综合反映。因此,面对工程质量的新内涵,试验检测人员需要不断更新理念,用科学、准确的数据为工程质量把好关,充分发挥试验检测对质量控制的作用。

第三节 公路水运工程试验检测的作用

第二篇

公路水运工程试验检测管理

第二章

公路水运工程试验检测管理相关的法律法规

我国试验检测机构分布在各个领域,试验检验机构借助各种试验仪器设备,根据有关法律、法规、标准规范,实施对相关领域产品的质量检测,为保障产品的质量发挥了重要作用。1985 年国家颁布《中华人民共和国计量法》(以下简称《计量法》),对产品检验中所使用的计量器具分为强制检定的和非强制检定的,并制定计量器具检定的管理规定;1987 年依据《计量法》发布的《计量法实施细则》中规定对检验机构实施计量认证考核。《计量法》及其实施细则规定,凡是为社会提供公正数据的产品质量检验机构,必须经省级以上人民政府计量行政部门计量认证。1990 年国家发布《中华人民共和国标准化法》以及《标准化法实施条例》对标准制定及有效性、标准的实施与监督等方面作了明确规定。为了加强对建设工程质量的管理,保证建设工程质量,保护人民生命和财产安全,2000 年国家颁布了《建设工程质量管理条例》,规定从事建设工程的新建、扩建、改建等有关活动及实施对建设工程质量监督管理的,必须遵守本条例。交通工程属于建设工程的范畴,因此,其试验检测活动应符合建设工程质量管理条例的规定。

交通试验检测是检测人员依据相应的国家或交通行业规范标准,选择符合要求的仪器设备,对产品的使用性能进行的检测。为了保障检测数据的准确可靠,除所使用的仪器设备应进行检定/校准,选择的规范标准正确,操作符合规范要求外,还需依据国家的法律法规和行业管理要求对检测机构进行管理。

第一节　计量法及计量法实施细则

《中华人民共和国计量法》由总则,计量基准器具、计量标准器具和计量检定,计量器具管理,计量监督,法律责任和附则六章内容组成,现将与本行业相关联的条款进行阐述。

一、计量法及计量法实施细则的有关条款

《计量法》第 3 条规定　国家采用国际单位制。

国际单位制计量单位和国家选定的其他计量单位,为国家法定计量单位。国家法定计量单位的名称、符号由国务院公布。

我国允许使用的计量单位是国家法定计量单位。国家法定计量单位,由国际单位制单位和国家选定的非国际单位制单位组成。

"国家法定计量单位的名称、符号由国务院公布"。国务院 1984 年 2 月 27 日发布的《关于在我国统一实行法定计量单位的命令》,对法定计量单位的名称、符号已做了规定。具体内容详见第七章。

第7条规定 国务院有关主管部门和省、自治区、直辖市人民政府有关主管部门，根据本部门的特殊需要，可以建立本部门使用的计量标准器具，其各项最高计量标准器具经同级人民政府计量行政部门主持考核合格后使用。

(1)本条是对省级以上人民政府有关主管部门建立计量标准以及这些计量标准法律地位的规定。

(2)省级以上人民政府有关主管部门根据本部门的特殊需要建立的计量标准，在本部门内部使用，作为统一本部门量值的依据。

(3)“根据本部门的特殊需要”，是指社会公用计量标准不能适应某部门专业特点的特殊需要。

(4)建立本部门的各项最高计量标准，须经同级人民政府计量行政部门主持考核合格后，才能在本部门内开展检定。“主持考核”是指同级人民政府计量行政部门负责组织法定计量检定机构或授权的有关技术机构进行的考核。

第9条规定 县级以上人民政府计量行政部门对社会公用计量标准器具，部门和企业、事业单位使用的最高计量标准器具，以及用于贸易结算、安全防护、医疗卫生、环境监测方面的列入强制检定目录的工作计量器具，实行强制检定。未按照规定申请检定或者检定不合格的，不得使用。实行强制检定的工作计量器具的目录和管理办法，由国务院制定。

对前款规定以外的其他计量标准器具和工作计量器具，使用单位应当自行定期检定或者送其他计量检定机构检定，县级以上人民政府计量行政部门应当进行监督检查。

(1)本条是对强制检定的计量器具和非强制检定的计量器具检定管理的规定。

(2)社会公用计量标准，部门和企业、事业单位使用的最高计量标准，为强制检定的计量标准。强制检定的计量标准和强制检定的工作计量器具，统称为强制检定的计量器具。

(3)强制检定是指由县级以上人民政府计量行政部门指定的法定计量检定机构或授权的计量检定机构，对强制检定的计量器具实行的定点定期检定。检定周期由执行强制检定的计量检定机构根据计量检定规程，结合实际使用情况确定。

(4)本条关于县级以上人民政府计量行政部门对强制检定的计量器具实行强制检定的规定，在具体应用时，是指对强制检定的计量标准，由主持考核该项计量标准的有关人民政府计量行政部门指定的计量检定机构进行检定；对强制检定的工作计量器具，由当地县(市)级人民政府计量行政部门指定的计量检定机构进行检定。当地不能检定的，由上一级人民政府计量行政部门指定的计量检定机构进行检定。

(5)“前款规定以外的其他计量标准器具和工作计量器具”，是指除了强制检定的计量器具以外的其他依法管理的计量标准和工作计量器具，即非强制检定的计量器具。

(6)非强制检定是指由使用单位自己依法进行的定期检定，或者本单位不能检定的，送有权对社会开展量值传递工作的其他计量检定机构进行的检定。县级以上人民政府计量行政部门应对其进行监督检查。

(7)强制检定与非强制检定，是对计量器具依法管理的两种形式。不按本条规定进行周期检定的，都要负法律责任。

(8)《中华人民共和国强制检定的工作计量器具检定管理办法》由国务院发布，并于1987

年7月1日起施行。

第10条规定　计量检定必须按照国家计量检定系统表进行。国家计量检定系统表由国务院计量行政部门制定。

计量检定必须执行计量检定规程。国家计量检定规程由国务院计量行政部门制定。没有国家计量检定规程的，由国务院有关主管部门和省、自治区、直辖市人民政府计量行政部门分别制定部门计量检定规程和地方计量检定规程，并向国务院计量行政部门备案。

(1)本条是对计量检定所必须依据的技术规范的规定。

(2)国家计量检定系统表是指从计量基准到各等级的计量标准直至工作计量器具的检定程序所作的技术规定，它由文字和框图构成，简称国家计量检定系统。

(3)计量检定规程是指对计量器具的计量性能、检定项目、检定条件、检定方法、检定周期以及检定数据处理等所作的技术规定，包括国家计量检定规程、部门和地方计量检定规程。

(4)国家计量检定规程由国务院计量行政部门制定，在全国范围内施行。没有国家计量检定规程的，国务院有关主管部门可制定部门计量检定规程，在本部门内施行。省、自治区、直辖市人民政府计量行政部门可制定地方计量检定规程，在本行政区内施行。

部门和地方计量检定规程须向国务院计量行政部门备案。

第11条规定　计量检定工作应当按照经济合理的原则，就地就近进行。

(1)本条是对实施强制检定和非强制检定所应遵循的原则的规定，也就是对全国量值传递体制的规定；

(2)"经济合理"是指进行计量检定，组织量值传递要充分利用现有的计量检定设施，合理地部署计量检定网点；

(3)就地就近进行计量检定，是指组织量值传递不受行政区划和部门管辖的限制。

第20条规定　县级以上人民政府计量行政部门可以根据需要设置计量检定机构，或者授权其他单位的计量检定机构，执行强制检定和其他检定、测试任务。

执行前款规定的检定、测试任务的人员，必须经考核合格。

(1)本条是对县级以上人民政府计量行政部门实施计量法制监督所需要的计量检定机构和计量检定人员的规定。

(2)县级以上人民政府计量行政部门依法设置的计量检定机构，为国家法定计量检定机构。

(3)"计量检定机构"是指承担计量检定工作的有关技术机构。

(4)"其他检定、测试任务"，在具体应用时，是指本法规定的计量标准考核，制造、修理计量器具条件的考核，定型鉴定，样机试验，仲裁检定，产品质量检验机构的计量认证，法定计量检定机构进行的非强制检定，以及政府计量行政部门授权的机构面向社会进行的非强制检定。

(5)"授权其他单位的计量检定机构，执行强制检定和其他检定、测试任务"，在具体应用时，采取以下形式：

①授权专业性或区域性计量检定机构，作为法定计量检定机构；

②授权有关技术机构建立社会公用计量标准；

③授权某一部门或某一单位的计量检定机构，对其内部使用的强制检定的计量器具执行

强制检定；

④授权有关技术机构，承担法律规定的其他检定、测试任务。

(6)执行强制检定和本条解释的第4项"其他检定、测试任务"的人员，必须经县级以上人民政府计量行政部门考核合格，发给计量检定证件，取得执行检定、测试任务的资格。

第21条规定 处理因计量器具准确度所引起的纠纷，以国家计量基准器具或者社会公用计量标准器具检定的数据为准。

(1)本条是对作为处理计量纠纷所依据的检定数据的规定。

(2)因计量器具准确度所引起的纠纷，为计量纠纷。

(3)以计量基准或社会公用计量标准检定的数据作为处理计量纠纷的依据，具有法律效力。

(4)用计量基准或社会公用计量标准所进行的以裁决为目的的计量检定、测试活动，统称为仲裁检定。

第22条规定 为社会提供公证数据的产品质量检验机构，必须经省级以上人民政府计量行政部门对其计量检定、测试的能力和可靠性考核合格。

(1)本条是对为社会提供公证数据的产品质量检验机构，实施计量法制监督的规定。

(2)省级以上人民政府计量行政部门对产品质量检验机构计量检定、测试的能力和可靠性考核合格，即为产品质量检验机构的计量认证。

计量法及其实施细则规定，凡是为社会提供公正数据的产品质量检验机构必须经省级以上人民政府计量行政部门计量认证。认证的内容包含：

①计量检定测试设备的性能；

②计量检定、测试设备的工作环境和人员的操作技能；

③保证量值统一、准确的措施及检测数据公正可靠的管理制度。

按照《计量法》及其实施细则的规定，作为为社会提供公正数据的第三方产品检验机构，它的可信任程度取决于是否独立于制造、销售或至少独立研究、开发，真正处于公正地位；是否具有评价产品质量优劣所需要的技术手段；出具的检定、测试数据是否得到社会的承认。

《计量法》中所说的"公正数据"是指向社会从事检测工作的技术机构为他人作决定、仲裁、裁决所出具的可引起一定法律后果的数据，除了具有真实性和科学性外，还具有合法性；为了保证数据的可靠，量值必须溯源到国家计量基准，以保证国家单位量值的统一；同时规定，计量认证在省级以上的计量行政部门考核合格，才有资格为社会提供公正数据，未取得计量认证合格证书的产品质量检验机构，不得开展产品质量检验工作。

第27条规定 使用不合格的计量器具或者破坏计量器具准确度，给国家和消费者造成损失的，责令赔偿损失，没收计量器具和违法所得，可以并处罚款。

(1)本条是对违反本法第17条和使用不合格的计量器具，给国家和消费者造成损失的行为，追究行政法律责任和民事法律责任的规定。

(2)本条规定的行政处罚适用于任何单位和个人。

(3)"使用不合格的计量器具"，是指使用无检定合格印、证，或者超过检定周期，以及经检定不合格的计量器具。

第二节　标准化法及标准化法实施条例有关内容

《中华人民共和国标准化法实施条例》在职责、标准制定的有效性、标准的实施与监督等方面作了明确规定，正确理解和运用标准化法及标准化法实施条例，对试验检测工程中正确选择标准，保障试验检测工作质量起到关键作用，下面就有关内容作详细介绍。

一、有关职责方面的规定

第6条规定　国务院标准化行政主管部门统一管理全国标准化工作，履行下列职责：

(1)组织贯彻国家有关标准化工作的法律、法规、方针、政策；

(2)组织制定全国标准化工作规划、计划；

(3)组织制定国家标准；

(4)指导国务院有关行政主管部门和省、自治区、直辖市人民政府标准化行政主管部门的标准化工作，协调和处理有关标准化工作问题；

(5)组织实施标准；

(6)对标准的实施情况进行监督检查；

(7)统一管理全国的产品质量认证工作；

(8)统一负责对有关国际标准化组织的业务联系。

第7条规定　国务院有关行政主管部门分工管理本部门、本行业的标准化工作，履行下列职责：

(1)贯彻国家标准化工作的法律、法规、方针、政策，并制定在本部门、本行业实施的具体办法；

(2)制订本部门、本行业的标准化工作规划、计划；

(3)承担国家下达的草拟国家标准的任务，组织制定行业标准；

(4)指导省、自治区、直辖市有关行政主管部门的标准化工作；

(5)组织本部门、本行业实施标准；

(6)对标准实施情况进行监督检查；

(7)经国务院标准化行政主管部门授权，分工管理本行业的产品质量认证工作。

二、关于标准的制定和有效性方面的规定

第12条规定　国家标准由国务院标准化行政主管部门编制计划，组织草拟，统一审批、编号、发布。

工程建设、药品、食品卫生、兽药、环境保护的国家标准，分别由国务院工程建设主管部门、卫生主管部门、农业主管部门、环境保护主管部门组织草拟、审批；其编号、发布办法由国务院标准化行政主管部门会同国务院有关行政主管部门制定。

法律对国家标准的制定另有规定的，依照法律的规定执行。

第13条规定　没有国家标准而又需要在全国某个行业范围内统一的技术要求，可以制定行业标准（含标准样品的制作）。制定行业标准的项目由国务院有关行政主管部门确定。

第 14 条规定 行业标准由国务院有关行政主管部门编制计划、组织草拟，统一审批、编号、发布，并报国务院标准化行政主管部门备案。

行业标准在相应的国家标准实施后，自行废止。

第 15 条规定 对没有国家标准和行业标准而又需要在省、自治区、直辖市范围内统一的工业产品的安全、卫生要求，可以制定地方标准。制定地方标准的项目，由省、自治区、直辖市人民政府标准化行政主管部门确定。

第 16 条规定 地方标准由省、自治区、直辖市人民政府标准化行政主管部门编制计划，组织草拟，统一审批、编号、发布，并报国务院标准化行政主管部门和国务院有关行政主管部门备案。

法律对地方标准的制定另有规定的，依照法律的规定执行。地方标准在相应的国家标准或行业标准实施后，自行废止。

第 17 条规定 企业生产的产品没有国家标准、行业标准和地方标准的，应当制定相应的企业标准，作为组织生产的依据。企业标准由企业组织制定（农业企业标准制定办法另定），并按省、自治区、直辖市人民政府的规定备案。

对已有国家标准、行业标准或者地方标准的，鼓励企业制定严于国家标准、行业标准或者地方标准要求的企业标准，在企业内部适用。

第 18 条规定 国家标准、行业标准分为强制性标准和推荐性标准。

下列标准属于强制性标准：

（1）药品标准，食品卫生标准，兽药标准；

（2）产品及产品生产、储运和使用中的安全、卫生标准，劳动安全、卫生标准，运输安全标准；

（3）工程建设的质量、安全、卫生标准及国家需要控制的其他工程建设标准；

（4）环境保护的污染物排放标准和环境质量标准；

（5）重要的通用技术术语、符号、代号和制图方法；

（6）通用的试验、检验方法标准；

（7）互换配合标准；

（8）国家需要控制的重要产品质量标准。

国家需要控制的重要产品目录由国务院标准化行政主管部门会同国务院有关行政主管部门确定。强制性标准以外的标准是推荐性标准。

三、关于标准的实施与监督方面的规定

第 19 条规定 县级以上人民政府标准化行政主管部门，可以根据需要设置检验机构，或者授权其他单位的检验机构，对产品是否符合标准进行检验。法律、行政法规对检验机构另有规定的，依照法律、行政法规的规定执行。

当处理有关产品是否符合标准争议时，以县级以上标准化行政主管部门设立或授权的检验机构的检验数据为准。这些检验机构的评审考核是按照审查认可（验收）进行。有关行业部门建立的质检机构按照该审查认可（验收）准则经质量技术监督部门授权的质检机构的评审考核。

四、关于法律责任方面的规定

第 39 条规定 标准化工作的监督、检查、管理人员有下列行为之一的，由有关主管部门给

与行政处分，构成犯罪的，由司法机关依法追究刑事责任。

(1)违反条例规定，工作失误，造成损失的；

(2)伪造、篡改检验数据的；

(3)徇私舞弊、滥用职权的，索贿受贿的。

第三节 产品质量法

一、《中华人民共和国产品质量法》与工程建设相关条款的运用解释

1.总则

《中华人民共和国产品质量法》由总则、产品质量的监督、生产者的产品质量责任和义务、销售者的产品质量责任和义务、损害赔偿、罚则、附则组成。

总则强调了立法的目的、适用范围。

第1条规定 为了加强对产品质量的监督管理，提高产品质量水平，明确产品质量责任，保护消费者的合法权益，维护社会经济秩序，制定本法。

第2条规定 在中华人民共和国境内从事产品生产、销售活动，必须遵守本法。

本法所称产品是指经过加工、制作，用于销售的产品。

建设工程不适用本法规定，但是，建设工程使用的建筑材料、建筑构配件和设备，属于前款规定的产品范围的，适用本法规定。

由总则的规定可以看出，交通建设工程所建设的公路、桥梁、隧道、码头等永久性设施，不适用产品质量法，但建设过程中所用到的原材料，如钢筋、水泥、外加剂等适用产品质量法。

第8条规定 国务院产品质量监督管理部门负责全国产品质量监督管理工作。国务院有关部门在各自的职责范围内负责产品质量监督管理工作。

县级以上地方人民政府管理产品质量监督工作的部门负责本行政区域内的产品质量监督管理工作。

2.产品质量的监督管理规定

第12条规定 产品质量应当检验合格，不得以不合格产品冒充合格产品。

第19条规定 产品质量检验机构必须具备相应的检测条件和能力，经省级以上人民政府产品质量监督管理部门或者其授权的部门考核合格后，方可承担产品质量的检验工作。法律、行政法规对产品质量检验机构另有规定的，依照有关的法律、行政法规的规定执行。

第21条规定 产品质量检验机构、认证机构，必须依法按照有关标准，客观、公正地出具检验结果或认证证明。

第25条规定 产品质量监督部门或者其他国家机关以及产品质量检验机构不得向社会推荐生产者的产品；不得以对产品进行监制、监销等方式参与产品经营活动。

第32条规定 生产者生产产品，不得掺杂、掺假，不得以假充真、以次充好，不得以不合格产品冒充合格产品。

3.损害赔偿规定

第42条规定 以行贿、受贿或者其他非法手段推销、采购本法第37条至第40条所列产

品，构成犯罪的，依法追究刑事责任。

第 43 条规定 因产品存在缺陷造成人身、他人财产损害的，受害人可以向产品的生产者要求赔偿，也可以向产品的销售者要求赔偿。属于产品的生产者的责任，产品的销售者赔偿的，产品的销售者有权向产品的生产者追偿。属于产品的销售者的责任，产品的生产者赔偿的，产品的生产者有权向产品的销售者追偿。

第 44 条规定 伪造检验数据或者伪造检验结论的，责令更正，可以处以所收检验费 1 倍以上 3 倍以下的罚款；情节严重的，吊销营业执照；构成犯罪的，对直接责任人员比照刑法第 167 条的规定追究刑事责任。

第 46 条规定 本法所称缺陷，是指产品存在危及人身、他人财产安全的不合理的危险；产品有保障人体健康和人身、财产安全的国家标准、行业标准的，是指不符合该标准。

第 47 条规定 从事产品质量监督管理的国家工作人员滥用职权、玩忽职守、徇私舞弊，构成犯罪的，依法追究刑事责任；不构成犯罪的，给予行政处分。

第 48 条规定 仲裁机构或者人民法院可以委托本法第 19 条规定的产品质量检验机构，对有关产品质量进行检验。

第 57 条规定 产品质量检验机构、认证机构，伪造检验结果或出具虚假证明的，责令改正，对单位处 5 万元以上 10 万以下的罚款，对直接负责的主管人员和其他直接责任人员处 1 万元以上 5 万元以下的罚款；有违法所得的，并没收违法所得，情节严重的，取消其检验资格、认证资格；构成犯罪的，依法追究刑事责任。

产品质量检验机构、认证机构，出具的检验结果或者证明不实，造成损失的，应当承担相应得赔偿责任，造成重大损失的，撤销其检验资格、认证资格。

第 67 条规定 产品质量监督部门或者其他国家机关违反本法 25 条的规定，向社会推荐生产者的产品或者以监制、监销等方式参与产品经销活动的，由其上级机关或者监察机关责令改正，消除影响，有违法收入的予以没收；情节严重的，对直接负责的主管人员和其他直接责任人员依法给予行政处分。

产品质量检验机构有前款所列违法行为的，由产品质量监督部门责令改正，消除影响，有违法收入的予以没收，可以并处违法收入 1 倍以下的罚款；情节严重的，撤销其质量检验资格。

由以上所涉及的相关法律条款表明，为社会提供公正数据的产品质量检验机构必须获得省级以上人民政府计量行政部门的计量认证证书，而质量技术监督系统依法设置或依法授权的产品质量监督检验机构必须获得省级以上人民政府产品质量监督管理部门审查认可（验收）的授权证书。交通行业为第三方提供公正数据的检验机构必须获得计量认证证书方可从事检验活动。

第四节 建设工程质量管理条例

《建设工程质量管理条例》（中华人民共和国国务院令第 279 号）由总则，建设单位的质量责任和义务，勘察、设计单位的质量责任和义务，施工单位的质量责任和义务，工程监理单位的质量责任和义务，建设工程质量保修，监督管理，罚则，附则组成，以下就相关条款进行阐述。

一、建设工程质量管理条例的适用范围

第 2 条规定 凡在中华人民共和国境内所有从事建设工程的新建、扩建、改建等有关活动及实施对建设工程质量监督管理的，必须遵守本条例。

本条例所称建设工程，是指土木工程、建筑工程、线路管道和设备安装工程及装修工程。交通建设属于土木工程范畴。

第 5 条规定 从事建设工程活动，必须严格执行基本建设程序，坚持先勘察、后设计、再施工的原则。

二、建设单位的质量责任和义务的规定

第 10 条规定 建设工程发包单位不得迫使承包方以低于成本的价格竞标，不得任意压缩合理工期。

建设单位不得明示或者暗示设计单位或者施工单位违反工程建设强制性标准，降低建设工程质量。

第 13 条规定 建设单位在领取施工许可证或者开工报告前，应当按照国家有关规定办理工程质量监督手续。

第 16 条规定 建设单位收到建设工程竣工报告后，应当组织设计、施工、工程监理等有关单位进行竣工验收。

建设工程竣工验收应当具备下列条件：

(1)完成建设工程设计和合同约定的各项内容；

(2)有完整的技术档案和施工管理资料；

(3)有工程使用的主要建筑材料、建筑构配件和设备的进场试验报告；

(4)有勘察、设计、施工、工程监理等单位分别签署的质量合格文件；

(5)有施工单位签署的工程保修书。

建设工程经验收合格的，方可交付使用。

第 17 条规定 建设单位应当严格按照国家有关档案管理的规定，及时收集、整理建设项目各环节的文件资料，建立、健全建设项目档案，并在建设工程竣工验收后，及时向建设行政主管部门或者其他有关部门移交建设项目档案。

三、施工单位的质量责任和义务的规定

第 29 条规定 施工单位必须按照工程设计要求、施工技术标准和合同约定，对建筑材料、建筑构配件、设备和商品混凝土进行检验，检验应当有书面记录和专人签字；未经检验或者检验不合格的，不得使用。

第 30 条规定 施工单位必须建立、健全施工质量的检验制度，严格工序管理，做好隐蔽工程的质量检查和记录。隐蔽工程在隐蔽前，施工单位应当通知建设单位和建设工程质量监督机构。

第 31 条规定 施工人员对涉及结构安全的试块、试件以及有关材料，应当在建设单位或者工程监理单位监督下现场取样，并送具有相应资质等级的质量检测单位进行检测。

第 32 条规定 施工单位对施工中出现质量问题的建设工程或者竣工验收不合格的建设

工程,应当负责返修。

第 33 条规定 施工单位应当建立、健全教育培训制度,加强对职工的教育培训;未经教育培训或者考核不合格的人员,不得上岗作业。

四、工程监理单位的质量责任和义务规定

第 38 条规定 监理工程师应当按照工程监理规范的要求,采取旁站、巡视和平行检验等形式,对建设工程实施监理。

五、监督管理

第 43 条规定 国家实行建设工程质量监督管理制度。

国务院建设行政主管部门对全国的建设工程质量实施统一监督管理。国务院铁路、交通、水利等有关部门按照国务院规定的职责分工,负责对全国的有关专业建设工程质量的监督管理。

县级以上地方人民政府建设行政主管部门对本行政区域内的建设工程质量实施监督管理。县级以上地方人民政府交通、水利等有关部门在各自的职责范围内,负责对本行政区域内的专业建设工程质量的监督管理。

第 44 条规定 国务院建设行政主管部门和国务院铁路、交通、水利等有关部门应当加强对有关建设工程质量的法律、法规和强制性标准执行情况的监督检查。

第三章

公路水运工程试验检测管理

第二章我们介绍了与试验检测相关的法律、法规，它是规范各领域试验检测机构管理及行为的准则，试验检测活动必须遵循国家的法律法规。公路水运工程属于《建设工程质量管理条例》中规定的土木工程的范畴，但由于道路、桥梁、港口、船闸等公共设施其专业检测的特殊要求，须制定符合专业实际的管理规定来规范公路水运试验检测活动。随着行政许可法的实施，国务院已将原有的"公路水运试验检测机构资质审批"管理方式转变为"公路水运试验检测机构资格认定"。为了加强试验检测的管理，保障公路水运工程检测质量，规范从业机构和人员的行为，以适应新形势下交通建设发展对试验检测的要求，交通部出台了《公路水运工程试验检测管理办法》(交通部令 2005 年第 12 号)(以下简称《办法》)，就公路水运试验检测机构、从业人员的资格及工地试验室的管理等提出明确要求。为了贯彻实施《办法》中的规定，交通运输部质监总站相继出台了《等级标准》、《等级评定程序》、《公路水运工程试验检测信用评价管理办法》(试行)、《关于进一步加强公路水运工程工地试验室管理工作的意见》(厅质监字[2009]183 号)等规范性文件，进一步明确检测机构各等级的人员、设备、检测能力、试验用房等标准，规范了等级评定的程序；工地试验室管理意见强调了设立工地试验室的前提是母体取得检测机构等级证书，这些文件的出台为试验检测市场的规范化管理提供了依据，为交通行业试验检测市场健康有序、又好又快发展奠定了基础。为了准确理解交通试验检测有关规范性文件的具体规定，在下面章节中将逐一介绍有关内容。

第一节 《公路水运工程试验检测管理办法》简介

《办法》由总则、检测机构等级评定、试验检测活动、监督检查、附则组成。《办法》全面阐述了检测机构专业分类、等级设立、等级评定、检测活动、监督检查、人员资格、工地试验室的管理等内容，明确了适用范围，规定从事公路水运工程试验检测活动应当遵守该办法。

一、目的和适用范围

《办法》在总则中阐明了制定检测办法的目的是为了规范公路水运工程试验检测活动，保证公路水运工程质量及人民生命和财产安全，准确定位了试验检测活动在公路水运工程建设中的地位。将试验检测活动的规范提升到人民生命和财产安全的高度，是对试验检测活动在公路水运工程建设中的作用和地位的进一步认识，是试验检测工作得到不断认可的结果。

对“公路水运工程试验检测”做了定义,规定了试验检测的范围。这里的“材料、构件、工程制品”主要指在现场进行二次加工,产品的物理化学性能和质量特性发生了变化,是对进场材料进行检查,与关注生产、销售领域的产品质量检测是有区别的。另外,这里的“试验检测活动”不仅包括检测机构从事试验检测的相关活动,而且包括政府部门对检测工作的监督等活动。

“明确公路水运工程试验检测人员”是指经交通部基本建设质量监督总站组织的考试合格,具备相应公路水运工程试验检测知识、能力,并承担相应公路水运工程试验检测业务的专业技术人员。检测人员分为试验检测工程师和试验检测员。

开展试验检测活动应遵循的原则,即“科学、客观、严谨、公正”的原则。“科学”,就是要求开展试验检测活动要采用科学的技术手段和管理手段,试验检测机构要建立严密、完善、运行有效的质量保证体系,应注意仪器设备运行中的检查和正常维护,定期校准和检定,应重视科技进步,及时更换落后的试验检测仪器设备,不断提高业务水平。对于监督机构而言,应科学分析影响检测质量的各种因素,有针对性地采用科学手段加强对试验检测工作的监管。“客观”,就是要求开展试验检测活动要以事实为准绳,客观反映事物的原来面目和真实本质。试验检测机构要建立严密的工作程序,试验检测人员严守职业道德,不造假数据,不出假证明,不做假鉴定。“严谨”,就是要求开展试验检测活动要考虑周全严密。试验检测机构要严格按照现行有效的标准、规范、规程的要求从事试验检测,试验检测程序要严密,出具的试验检测报告要素齐全,试验检测依据明确,检测方法得当。“公正”,就是要求开展试验检测活动不受外界任何因素干扰,试验检测机构要独立开展检测工作,不受任何行政干扰和利益影响。这些总的原则,条款中都有具体体现。

《办法》赋予质监机构具体实施试验检测活动的监督管理职责和落实责任。交通部基本建设质量监督总站(以下简称质监总站)为具体实施公路水运工程试验检测活动的监管部门,省级交通质量监督机构(以下简称省站)为本行政区域内试验检测活动的监管部门。对检测机构的责任也予以了规定,明确检测机构对检测结果承担责任。

二、公路水运试验检测机构类别、专业、等级设置规定

《办法》依据有关法律法规,针对公路水运建设特点,规定了检测机构类别、专业及等级设置,建立了检测机构等级评定制度。等级评定是一种必要的行业引导和管理手段。检测机构按其能力水平进行等级管理,同时明确能力等级划分原则是以保证能胜任与所从事的公路水运工程相适应为准。《办法》第 6 条规定,公路水运检测机构分为公路工程、水运工程两个专业类别。

公路工程专业分为综合类和专项类,水运工程专业分为材料类和结构类。

公路工程综合类设甲、乙、丙 3 个等级,专项等级分交通工程、桥梁隧道工程 2 个专项。

水运工程材料类设甲、乙、丙 3 个等级,结构类设甲、乙 2 个等级。

公路水运工程试验检测机构类别、专业、等级设置如表 3-1 所示。

公路水运工程试验检测机构类别、专业、等级设置表　　表 3-1

专业	类别	等级	评定
公路工程	综合类	甲级	质监总站
		乙级	省站
		丙级	省站
	专项类	交通工程	质监总站
		桥梁隧道工程	质监总站
水运工程	材料类	甲级	质监总站
		乙级	省站
		丙级	省站
	结构类	甲级	质监总站
		乙级	省站

检测机构等级是依据检测机构的公路水运工程试验检测水平、主要试验检测仪器设备及检测人员的配备情况、试验检测环境等基本条件对检测机构进行的能力划分。

检测机构等级的设置是充分考虑公路水运建设的需要，设置了满足基本检测要求的低等级试验室，也满足检测需要的综合性和专业的专项试验机构，避免大而全的检测机构数量过多，既浪费资源，也不利于检测机构根据实际需要专业做强做大。

检测机构等级的差异只反映检测参数的多少，并不代表其检测水平的高低。无论等级高低，其提供的检测数据都应准确、可靠，对相同的检测参数其检测结论应一致。如公路综合甲级与丙级同时具备对土的检测能力，两者之间的差异是检测参数的不同，对同一样品进行相同指标的检测，其检测数据应是一致或相近的。

《办法》中设置的等级所需满足的人员、环境条件以及相应的检测能力要求见《公路水运工程试验检测机构等级标准》（详见附录 3）。

三、试验检测机构等级评定

质监总站负责公路工程综合类甲级、公路工程专项类和水运工程材料类及结构类甲级的等级评定工作。

省站负责公路工程综合类乙、丙级和水运工程材料类乙、丙级，水运工程结构类乙级的等级评定工作。

当检测机构申请增项的参数属于质监总站负责评审的等级范围时，也是质监总站负责评审工作。

检测机构取得相应等级证书后升级的，需满足两个方面的要求：

（1）取得试验检测机构等级证书时间满一年。

（2）检测机构正常运行，具有相应的试验检测业绩。

第 10 条规定　公路水运工程试验检测机构的等级评定工作分为受理、初审、现场评审 3

个阶段。

目前试验检测机构等级申报受理后，需要填报申报信息系统，为机构申报等级提供了方便。

四、试验检测活动方面规定

第 19 条规定 《公路水运工程试验检测机构等级证书》(以下简称《等级证书》)有效期为 5 年。换发等级证书需提前 3 个月向原发证机关提出换证申请。

第 22 条规定 换证复核合格的，予以换发新的《等级证书》；不合格的，质监机构应当责令其在 6 个月内进行整改。

第 24 条规定 检测机构名称、地址、法定代表人或者机构负责人、技术负责人等发生变更的，应当自变更之日起 30 日内到原发证质监机构办理变更登记手续。

第 25 条规定 检测机构停业时，应当自停业之日起 15 日内向原发证机构办理《等级证书》注销手续。

第 29 条规定 取得《等级证书》并通过计量认证的机构可向社会提供试验检测服务；同时要求取得《等级证书》的检测机构不得超范围出具试验检测报告。

第 30 条规定 公路水运工程质量事故鉴定、大型水运工程项目和高速公路项目验收的质量鉴定检测，质监机构应当委托通过计量认证并具有甲级或者相应专项能力等级的检测机构承担。

事故鉴定是对社会或司法部门作出的公正数据；高速公路、大型水运工程质量鉴定需要有较高的综合实力，既包括质量运行体系，也包括专业检测能力，所以做了两方面的要求。

第 31 条规定 取得《等级证书》的检测机构，可设立工地临时试验室，承担相应公路水运工程的检测业务，并对其试验检测结果承担责任。

从事交通试验检测的机构必须取得相应的等级证书，设立工地试验室的前提是母体取得等级证书，工地试验室检测范围不得超出母体的。凡是工地试验室的母体不具备《等级证书》的，其所出的数据将不作为公路水运工程质量评定和工程验收的依据，质监机构将不予认可。

第 34 条规定 检测机构应当建立样品管理制度，提倡盲样管理。

盲样管理是对样品实施管理的一种方式，在实施样品的检测时，需要提供完成检测所必需的信息。

第 38 条规定 检测机构依据合同承担公路水运工程试验检测业务，不得转包、违规分包。

为保障检测机构公正、公平地开展检测工作，检测机构在同一公路水运工程项目标段中，不得同时接受业主、监理、施工等多方的试验检测委托。

五、监督检查方面规定

第 40 条、43 条规定 检测机构的技术负责人应当由试验检测工程师担任。

试验检测报告应当由试验检测工程师审核、签发。

检测人员不得同时受聘于两家及以上检测机构。

第 49 条规定 质监机构在监督检查中发现检测机构有违反《办法》规定行为的，应当予以

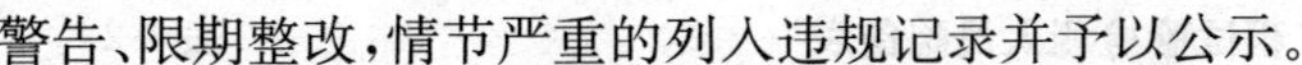

警告、限期整改，情节严重的列入违规记录并予以公示。

被注销等级的检测机构，2年内不得再次申报。

第50规定　质监机构在监督检查中发现检测人员违反本办法的规定，出具虚假试验检测数据或报告的，应当给予警告，情节严重的列入违规记录并予以公示，直至注销考试合格证书。因违反本办法规定被注销考试合格证书的检测人员2年内不得再次参加考试。

对试验检测的处罚包括两部分，一是对检测机构的处罚，二是对检测人员的处罚。对检测机构的处罚包括警告、限期整改，公示直至注销等级。整改期间不得从事等级证书规定的业务。被降低等级的检测机构1年内不得申报升级。被注销等级的检测机构，2年内不得再次申报。对检测人员的处罚包括警告、公示直至注销考试合格证书。被注销考试合格证书的检测人员2年内不得再次参加考试。

第二节　公路水运工程试验检测机构等级标准和等级评定程序

依据《办法》的规定，交通运输部出台了《等级标准》和《等级评定程序》。该《等级标准》和《等级评定程序》按照管理办法设立的等级，提出了每个等级应配备的设备、人员、检测用房、试验环境等；考虑检测机构的基本能力，设置了强制性参数和非强制参数。强制性参数和设备属于必须满足的条件，而非强制参数和设备检测机构可根据地域差异，结合实际需要选择性配置，所缺少的非强制性参数和设备小于应配置总量80%，评审时采取扣分制。

随着新技术、新材料、新工艺的大量使用，规范标准的不断更新，交通运输部质监总站结合自《办法》实施以来等级评审中的经验和实际情况，于2008年对原《等级标准》和《等级评定程序》进行了修订，按照规范标准的要求新增加或删除了部分检测参数，新增相应参数对应设备配置及有关检测能力范围等作了修改，规定非强制参数和设备检测机构可根据地域差异，结合实际的需要选择性配置，但不得少于非强制参数总量的80%。调整后的机构检测能力更加符合当前的实际需要；对个别等级检测机构人员的数量和专业配置提出新的要求，《等级评定程序》将评审程序进一步细化，增强了可操作性。新的《等级标准》及《等级评定程序》已于2008年11月1日起实施。对于按照旧等级标准已取得等级证书的机构，证书仍有效；当新增检测参数时，需满足新等级标准对人员、检测参数、设备等的要求。下面就等级标准和评审程序的主要内容进行阐述。

一、公路水运工程试验检测机构等级标准

公路水运试验检测机构等级的划分在第一节中已介绍过，现就各等级所需配备的人员、试验检测用房、检测环境要求进行说明，具体内容见表3-2～表3-5。

1. 公路工程试验检测机构等级标准中对人员配件、检测环境的规定

(1)公路工程

①公路工程试验检测人员配备见表3-2。

公路工程试验检测人员配备表　　表 3-2

项　目	综合甲级	综合乙级	综合丙级	交通工程专项	桥梁隧道工程专项
持试验检测人员证书总人数	**≥32 人**	**≥16 人**	**≥7 人**	**≥22 人**	**≥25 人**
持试验检测工程师证书人数	**≥12 人**	**≥6 人**	**≥3 人**	**≥10 人**	**≥12 人**
持证工程师专业配置	材料、公路专业分别≥3 人，桥梁、隧道、交安专业分别≥2 人	材料专业≥3 人，公路专业≥2 人，桥梁专业≥1 人	材料、公路、桥梁专业分别≥1 人	机电工程专业≥6 人，安全设施专业≥4 人	材料专业≥2 人，桥梁、隧道专业分别≥5 人
相关专业高级职称人数	≥6 人	≥1 人	—	≥4 人	≥6 人
技术负责人	**1. 相关专业高级职称；** **2. 持试验检测工程师证书；** 3. 8 年以上试验检测工作经历	**1. 相关专业高级职称；** **2. 持试验检测工程师证书；** 3. 5 年以上试验检测工作经历	**1. 相关专业中级职称；** **2. 持试验检测工程师证书；** 3. 5 年以上试验检测工作经历	**1. 相关专业高级职称；** **2. 持试验检测工程师证书；** 3. 8 年以上试验检测工作经历	**1. 相关专业高级职称；** **2. 持试验检测工程师证书；** 3. 8 年以上试验检测工作经历
质量负责人	**1. 相关专业高级职称；** **2. 持试验检测工程师证书；** 3. 8 年以上试验检测工作经历	**1. 相关专业中级职称；** **2. 持试验检测工程师证书；** 3. 5 年以上试验检测工作经历	**1. 相关专业中级职称；** **2. 持试验检测工程师证书；** 3. 5 年以上试验检测工作经历	**1. 相关专业高级职称；** **2. 持试验检测工程师证书；** 3. 8 年以上试验检测工作经历	**1. 相关专业高级职称；** **2. 持试验检测工程师证书；** 3. 8 年以上试验检测工作经历

注：表中黑体字为强制性要求，一项不满足视为不通过。

②试验检测环境要求见表 3-3。

公路工程试验检测环境要求表　　表 3-3

项　目	综合甲级	综合乙级	综合丙级	交通工程专项	桥梁隧道工程专项
试验检测用房使用面积（不含办公面积）(m^2)	≥1 000	≥600	≥300	≥600	≥800
	检测试验环境应满足所开展的检测项目要求，且布局合理、干净整洁				

注：此表为强制性要求。

(2)水运工程

①试验检测机构等级标准中人员配备见表 3-4。

水运工程试验检测人员配备表

表 3-4

项 目	材料甲级	材料乙级	材料丙级	结构甲级	结构乙级
持试验检测人员证书总人数	**≥20 人**	**≥8 人**	**≥5 人**	**≥20 人**	**≥8 人**
持试验检测工程师证书人数	**≥8 人**	**≥3 人**	**≥1 人**	**≥8 人**	**≥3 人**
持工程师专业配置	水运材料专业≥8 人	水运材料专业≥3 人	水运材料专业≥1 人	水运结构专业≥5 人，水运地基与基础专业≥3 人	水运结构专业≥2 人，水运地基与基础专业≥1 人
相关专业高级职称人数	≥4 人	≥1 人	—	≥4 人	≥1 人
技术负责人	**1. 相关专业高级职称；** **2. 试验检测工程师；** 3. 8 年以上试验检测工作经历	**1. 相关专业高级职称；** **2. 试验检测工程师；** 3. 5 年以上试验检测工作经历	**1. 相关专业中级职称；** **2. 试验检测工程师；** 3. 5 年以上试验检测工作经历	**1. 相关专业高级职称；** **2. 试验检测工程师；** 3. 8 年以上试验检测工作经历	**1. 相关专业高级职称；** **2. 试验检测工程师；** 3. 5 年以上试验检测工作经历
质量负责人	**1. 相关专业高级职称；** **2. 试验检测工程师；** 3. 8 年以上试验检测工作经历	**1. 相关专业中级职称；** **2. 试验检测工程师；** 3. 5 年以上试验检测工作经历	**1. 相关专业中级职称；** **2. 试验检测工程师；** 3. 5 年以上试验检测工作经历	**1. 相关专业高级职称；** **2. 试验检测工程师；** 3. 8 年以上试验检测工作经历	**1. 相关专业中级职称；** **2. 试验检测工程师；** 3. 5 年以上试验检测工作经历

注：表中黑体字为强制性要求，一项不满足视为不通过。

②水运工程试验检测环境要求见表 3-5。

水运工程试验检测环境要求表

表 3-5

项 目	材料甲级	材料乙级	材料丙级	结构甲级	结构乙级
试验检测用房使用面积（不含办公面积）(m^2)	≥800	≥400	≥200	≥400	≥200
	检测试验环境应满足所开展的检测项目要求，且布局合理、干净整洁				

注：此表为强制性要求。

从表 3-2～表 3-5 中所列内容可以看出，现行标准中各等级检测机构试验检测人员的配置不仅对数量而且对专业提出明确要求，避免人员总数量符合要求，专业配置不合理；技术负责人的主要职责是负责检测机构的试验检测质量，他的技术力量和水平决定了检测机构的检测能力和报告的准确可靠程度，要求其在检测中必须具备发现问题和解决问题的能力。标准中强调了技术负责人的职称和检测工作经历要求；质量负责人的主要职责是负责检测机构管理体系的建立与运行，需要了解并掌握试验检测机构管理体系的有关知识，最好由取得内审员证书的人员担任。标准中对质量负责人提出了工作年限和职称要求，对检测机构重试验检测轻管理的现象予以纠正。管理体系运行质量直接影响检测结果的质量，需要提高对质量负责人的要求来加强检测机构的管理，确保试验检测机构的管理满足试验室资质认定评审准则的要求和交通行业的要求；环境方面根据规范标准提出检测用房的最小面积，检测用房面积应是各检测室、养护室、资料室面积的总和，明确检测用房不包括办公室、会议室；对检测有环境条件要求的如温湿度要求、环保要求等还需满足相应的规定。

2. 试验检测能力基本要求及主要仪器设备

等级标准参数的设置是根据公路工程质量检验评定标准和水运工程强制性标准来进行的，基本覆盖了标准中的关键性指标和参数，也是为更好地对公路水运建设工程提供全面高质量的检测服务所必需的。在进行能力等级划分时，考虑到了要尽量与已形成的检测市场相衔接。因此，对于水运工程基本上沿袭了部 2002 年 4 号令的划分模式。公路综合的甲、乙、丙级也和过去的分类相同，但增加了桥梁隧道检测和交通工程检测专项等级。根据等级的高低，覆盖的检测参数范围也从大到小不同，公路综合甲级几乎涵盖了现行《公路工程质量检验评定标准》所规定的所有试验检测参数，体现了检测机构的综合实力，公路综合乙级列入的参数能满足高速公路的日常检测需要，丙级的要求符合道路等级划分中低等级公路对检测的需要；交通工程专项包含交通工程和机电工程的检测能力，突出了交通工程和机电工程的专业特点；桥梁隧道工程专项等级包含桥梁和隧道工程，检测参数包含桥梁、隧道的材料和工程实体的检测；水运工程试验检测机构材料甲级按照现行《水运工程质量检验标准》规定的产品检测参数，几乎涵盖了水运工程建设的所有材料类别，结构甲级包含水运结构检测的所有参数，符合现行《水运工程质量检验标准》所规定的检测参数。

随着新产品、新工艺的出现，规范标准的日益更新，存在所用材料或公路水运工程实体增加或取消某些检测方法和参数，使用的新材料所需检测的参数《等级标准》中未包含的情况，因此，现行试验检测能力基本要求及主要仪器设备的规定具有一定的时效性，各检测机构应根据规范标准的更新而增加或减少检测参数，更新仪器设备，加强人员培训，以满足相应规定的检测能力要求，不应局限于公路水运工程试验检测能力基本要求中的内容。为了正确理解公路水运工程试验检测能力基本要求及主要仪器设备的内容，下面列举公路综合甲级的标准进行说明，具体要求见表 3-6。

公路工程试验检测能力基本要求及主要仪器设备表 表 3-6

等级	序号	项目	主要试验检测参数	设备配置
综合甲级	1	土	颗粒级配，界限含水率，最大干密度，最佳含水率，CBR，比重，天然稠度，回弹模量，粗粒土最大干密度，黏聚力，内摩擦角，自由膨胀率，烧失量，有机质含量	标准筛，摇筛机，密度计，电子天平，烘箱，光电液塑限联合测定仪，自动击实仪，脱模器，CBR 试验装置（路面材料强度仪或其他荷载装置），比重瓶，杠杆压力仪，承载板及测力装置，表面振动压实仪，三轴仪，自由膨胀率测定装置、高温炉，分析天平
	2	集料	颗粒级配，针片状颗粒含量，压碎值，磨耗值，磨光值，集料含泥量，砂当量，吸水率，密度，坚固性，碱活性，软弱颗粒含量，细集料棱角性，含水率，泥块含量，有机质含量，亚甲蓝值 MBV，矿粉亲水系数	标准筛（砂、石筛），摇筛机，烘箱，电子天平，规准仪，游标卡尺，压碎值试验仪，压力机，洛杉矶磨耗机，加速磨光机，摆式摩擦系数测定仪，砂当量仪，李氏比重瓶，细集料棱角性测定仪，叶轮搅拌机，测长仪及配件，应力环及测试装置
	3	岩石	单轴抗压强度，抗冻性，含水率，密度，毛体积密度，吸水率	压力机，电动切石机，游标卡尺，砂轮磨平机，低温试验箱，电子天平，烘箱，抽气设备
	4	水泥	密度，比表面积，标准稠度用水量，凝结时间，安定性，胶砂强度，胶砂流动度，烧失量，SO_3 含量，MgO 含量	电子天平，Blaine 透气仪，透气比表面积仪，水泥净浆搅拌机，标准法维卡仪，沸煮箱，雷氏夹，胶砂搅拌机，振实台，标准恒温恒湿养护箱，电动抗折试验机，恒应力压力机，凝结时间测定仪，水泥胶砂流动度测试仪，高温炉，滴定装置
	5	水泥混凝土、砂浆	抗压强度，抗折强度，抗压弹性模量，配合比设计，坍落度，含气量，混凝土凝结时间，抗渗性，表观密度，泌水率，劈裂抗拉强度，抗折弹性模量，抗冻性，耐磨性，砂浆稠度，分层度，干缩率	标准养护室，水泥混凝土搅拌机，振动台，压力机（材料试验机），抗折试验夹具，千分表，坍落度筒，含气量测定仪，混凝土贯入阻力仪，混凝土渗透仪，容量筒，劈裂试验夹具，冻融试验机，混凝土动弹性模量测定仪，混凝土磨耗试验机，水泥砂浆搅拌机，水泥砂浆稠度仪，水泥砂浆分层度仪，干缩养护箱，比长仪
	6	水、外加剂	pH 值，氯离子含量，减水率，泌水率比，抗压强度比，不溶物含量，可溶物含量，硫酸盐及硫化物含量，含气量，凝结时间差，外加剂的钢筋锈蚀，匀质性	酸度计，分析天平，滴定设备，烘箱，压力机，混凝土贯入阻力仪，含气量测定仪，阳极极化仪或钢筋锈蚀测量仪
	7	无机结合料稳定材料	最大干密度，最佳含水率，无侧限抗压强度，水泥或石灰剂量，石灰有效钙镁含量，粉煤灰细度，粉煤灰烧失量，粉煤灰比表面积，SiO_2、Al_2O_3、Fe_2O_3 含量	自动击实仪，压力机，路面材料强度仪，脱模器，标准养护室，滴定设备，电子天平，负压筛析仪，烘箱，电炉，分析天平，高温炉，Blaine 透气仪
	8	沥青	密度，针入度，针入度指数，延度，软化点，薄膜加热试验，旋转薄膜加热试验，闪点，蜡含量，黏附性，动力黏度，布氏旋转黏度，改性沥青弹性恢复率，改性沥青的离析性，沥青化学组分，运动黏度，恩格拉黏度，黏韧性，乳化沥青蒸发残留物含量，乳化沥青筛上残留物含量，乳化沥青微粒粒子电荷，乳化沥青储存稳定性，乳化沥青破乳速度	比重瓶，分析天平，自动针入度仪，恒温水槽，烘箱，低温延度仪，软化点仪，闪点仪，薄膜烘箱，电子天平，旋转薄膜烘箱，蜡含量测定仪，真空减压毛细管黏度计，秒表，布氏旋转黏度仪，毛细管黏度计，真空泵，恩格拉黏度计，黏韧性试验仪，滤筛(1.18mm)，电极板，沥青乳液稳定性试验管，标准筛，电炉，冰箱

续上表

等级	序号	项目	主要试验检测参数	设备配置
综合甲级	9	沥青混合料	配合比设计,密度,马歇尔稳定度,空隙率,矿料间隙率,流值,最大理论密度,动稳定度,沥青用量,矿料级配,抗弯拉强度,冻融劈裂强度比,沥青析漏损失,飞散损失	沥青混合料拌和机,浸水天平,电子天平,烘箱,马歇尔自动击实仪,马歇尔稳定度仪,恒温水槽,脱模器,真空负压装置,轮碾成型机,车辙试验机,沥青抽提仪(或燃烧炉),标准筛,摇筛机,路面材料强度仪,恒温冰箱
	10	钢筋(含接头)	抗拉强度,屈服强度,伸长率,冷弯	万能材料试验机,弯曲装置,游标卡尺,标距打点机
	11	锚具、钢绞线	最大力,规定非比例延伸力,最大力总伸长率,锚固效率系数,总应变,洛氏硬度,弹性模量,松弛率,组装件疲劳试验,周期荷载试验,辅助性试验	大行程万能试验机,引伸仪,锚具试验系统,洛氏硬度计,松弛试验机,疲劳试验机
	12	板式橡胶支座	抗压弹性模量,抗剪弹性模量,极限抗压强度,抗剪黏性能,抗剪老化	压力机(≥5 000kN),剪切侧向加载系统,老化箱,游标卡尺,变形测量装置
	13	土工合成材料	拉伸强度,延伸率,梯形撕裂强度,顶破强度,厚度,单位面积质量,垂直渗透系数	材料试验机,各种专用夹具,厚度测定仪,电子天平,钢尺,渗透系数测定仪
	14	路基路面	厚度,压实度,平整度,土基回弹模量,弯沉,构造深度,摩擦系数,渗水系数,车辙、几何尺寸	路面雷达测试系统,环刀,灌砂筒,天平,取芯机,激光平整度仪,承载板,贝克曼梁,自动弯沉仪(落锤或连续式),激光构造深度测试仪,摩擦系数测试设备(横向力或制动力式),摆式仪,路面渗水仪,车辙自动测定仪,全站仪(或经纬仪、测距仪)、水准仪、钢尺、核子密度仪或无核密度仪
	15	地基基础、基桩	地基承载力,地表沉降,基桩完整性,基桩承载力,深层水平位移,成孔质量	承载板及测试装置,水准仪,基桩动测仪,超声波检测仪,千斤顶加载装置,位移测试装置,静动力触探仪,测斜仪,百米钻机(配标准贯入设备,泥浆泵,岩芯管钻头,取样器等),成孔质量检测装置
	16	结构混凝土	强度,混凝土碳化深度,钢筋位置及保护层厚度,表观及内部缺陷,钢筋锈蚀电位,氯离子含量,混凝土电阻率	回弹仪,取芯机,压力机,非金属超声波检测仪,碳化深度测量装置,钢筋保护层测定仪,裂缝测量装置,钢筋锈蚀测量仪,氯离子含量测定仪或化学滴定装置,混凝土电阻率测量仪
	17	桥梁结构、构件	静态、动态应变(应力),变形(位移),模态参数(频率、振型、阻尼比),承载能力	静态应变测量与采集设备(至少两种原理设备,测点总数不少于100),动态应变测量、采集与分析设备(不少于16通道),全站仪,变形测量装置,精密水准仪,测振传感器,裂缝测量装置,钢筋锈蚀测量仪,氯离子含量测定仪或化学滴定装置,桥梁检查车(平台)
	18	隧道	断面尺寸,锚杆拉拔力,支护(衬砌)背后的空洞,衬砌厚度,地质观察,周边位移,拱顶下沉,CO浓度,烟雾浓度,照度,噪声	激光断面仪,锚杆拉拔仪,地质雷达,收敛计,精密水准仪,CO浓度检测仪,光透过率仪,照度计,精密声级计

续上表

等级	序号	项目	主要试验检测参数	设备配置
综合甲级	19	交通安全设施(标志，标线，护栏，隔离栅等)	**外观及几何尺寸，反光标志逆反射系数，反光标线逆反射系数，标线涂层厚度，标线抗滑性能，突起路标发光强度系数，色度性能(表面色)，金属构件防腐层性能，立柱(支撑)竖直度，**拼接螺栓抗拉荷载，反光膜抗拉荷载，反光膜附着性能，玻璃珠含量，涂料抗压强度，涂料耐磨耗性能，突起路标抗压荷载，突起路标抗冲击性能	**几何测量量(刃)具，反光标志逆反射系数测试仪，反光标线逆反射系数测试仪，标线涂层厚度测试仪，摆式摩擦系数测定仪，突起路标发光强度系数测试仪，色彩色差仪(表面色)，磁性涂层测厚仪，超声波测厚仪，电涡流涂层测厚仪，分析天平，电子天平，气流式盐雾腐蚀试验箱，**1.0级电子万能材料试验机(量程不小于200kN)，0.5级电子万能材料试验机，反光膜附着性能测定仪，玻璃珠筛分器，恒温恒湿环境试验箱(均匀性不超过±1℃)，漆膜磨耗仪，突起路标抗冲击试验装置或落球冲击试验机

注：①所列设备功能、准确度均应符合所测参数现行规范的要求。

②表中黑体字标注的参数和仪器为强制性要求，少一项视为不通过。

③申请交通工程专项6增项的，应同时增加第3、第4、第5三项。

④申请交通工程专项8～13增项的，应同时增加第1、第2两项，申请第9项的还应增加第7项。

⑤交通工程专项中第6项交通安全设施部分强制性测试项目中含有的非强制性参数列于该项后面。

表3-6是关于公路工程试验检测能力基本要求及主要仪器设备的。从表中可以看出：公路综合甲级所检项目共有19个，包含材料、地基、路基路面、桥梁结构、交通安全设施，其中黑体字为强制性要求的内容，不得缺少；非黑体字参数可自行选择，但不应少于非黑体总量的80%；否则，在评审时每缺1台(套)按0.5扣分，设备的功能、精度、量程等符合规范要求，如力学测试设备适宜在总量程的20%～80%范围使用，应力环应根据测试值的范围不同，规格也不同；电子天平的配置应满足不同量程精度的要求，数量根据各个检测室的设置和检测工作需要配置；烘箱根据规程要求的试验条件不同而配置的规格不同，配置数量应满足检测工作量的要求，不能将不同试验条件的样品同时置于一个烘箱。总之，仪器设备配置的数量和精度应符合规范要求，数量应满足需要。

表3-6中的注③、④、⑤是针对交通工程的特点，考虑检测参数的完整性提出的要求。

公路水运试验检测机构由于等级和专项不同，共有15种情况，有关其他14种的试验检测能力基本要求及主要仪器设备详见附录3。

二、公路水运工程试验检测机构等级评定程序

1.申请的受理和初审

(1)公路水运工程试验检测机构申请公路水运工程试验检测机构等级评定，应填报《公路水运工程试验检测机构等级评定申请书》，并按《办法》第9条规定，向省级交通质量监督机构(以下简称省质监机构)提交申请材料1份。

(2)省质监机构收到申请材料后，应按照《办法》第11条要求进行认真核查，及时作出书面受理或不受理的决定。

所申请的等级属于部质监总站负责评定范围的，省质监机构应在10个工作日内完成核查

工作。对于受理的，退回申请材料中相关材料的原件，出具核查意见，并将申请材料转报部质监总站。

《办法》第 9 条规定　申请公路水运工程试验检测机构等级评定，应向所在地省站提交以下材料：

①《公路水运工程试验检测机构等级评定申请书》；

②申请人法人证书原件及复印件；

③通过计量认证的，应当提交计量认证证书副本的原件及复印件；

④检测人员考试合格证书和聘（任）用关系证明文件原件及复印件；

⑤所申报试验检测项目的典型报告（包括模拟报告）及业绩证明；

⑥质量保证体系文件。

第 10 条规定　公路水运工程试验检测机构等级评定工作分为受理、初审、现场评审 3 个阶段。

第 11 条规定　省站认为所提交的申请材料齐备、规范、符合规定要求的，应当予以受理；材料不符合规定要求的，应当及时退还申请人，并说明理由。

所申请的等级属于质监总站评定范围的，省站核查后出具核查意见并转送质监总站。

所申请的等级属于省站评定范围，但申报的试验检测项目有属于质监总站评定范围的，对该项目的评审省站应当报请质监总站同意，评审专家从质监总站专家库中抽取，质监总站对该项目的评审进行监督抽查。

部质监总站或省质监机构对受理的申请材料应按照《办法》第 12 条要求进行初审。初审发现问题需要澄清的，质监机构应当通知申请人予以澄清，并出具“公路水运工程试验检测机构等级评定申请补正通知书”；初审不合格的，质监机构应当及时书面说明理由；初审合格的进入现场评审阶段。

(3)材料初审时应关注的主要内容。

①申请的试验项目范围及设备配备与申请的等级是否相符。

②人员：持证总数量、专业情况，检测师、检测员数量是否被其他机构注册，质量负责人、技术负责人的资格是否符合要求等。

③设备：配备的种类、数量、精度是否符合要求，检定、校准、验证的情况是否符合交通行业检测要求。

④规范标准齐全现行有效：包含试验方法、评定标准、施工规范、设计标准等，标准中除交通行业规范外，还应注意相关的国家标准是否现行有效。

⑤机构检测用房面积、布局的合理性等。

⑥质量管理体系文件是否满足规范性、系统性、协调性、唯一性、适用性的基本要求。

(4)增项申请。

①增项申请应填报《公路水运工程试验检测机构等级评定申请书》中增项相关内容。

②增项申请必须以检测项目为单位，不得申请单个或多个参数的增项。

③增项原则上应是试验检测机构等级标准范围内的检测项目，特殊情况下，可对试验检测机构等级标准范围外，但在现行交通行业标准、规范内规定的检测项目中申请增项。

④增项数量应不超过本等级检测项目数量的 50%，增项检测项目对人员、环境等对应条

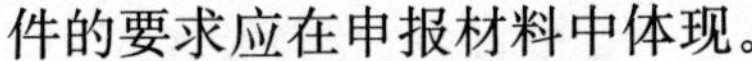

件的要求应在申报材料中体现。

增项评审的注意事项：

①就增项的参数提出申请，按照评审范围递交申请。

②必须以检测项目为单位，不得申请单个或多个参数的增项。

③对于增加的参数需注意人员数量和专业是否满足要求。

④增项数量是否超出规定。

(5)同一检测机构申请多项等级

①同一人所持的多个专业检测资格证书，可在不同的检测等级申报中使用，但不得超过2次。

②除行政、技术、质量负责人外，其他持单一专业检测资格证书的人员不得重复使用。

③不同等级的专业重叠部分检测用房可共用，不重叠部分检测用房必须独立分别满足要求，以保证试验检测工作的正常开展。

④不同等级专业重叠部分的仪器设备可交叉使用，但对用量大的仪器设备应有数量规模要求，省质监机构初审时可视具体情况掌握。

2.现场评审的规定

(1)现场评审准备

①现场评审时间一般为2天，现场评审专家组人数一般为3～5人。如申请人申请多个资质或申请1个资质另加增项检测项目，评审组人数可适当增加。现场评审专家组设组长1名，负责主持现场评审工作。现场评审过程中，质监机构可派员进行过程监督。

②现场评审5个工作日前，质监机构应向申请人发出《公路水运工程试验检测机构等级评定现场评审通知书》，属于部质监总站评定范围的增项申请，由部质监总站向申请单位所在的省质监机构发出《试验检测项目评审任务书》。

③现场评审专家组由质监机构在其所建的公路水运工程试验检测专家库中随机抽取。被选专家与被评定的检测机构有利害关系的，在现场评审前应主动向部质监总站提出回避。

(2)现场评审程序及内容

①预备会议

在首次会议前，评审组长应组织预备会议，明确现场评审计划及专家分工，提请专家现场评审应注意的有关事项。

参加人员：评审组、监督人员。

监督人员一般为省站(局)人员或市质量监督站人员。

②首次会议

a.介绍评审任务和依据。

任务：按照《公路水运工程试验检测等级评定现场评审通知书》或《试验检测项目评审任务书》，对被评审检测机构作出公平、公正、公开、科学的现场评审，提出现场评审意见。

依据：《公路水运工程试验检测等级评定办法》、《公路水运工程试验检测等级标准》和《公路水运工程试验检测等级标准》。

b.介绍评审组成员组成，宣布现场评审计划考核内容和人员分工。

c. 对检测机构提出评审工作要求。

d. 检测机构随机抽取现场操作项目，并随机指定操作人员。

e. 检测机构负责人介绍机构总体情况。

参加人员：评审组、监督人员、被评审检测机构主要人员。

③现场总体考察

现场总体考察的目的是从宏观上评价检测机构总体状况，评审组可按试验检测工作流程，重点考察：

a. 试验室面积、总体布局、环境、设备管理状况等情况。

b. 可能存在的薄弱环节。

c. 对环境、安全防护等有特殊要求的项目。

④分组专项考核的相关内容

按现场评审计划及分工，评审组成员分档案材料组、硬件环境组和技术考核组，每组考核的内容有所不同。

a. 档案材料组

通过对档案和内业资料的查阅，考核申请人的业绩、检测能力、管理的规范性和人员资格等情况。其内容包括：

(a)查验试验检测人员的职称证书、检测资格证书是否真实有效，检查技术负责人和质量负责人的资格以及试验检测人员的专业配置是否满足要求，试验检测报告的审核、签发人是否具备试验检测工程师资格，签字领域和考证批准的是否一致。

(b)检测机构是否为所有持证试验检测人员签订劳动合同且办理三险(五险)。

(c)所有强制性试验检测项目的原始记录和试验检测报告或模拟检测报告是否齐全，抽查不少于10%的强制性项目和5%的非强制性项目检测报告的正确性、科学性、规范性。对于有模拟报告而无业绩的项目，检测机构应提交比对试验报告，或由现场评审专家组织比对试验进行确认。

(d)试验检测项目适用的标准、规范和规程是否齐全且现行有效。

(e)质量保证体系文件是否齐全、合理，运转有效。

(f)收样、留样和盲样运转记录是否齐全、合理。

盲样管理是为了保证检测数据的公正，将客户信息隐藏不被试验者了解而进行的样品管理方式。

任务单(样品单)中的样品信息应是除了客户信息以外的有关样品的信息如名称、规格(牌号)、数量、用途(若判定需要)、产地(若需要)等。

模拟报告应是对真实样品按照规范标准检测所得结果的报告，与业绩报告的差异只是缺少资质印章。为了方便对人员情况的查验，了解检测机构对人员的管理状态，各家机构应按照《实验室资质认定评审准则》的要求建立人员业绩档案，它不同于人事档案，通过业绩档案了解人员在业务方面的水平和专长，技术人员业绩档案至少包括：

(a)人员简历；

(b)学历证明；

(c)职称证书；

(d)资格证书；

(e)培训证书；

(f)荣誉证书；

(g)年度工作总结；

(h)内审员证书；

(i)所发表的论文、论著等；

(j)其他。

表3-7是人员业绩档案卷内目录的格式，可供参考。

人员业绩档案卷内目录表　　表3-7

序　号	内　容	页　次	备　注
1	人员简历	1	
2	学历证明	1	
3	职称证书		
4	资格证书		
5	培训证书		
6	荣誉证书		
7	年度工作总结	1+1+	
8	内审员证书		
9	所发表的论文、论著		
10	其他		

人员业绩档案中的各类证书如资格证书、培训证书、荣誉证书等可为复印件。原件另行保存。年度工作总结数量每年都有变化，为了方便管理建议写成1+1+…格式。

b.硬件环境组

通过现场符合性检查，考核检测机构硬件实际状况是否与所申请材料的内容一致，是否满足等级标准的要求。检查的主要内容包括：

(a)试验检测场地的面积是否满足要求，检查被评审检测机构用房的产权。若是租赁，租赁合同是否长期有效(租期≥5年为长期)。

(b)逐项核查仪器设备的数量和运行使用状况，与申请材料是否符合。强制性设备不得缺少；非强制性设备配置率应不低于80%，低于此比例的每缺1台(套)扣0.5分。

(c)仪器设备管理状况，逐一核查仪器设备的使用记录、维修记录、检定/校准证书。重点核查有疑问仪器设备的购货凭证(购货发票和合同原件)。所有仪器设备必须具有所有权，不得租赁。

(d)试验检测场所是否便于集中有效管理，试验环境是否满足要求。

(e)样品的管理条件是否符合要求。

硬件设施是一个检测机构的重要组成部分，它和人员一样，缺一不可，各家检测机构由于检测用房条件不同，在检测室、设备的布局方面各不相同，但是无论如何，检测用房应满足规范标准的试验条件要求，符合检测流程的需要，方便试验；各检测用房面积合理，避免检测用房总面积满足要求，但个别检测室过于拥挤的现象。检测场所不应分散影响管理。

试验环境是否满足要求，应根据规范标准对试验环境如温度、湿度、振动干扰、化学试剂的储存条件等进行评价。

仪器设备档案的管理是十分重要的，它是检测机构管理体系的一个重要组成部分，档案内容为检测数据的准确、可靠提供相关的证据，设备档案至少包含以下内容：

(a)设备名称、型号、制造厂商、购置价格、购置日期、出厂编号、本单位固定资产管理编号、保管人、放置地点、目前状态(在用、停用、报废)。

(b)说明书，若是外文说明书应有使用方法及校准部分的中文译文。

(c)仪器检定、校准或校验情况记录，包括检定校准日期、周期、证书号、检定单位及电话、有效期、送检人、计量检定(校准)证书原件。

(d)购置仪器的申请、仪器装箱单、验收清单、验收日期及验收记录、仪器启用日期。

(e)仪器设备使用记录，期间核查记录，仪器设备损坏、故障、修理记录，仪器设备维护保养记录，设备存放位置变更记录和仪器设备报废情况记录。

为了方便检测机构试验仪器设备的档案管理，笔者总结多家检测机构的经验，根据交通试验检测机构的特点和《实验室资质认定评审准则》的要求，形成了表 3-8 设备档案目录清单，表 3-9 为仪器设备管理卡，表 3-10 为仪器设备的验收清单格式，以供参考。

设备档案目录清单(参考)格式表 表 3-8

序号	内容	页次	备注
1	仪器设备管理卡	1	
2	说明书	5	
3	产品合格证	1	
4	购置申请	1	
5	验收单	1	
6	检定校准证书	1+1+	
7	设备使用记录	1	
8	维护保养记录	1	
9	期间核查记录	0	
10	设备的购置发票(复印件)	1	
11	维修、改装记录		
12	其他		
13			

考虑检定校准证书的数量每年都发生变化，因此记录时不宜填写总量，建议写成如上 1+1+…的形式。

仪器设备管理卡表

表 3-9

名　称		型号/规格	
生产厂商		购置价格	
出厂编号		购置日期	
管理编号		启用日期	
存放地点		管理人	

仪器设备的验收清单格式

检测中心

表 3-10

设备名称		型号/规格	
生产厂商		出厂编号	
购置价格		出厂日期	
验收日期		验收人	
随机附件	1.装箱单		
	2.合格证		
	3.说明书		
	4.其他		
随机配件			
使用功能情况			
设备接收(使用)人		接收日期	
备注:			

样品的管理应包含如下几个方面的要求:

(a)注意样品信息的完整性。对于待检验品至少应有名称、规格、样品编号、数量、龄期(若需要)、检测状态。留样的样品,除前面所要求的信息外,还应增加留存日期、保存期限等。

(b)待检样品的完整性和数量应符合规程规范的要求。

(c)储存情况。无论是待检或留样均应满足温湿度的要求,如水泥、化学用品以及标准物质的储存保管。

(d)试验室建立样品的唯一标识系统是样品管理的关键环节,样品除名称、种类等信息外,还应有状态标识,表明该样品的检测/校准状态,是待检、在检、还是已检。每个样品都应有唯一编号。当一组样品有多个试件时,应有统一样品编号和试件序号,以避免错拿样品或试验室无样品序号出现数据记录错误。

常见样品状态标识格式如表 3-11 所示。

常见样品状态标识表　　表 3-11

样 品 名 称	
样品规格(数量)	
样品编号	
检测状态	待检◇　在检◇　已检◇

c. 技术考核组

技术考核组需根据检测机构所申报的项目进行抽查确认现场试验项目，抽测的检测项目原则上应覆盖申请人所申请的试验检测各大项目。各大项目可参照检测机构能力等级标准所列出的主要检测项目。抽取具体参数应通过抽签方式决定，专家评审组去现场评审前，检测机构应做好所有试验准备，试样、设备和人员都应齐备，不得以人员、仪器设备不在或没有样品为由推脱。现场评审专家应对该项目现场演示过程进行测评。凡是现场评审时，未准备好的项目一律按不能开展判定。

通过现场操作考核，检查试验检测人员能否完整、规范、熟练地完成试验检测项目，从而评定申请人所具有的实际试验检测能力。

现场操作考核工作要点：

(a)提问考核技术负责人和质量负责人的业务和质量管理的相关知识；

(b)检查操作人员的检测证书，确定是否为所申报的人员，避免替换；

(c)观察检测人员的实际操作过程是否完整、规范、熟练；

(d)通过提问或问卷，随机抽查试验检测人员相关试验检测知识；

(e)审查提交的现场操作项目报告的规范性、完整性，选 2 份作为《现场评审报告》附件，其余封存，留检测机构备查；

(f)对涉及结构安全的检测项目，如基桩等应对所有操作人员加强现场操作考核，并在证书上确认。

以上各点在评审时需根据试验检测机构的具体情况加强针对性。例如，当发现检测人员操作不规范时，分析原因，判断不规范的程度；考核技术负责人和质量负责人时，根据两人的职责分工，侧重点应有所不同，技术负责人全面负责技术管理内容，而质量负责人负责管理体系的运行；对涉及结构安全的检测项目，如基桩操作人员至少应取得桥梁或地基基础专业证书。

⑤评审组内部沟通会议

档案材料组、硬件环境组和技术考核组将各自考核的评审情况进行汇总，确定总体评价，提出存在的问题和整改要求，整理完善各评审工作表，并在沟通情况的基础上，各专家独立打分，填写《公路水运工程试验检测机构现场评分表》，由组长汇总计算平均分。

⑥末次会议

末次会议是现场评审的最终会议，由评审组长主持，参加人员与首次会议相同，目的是通报评审总体情况，指出存在的问题并要求检测机构按《现场评审专家反馈意见表》内容落实整改。

⑦提交现场评审材料

现场评审结束后，评审组组长负责将《公路水运工程试验检测机构能力等级现场评审报告》及《公路水运工程试验检测机构等级评定现场工作用表》等材料整理齐备，连同电子稿及选取的 2 份现场操作项目试验检测报告一并在现场评审后 5 个工作日内上报质监机构。

三、现场评审分值的规定

现场评审得分有以下几种情况：

(1)得分＜80 分，不予通过，评定结束满 6 个月后可重新申报；

(2)80 分≤得分＜85 分，不予通过，评定结束后满 3 个月方可申请现场整改复核评定；

(3)得分≥85 分，予以通过，需整改的方面，应报送书面整改。

质监机构依据《办法》及《现场评审报告》召开专题会议，对申请人进行公路水运工程试验检测机构等级评定，并将评定结果予以公示，公示期为 7 个工作日。

以上 3 种情况处理方式不同。

(1)对于评定通过，且公示期间无异议或经核实异议不成立的试验检测机构，质监机构发出《公路水运工程试验检测机构等级评定决定书》，并核发《等级证书》及“公路水运试验检测机构”专用标识用章。检测机构需登陆交通运输部质监总站网进行机构及人员信息注册。

(2)对于公示期间有异议、且经核实异议成立的，应当书面通知申请人，并视情节轻重，作出相应处理。

(3)对于需要整改后复核的试验检测机构，质监机构发出《公路水运工程试验检测机构等级评定整改通知书》。

(4)对于评定不通过的试验检测机构，质监机构发出《公路水运工程试验检测机构等级评定不予通过决定书》。

(5)对于甲级或专项增项通过的试验检测机构，质监总站向省质监机构发出《试验检测项目评定决定书》，检测机构需带原证书到省站办理增项手续。

评审的流程图如图 3-1 所示。

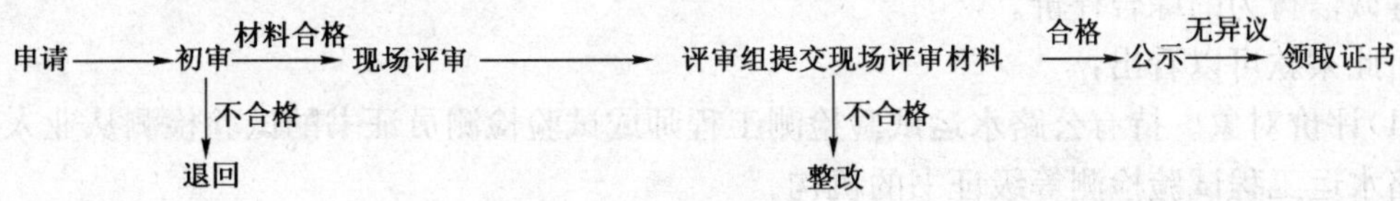

图 3-1 评审流程图

第三节 公路水运工程试验检测机构和人员信用评价

公路水运工程试验检测行业关系到国家和人民生命、财产的安全，其信用状况尤为重要。信用是职业道德的体现，是一个行业发展到一定阶段所必须面对的问题。在公路水运试验检测市场蓬勃发展之际，交通运输部出台《公路水运工程试验检测信用评价管理办法(试行)》(以下简称《信用评价办法》)，通过建立行业信用体系，来加强公路水运试验检测管理和诚信建设，引导和监控试验检测市场和试验检测行为，树立检测机构讲诚信的正气。

一、信用评价办法的主要内容

《信用评价办法》由五章正文(共20条)和7个附件组成,如图3-2所示。正文规定了信用评价范围及评价程序,附件提供了信用评价标准及相关表格。

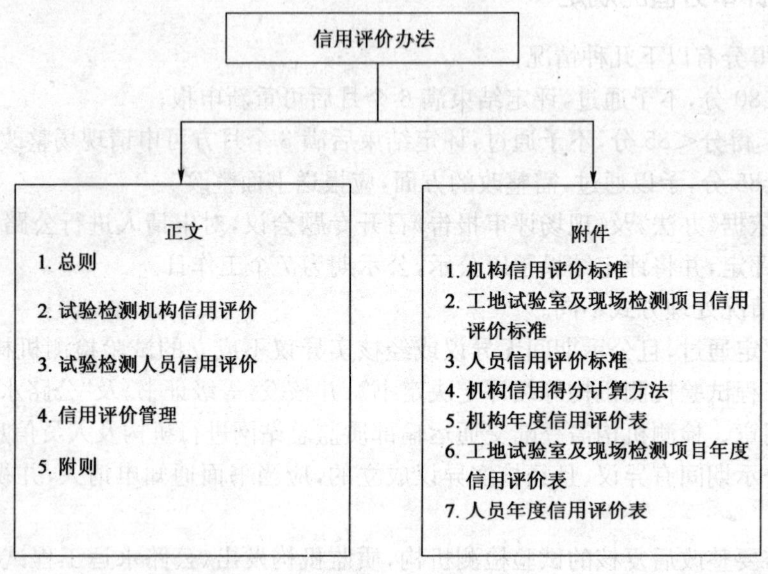

图3-2 信用评价办法

二、评价范围

《信用评价办法》第2条规定 本办法所称信用评价是指交通运输主管部门对持有管理水运试验检测工程师证书或试验检测员证书的从业人员和取得管理水运工程试验检测等级证书并承担质量鉴定、验收、评定(检验)、监测及第三方检测业务的试验检测机构的从业承诺履行情况等诚信行为的综合评价。

由此条款可以看出:

(1)评价对象。持有公路水运试验检测工程师或试验检测员证书的试验检测从业人员;取得公路水运工程试验检测等级证书的机构。

(2)评价范围。公路水运工程质量鉴定、验收、评定(检测)、监测及第三方试验检测业务。各省应根据实际情况确定评价范围。

三、评价方法及程序

1. 检测机构的评价方法

《信用评价办法》第6条规定 试验检测机构的信用评价实行综合评分制。试验检测机构设立的工地试验室及单独签订合同承担的工程质量鉴定、验收、评定(检验)及监测等现场试验检测项目(以下简称现场检测项目)的信用评价,作为其信用评价的组成部分。

即试验检测机构对外派的工地试验室有连带责任,工地试验室数量越多,其信用评价的风险也越大。综合评价的计算公式如下:

$$W=W'(1-\gamma)+\frac{\gamma}{n}\cdot\sum_{i=1}^{n}W_i^n$$

式中：W——试验检测机构信用评价综合得分；

W'——母体机构得分；

W^n——工地试验室及现场检测项目得分；

n——工地试验室及现场检测项目数；

γ——权重。

$n=0$ 时，　　$\gamma=0$

$n=1\sim5$ 时，　　$\gamma=0.4$

$n=6\sim10$ 时，　　$\gamma=0.08\times n$

$n>10$ 时，　　$\gamma=0.8$

试验检测机构、工地试验室及现场检测项目的评价采用扣分制。基准分为 100 分。具体扣分内容见附录 10。

2. 人员的信用评价方法

人员的信用评价实行随机检查累计扣分制。在评价周期内，试验检测人员在不同项目和不同工作阶段发生的违规行为实行累计扣分。一个具体行为涉及两项以上违规行为的，以扣分标准高者为准。具体扣分内容见附录 10。

评价周期内，当：20 分≤人员累计扣分分值<40 分　　属信用较差

人员累计扣分分值≥40 分　　属信用很差

连续 2 年被评为信用较差的人员，信用等级直接按较差发布，并列入黑名单。伪造证书信用评为很差，列入黑名单。

3. 试验检测机构信用等级的划分

《信用评价办法》第 8 条规定　试验检测机构信用评价分为 AA、A、B、C、D 五个等级，评分对应的信用等级分别为：

AA 级：信用评分>95 分，信用好；

A 级：85<信用评分≤95 分，信用较好；

B 级：70<信用评分≤85 分，信用一般；

C 级：60<信用评分≤70 分，信用较差；

D 级：信用评分≤60 分，信用很差。

被评为 D 级的试验检测机构直接列入黑名单，并按 12 号令予以处罚。

4. 试验检测机构及人员信用评价程序

评价具体程序及时间要求如图 3-3 所示。

《信用评价办法》第 10 条规定　质监机构用于复核评价的不良信用信息采集每年至少 1 次且要覆盖到评价标准的所有项。

在各级质监机构开展的监督检查中发现的违规行为、投诉举报查实的违规行为、交通运输主管部门通报批评中的违规行为，均作为对试验检测机构、工地试验室及现场检测项目信用的评价依据。

信用检查结果应有检查人员的签字确认，多次发现的问题可累计扣分。上一级质监机构

应当对下一级质监机构所负责评价的试验检测机构、工地试验室及现场检测项目进行随机抽查复核。

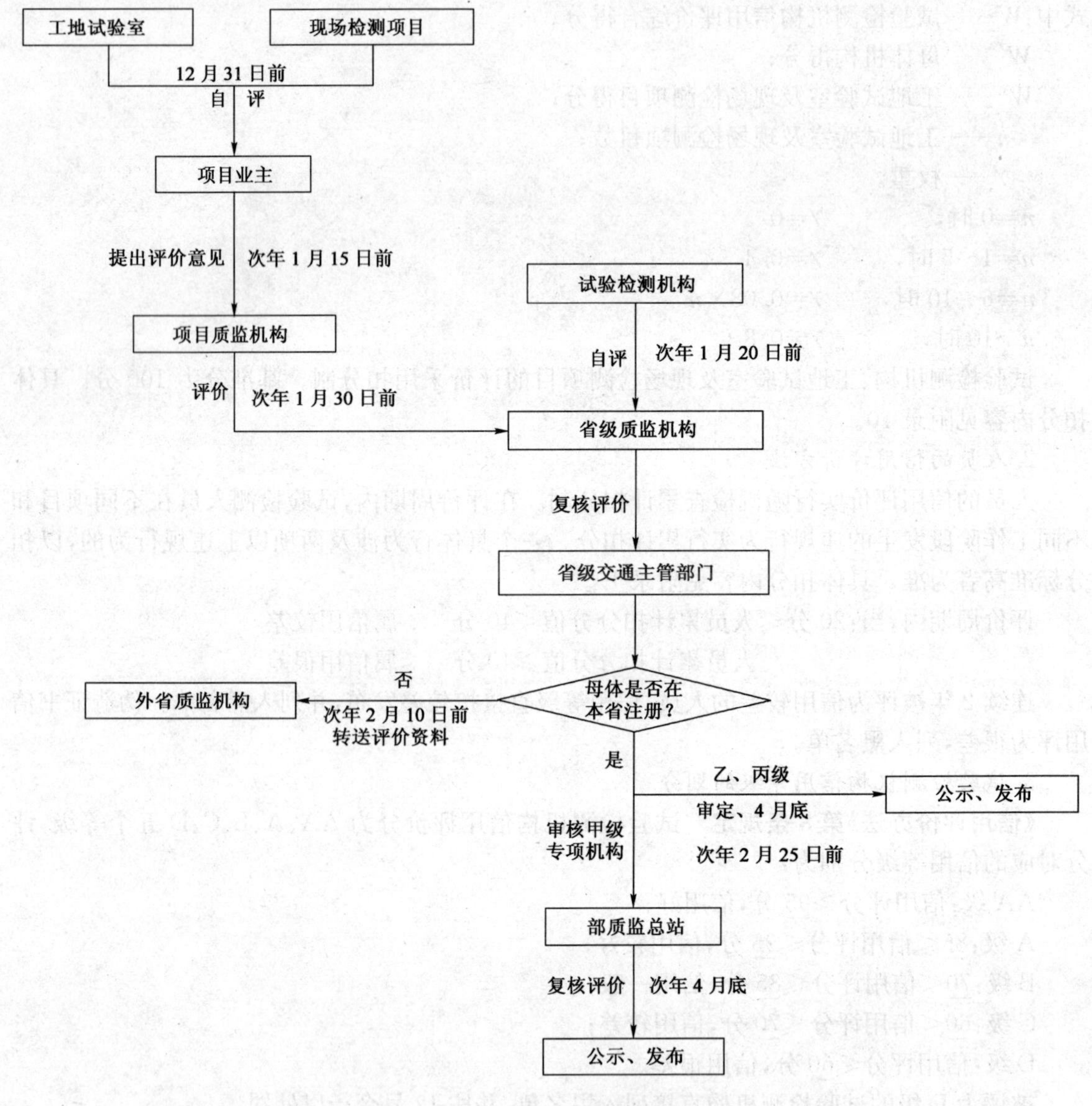

图3-3 评价具体程序图

四、信用评价实施及结果发布

《信用评价办法》第4条规定 交通运输部负责公路水运工程试验检测机构和人员信用评价工作的统一管理，负责试验检测工程师和取得公路水运甲级及专项等级证书并承担高速公路、独立特大桥、长大隧道及大型水运工程质量鉴定、验收、评定（检验）、监测及第三方试验检测业务试验检测机构的信用评价和信用评价结果的发布。

省级交通运输主管部门负责在本行政区域内从事公路水运工程试验检测业务的试验检测

人员和相关试验检测机构信用评价工作的管理。省级交通运输主管部门所属的质量监督机构(以下简称省级质监机构)负责信用评价的具体组织实施工作。

在本省注册,属交通运输部发布范围的试验检测机构和试验检测工程师信用评价结果经省级交通运输主管部门审核后报部质监机构。

在本省注册的试验检测员和取得公路水运乙级、丙级等级证书并承担工程质量鉴定、验收、评定(检验)、监测及第三方试验检测业务的试验检测机构,及根据本省实际确定的其他范围的试验检测机构的信用评价结果,由省级交通运输主管部门审定后发布。

第5条规定 应用评价周期为1年,评价的时间段从1月1日至12月31日。评价结果定期公示、公布,对被直接评为信用很差的试验检测机构和人员应当及时公布。

五、信用评价标准释义

《信用评价办法》明确:工程试验检测机构信用评价标准有17项失信行为,工地试验室及现场检测项目信用评价标准有15项失信行为,试验检测人员信用评价标准有15项失信行为。正确理解标准的含义,才能真正使用评价结果管理市场,优胜劣汰,促进检测市场健康有序发展。以下将逐条阐述所有条款的含义。

1. 试验检测机构信用评价标准(17项失信行为释义,行为代码JJC 201001~17)

(1)JJC 201001 出借或借用试验检测等级证书承揽试验检测业务的。

指利用(或允许利用)非本试验检测机构的试验检测等级证书进行试验检测业务承揽,或被证实在试验检测业务承揽活动中挂靠他人(或允许他人挂靠)试验检测机构参与不正当投标行为。被证实有上述行为的双方试验检测机构将在信用评价时均被"直接确定为D级"。

(2)JJC 201002 以弄虚作假或其他违法形式骗取等级证书或承接业务的。

指试验检测机构通过虚列持证检测人员,制作假证,为应付评审而借用强制性设备,借用其他检测机构的试验场地、虚报业绩等弄虚作假甚至违法行为的方式骗取等级证书(或承接业务)的。

(3)JJC 201003 出具虚假数据报告并造成质量标准降低的。

工程质量降低达不到合格标准、形成事故隐患需要返工以及造成质量安全事故、经检查发现检测机构事前对其出具了虚假合格报告的;因检测机构出具虚假报告,误导工程质量控制措施,导致工程质量降低。

(4)JJC 201004 所设立的工地试验室及现场检测项目有得分为0分的。

不论检测机构设立了多少个工地试验室和承担了多少个现场检测项目,其中有一个得0分即说明监管不力。

(5)JJC 201005 存在虚假数据报告及其他虚假资料。

存在虚假数据和报告的几种情况:

①报告中,数据、结论与原始记录严重不一致。

②多组试验时,数据明显雷同的。

③在记录所反映出的时间段内,不可能完成相应工作量的。

④为满足检测频率要求而编造数据报告的,但未认定达到JJC 201003的可适用本条。

为避免在该项扣分一次性被扣至 0 分，特规定了对该项失信行为一次检查扣分的上限为 30 分。一次扣分达到 30 分的，检查部门要在 3 个月内对上次检查后检测机构出具的数据报告及资料进行复查，如发现仍有类似行为，则在上次扣分的基础上进行累加扣分。

(6)JJC 201006　超等级能力范围承揽业务的。

机构应在等级证书限定的参数范围内开展业务，超出批准等级标准限定的参数范围，且在《等级标准》列表中有的参数，扣分。

超出《等级标准》列表中的参数范围的，但机构经计量认证通过的参数范围里有，同时试验检测报告未加盖交通试验检测专用标识章的，不扣分。

试验检测报告加盖了交通试验检测专用标识章的，扣分。

(7)JJC 201007　未对设立的工地试验室及现场检测项目有效监管的。

按工地试验室或“现场检测项目”被评分小于 70 分的，可视为未进行有效监管。

(8)JJC 201008　聘用信用很差或无证试验检测人员从事试验检测工作的，或所聘用的试验检测人员被评为信用很差的。

从事检测工作是指在试验检测活动中需要签字负责的检测岗位，检测辅助工不在此列。检测人员在该机构工作期间被评为信用很差，说明机构监管不力，应承担相应责任。

(9)JJC 201009　报告签字人不具备资格。

报告签字人包括试验人员、审核人、签发人。资格应为取得交通行业检测师或检测员证，并在其证书的专业范围内，否则视为不具备资格。报告签发人未经授权视为不具备资格。

(10)JJC 201010　试验检测机构的重要变更(指机构行政负责人，技术、质量负责人，地址等的变更)未在规定期限内办理变更手续。

《办法》第 24 条规定　检测机构名称、地址、法定代表人或者机构负责人、技术负责人等发生变更的，应当自变更之日起 30 日内到原发证质监机构办理变更登记手续。

(11)JJC 201011　评价期内，持证人员数量达不到相应等级要求。

指评审时达到要求，后来因种种原因变动造成未达到《等级标准》要求的。

(12)JJC 201012　评价期内，试验检测机构技术负责人、质量负责人上岗资格达不到相应等级要求。

指评审时达到要求，后来因种种原因变动造成未达到《等级标准》要求的。

(13)JJC 201013　评价期内，强制性试验检测设备配备不满足等级标准要求。

指评审时达到要求，后来因种种原因变动造成未达到《等级标准》要求的。

(14)JJC 201014　试验检测设备未按规定检定校准的。这里分三种情况：

①正常使用中的设备未按时检定或校准；

②检定/校准流于形式，仪器设备不能达到使用要求的仍在使用；

③自校仪器无校准规程和记录的。

检定/校准须有依据，校准、测试须有数据。

(15)JJC 201015　试验检测环境达不到技术标准规定要求的。

指不满足《等级标准》(见附录 3 中的表 3)对试验面积的要求，以及标准、规程规定的试验检测环境条件要求的，如：

①对样品制备过程有温湿度要求的；

②对检测前样品放置环境有温湿度要求的；

③对检测过程环境温湿度有要求的；

④一些特殊的环境要求，如安全防护措施，防腐、防有害气体、防电磁干扰等要求。

(16)JJC 201016　试验检测原始记录信息及数据记录不全，结论不准确，试验检测报告不完整(含漏签、漏盖章)。

这里共分三类：

①试验检测原始记录信息及数据记录不全；

②结论不准确，包括结论依据不正确的；

③试验检测报告不完整(含漏签、漏盖章)，按此三类分别扣分，多份报告出现同一类问题最多扣3分。

(17)JJC 201017　无故不参加质监机构组织的比对试验的。

"参加比对试验"是《办法》对取得等级证书的检测机构的明确要求，检测机构申请取得了检测等级证书，就是对"参加比对试验"进行了承诺，无故不参加，就是一种不遵守承诺的不诚信行为。这里对无故不参加的行为进行扣分，而对比对试验不合格等能力问题不在此扣分。

2.公路水运工程工地试验室及现场检测项目信用评价标准(15项失信行为，行为代码JJC 202001～JJC 2022015)

工地试验室及现场检测项目信用评价标准中的JJC 202001、JJC 202002、JJC 202003与试验检测机构信用评价中的JJC 201003、JJC 201005、JJC 201008内容相同，这里不再赘述。

(1)JJC 202004　未经母体机构有效授权。

本项只对工地试验室适用，工地试验室必须有母体机构的规范授权书，其授权书上应盖有机构公章、检测资质标识章，其报告签发人必须经母体机构正式授权，并明确授权范围、时间等。

(2)JJC 202005　授权负责人不是母体机构派出人员的。

本项只对工地试验室适用，工地试验室授权负责人是抓好工地试验室工作的关键人，要求必须是母体机构的成员，涉及人事关系的有关事项均应在母体机构中有明确证据。

(3)JJC 202006　超授权范围开展业务。

本项只针对工地试验室适用，母体机构应在其等级证书项目参数范围内向工地试验室授权(可参阅JJC 201006)，工地试验室应在授权范围内开展业务。

(4)JJC 202007　未按规定或合同配备相应条件的试验检测人员或擅自变更试验检测人员。

未按合同要求配备符合相应条件和数量的试验检测工程师和试验检测员，或其人员变更未履行程序。

(5)JJC 202008、JJC 202009、JJC 202010参见JJC 201014、JJC 201015、JJC 201009。

(6)JJC 202011　试验检测原始记录信息及数据记录不全，结论不准确，试验检测报告不完整(含漏签、漏盖章)，试验检测频率不满足规范或合同要求：参见JJC 201016，试验检测频率不满足规范或合同要求是指某工程部位的某项检测参数数量未达到规范规定或检测合同规定的要求。

(7)JJC 202012　未按规定上报发现的试验检测不合格事项以及不合格报告。

未按照有关合同文件或试验室质量手册、程序文件等管理规定上报发现的检测不合格事项以及不合格报告。

(8)JJC 202013　对各级监督部门提出的检查意见整改不闭合的。

是指包括母体试验机构的检查、建设、监理及质监部门的监督检查在内的检查意见的整改并回复,有相关存档资料可查阅。

(9)JJC 202014　未经备案审核开展检测业务的。

本项只对工地试验室适用,要求工地试验室经监督部门审核备案后,方可开展检测业务。

(10)JJC 202015　严重违反试验检测技术规程操作的。

指采用错误的(或错误采用)试验检测方法、仪器设备,任意删减、增加试验检测流程并可能对最终结果造成不良影响的行为。

3.公路水运工程试验检测人员信用评价标准(15 项失信行为,JJC 203001～JJC 203015)

(1)JJC 203001　在试验检测活动中被司法部门认定构成犯罪的。

两个要件:

①在试验检测活动中;

②司法部门认定构成犯罪。

(2)JJC 203002　参见 JJC 201003。

(3)JJC 203003　出现 JJC 201001、JJC 201002、JJC 201003、JJC 201004 项行为对相应负责人的处理。

是对应负领导责任的相应负责人的处理。

(4)JJC 203004　同时受聘于两个或两个以上试验检测机构的。

《办法》第 43 条规定　检测人员不得同时受聘于两家以上检测机构……

这里的两家以上(含两家)检测机构,同时也包含在一家母体机构同一时间段内在两家及以上的工地试验室内任职。

(5)JJC 203005　出借试验检测人员资格证书的。

允许其他单位使用其资格证书用于招投标、承揽试验检测业务、申请试验检测机构等级等行为的。

(6)JJC 203006　在试验检测工作中,有徇私舞弊、吃拿卡要行为。

《办法》第 42 条规定　检测人员应当严守职业道德和工作程序,独立开展检测工作,保证试验检测数据科学、客观、公正,并对试验检测结果承担法律责任。该条必须经查实。

(7)JJC 203007　利用工作之便推销建筑材料、构配件和设备的。

《办法》第 43 条规定　检测人员不得借工作之便推销建设材料、构配件和设备。该条必须经查实。

(8)JJC 203008　玩忽职守造成质量安全隐患或事故的。

按质量安全事故的责任认定属于检测人员责任,由于其不作为或工作失误造成,要与有意或恶意造成的区分开来(有意则构成 JJC 203002 行为)。

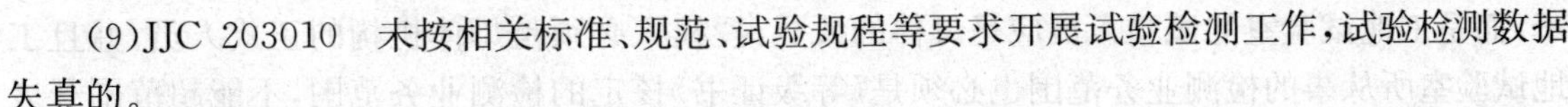

(9)JJC 203010　未按相关标准、规范、试验规程等要求开展试验检测工作,试验检测数据失真的。

分以下两种情况:

①检测使用标准规范等与委托任务要求不一致;

②对使用标准规范的理解、操作错误或操作水平达不到其要求,造成数据不正确的。

(10)JJC 203011　超出资格证书中规定项目范围进行试验检测活动的。

持证人员应在其专业范围内从事试验检测活动。

(11)JJC 203012　出具虚假数据和报告的。

释义参见 JJC 201005。

出具虚假数据和报告对直接责任人的处理。

工地试验室信用评价得分<70 分时对其授权负责人的处理:工地试验室信用评价得分<70 分属于信用较差或信用很差,授权负责人要负主要责任;仅适用于工地试验室授权负责人。

工地试验室有 JJC 202002～3、JJC 202006、JJC 202012、JJC 202015 项行为时,对其授权负责人的处理:这些失信行为都是授权负责人管理不善造成,未履行授权负责人责任制,授权负责人要负主要责任;仅适用于工地试验室授权负责人。JJC 202002～3 属严重的失信行为,每项扣 5 分,其余扣 3 分。

关于试验检测机构、工地试验室及现场检测项目、试验检测人员失信行为每项的扣分标准参见附录 7。

第四节　公路水运工程工地试验室管理

公路水运工程工地试验室作为加强工程建设现场质量管理而设立的临时试验室,工地试验室随建设项目的开工而建立,伴随建设工程的结束而撤销。工地试验室所提供的试验检测数据是工程建设现场质量控制和评判的重要基础数据来源,是工程建设质量保证体系的重要组成部分,直接关系到工程质量和施工安全生产。根据《办法》第 31 条规定:取得《等级证书》的检测机构,可设立工地临时试验室。

与常设试验检测机构相比较,其工地试验室具有临时性的特点,决定了机构及人员的不稳定,加大了管理难度。

为了进一步贯彻《办法》的有关规定,加强工地试验室的监管,规范工程建设现场试验检测活动,保证工地试验室的检测质量,交通运输部出台了《关于进一步加强公路水运工程工地试验室管理工作的意见》(厅质监字[2009]183 号)(以下简称《意见》)。《意见》对设立工地试验室的条件、责任、管理等方面提出了指导意见。

一、工地试验室设立的原则

《意见》强调"取得《等级证书》的检测机构,可设立工地试验室,承担相应公路水运工程的试验检测业务,并对其试验检测结果承担责任"。这样设定,使责任主体得以明确,对保证工地试验室的检测质量将起到积极作用。

工地试验室必须由取得《等级证书》的检测机构设立。这不是仅仅用母体检测机构的牌子，而是工地试验室的试验人员应是母体的人员，授权人必须是母体机构的正式人员，并且工地试验室所从事的检测业务范围也必须是《等级证书》核定的检测业务范围，不能超范围开展检测工作。凡是查出工地试验室有问题的，按照信用评价办法对其母体进行处理。凡是工地试验室的母体不具备《等级证书》的，其所出的数据将不作为公路水运工程质量评定和工程验收的依据，质监机构将不予认可。

《办法》第 37 条规定 检测机构在同一公路水运工程项目标段中不得同时接受业主、监理、施工等多方的检测委托。

因此，需设立工地试验室的机构必须满足规定。其次，由于建设规模的差异或建设项目工地与母体检测机构相距较近，可以利用母体检测机构或距离工地现场不远的第三方检测机构完成试验检测，原则是方便服务且经济。如果需要设立，公路水运工程建设项目建设单位应在招标文件、合同文件中明确工地试验室的检测能力、人员、仪器设备配备要求，督促中标单位保证工地试验室的投入，加强对工地试验室试验检测工作的监督检查，按照《信用评价办法》的要求，开展对工地试验室和试验检测人员的信用评价工作。

考虑建设单位大多无《等级证书》，因此允许建设单位通过招标等方式直接委托具有《等级证书》和《计量认证证书》（以下简称《计量证书》）的第三方试验检测机构设立工地试验室，承担工程建设项目监理的全部或部分试验检测工作，但不包含施工方的工地检测。

二、工地试验室的管理要求

（1）任何单位不得干预工地试验室独立、客观地开展试验检测活动。

（2）设立工地试验室的母体试验检测机构，应当在其等级证书核定的业务范围内，根据工程现场管理需要或合同约定，对工地试验室进行授权。公路水运工程工地试验室设立授权书包括工地试验室可开展的试验检测项目及参数、授权负责人、授权工地试验室的公章、授权期限等。授权书应加盖母体试验检测机构公章及等级专用标识章。

授权人应考虑被授权人的证书专业领域是否涵盖工地现场授权的参数范围，避免超领域签发报告。

（3）当工地现场需要的试验检测参数超出母体检测机构《等级证书》范围时，应当委托具有交通行业《等级证书》且通过计量认证的机构，参数超出《等级标准》的范围时，应当委托通过计量认证的机构。

（4）工地试验室应在母体试验检测机构授权的范围内，为工程建设项目提供试验检测服务，不得对外承揽试验检测业务。

任何单位不得干预工地试验室独立、客观地开展试验检测活动。工地试验室开展试验检测工作，应由具有等级的母体试验检测机构有效授权，并建立完善的质量保证体系和管理制度。强调母体检测机构对外派工地试验室的管理职责，通过母体检测机构对工地的管理，提高工地试验室检测水平，保障工程质量。工地试验室实行授权负责人责任制，并按照《信用评价办法》进行全面信用评价，以促进工地试验室诚信建设，提高试验检测人员职业道德。

三、工地试验室备案程序

工地试验室备案设立实行登记备案制。按照母体试验检测机构授权→工地试验室填写

“公路水运工程工地试验室备案登记表”→建设单位初审→质监机构登记备案→通过时出具“公路水运工程工地试验室备案通知书”的流程。

工地试验室被授权的试验检测项目及参数，或试验检测持证人员进行变更的，应当由母体试验检测机构报经建设单位同意后，向项目质监机构备案。

四、工地试验室的资料管理

母体试验检测机构应加强对授权工地试验室的管理和指导，根据工程现场管理需要或合同约定，合理配备工地试验室试验检测人员和仪器设备，并对工地试验室试验检测结果的真实性和准确性负责。

(1)工地试验室是由母体试验检测机构派出，代表母体试验检测机构在工地现场从事检测工作，工地试验室的工作质量和管理水平直接反映母体的水平，尤其是施工单位的母体检测机构更多履行的是管理职能，其检测业绩大多是通过工地检测报告反映，需要将工地试验室的相关资料如授权书、备案通知书、设备的使用记录、检测的原始记录、检测台账等在工程完工后移交母体检测机构。

(2)工地试验室应按照母体试验检测机构质量管理体系的要求，建立完整的试验检测人员档案、仪器设备管理档案和试验检测业务档案，严格按照试验检测规程操作，并做到试验检测台账、仪器设备使用记录、试验检测原始记录、试验检测报告相互对应。试验检测报告签字人必须是持证的试验检测人员。

(3)工地试验室试验检测环境(包括所设立的养护室、样品室、留样室等)应满足试验检测规程要求和试验检测工作需要。鼓励工地试验室推行标准化、信息化管理。

(4)工地试验室出具的试验检测报告应加盖工地试验室印章，印章包含的基本信息有：母体试验检测机构名称+建设项目标段名称+工地试验室。

五、人员的职责

工地试验室实行授权负责人责任制。工地试验室授权负责人对工地试验室运行管理工作和试验检测活动全面负责，授权负责人必须是母体试验检测机构委派的正式聘用人员，且须持有试验检测工程师证书。

授权负责人有以下职责：

(1)审定和管理工地试验室资源配置，确保工地试验室人员、设备、环境等满足试验检测工作需要；签发工地试验室出具的试验检测报告，对试验检测数据及报告的真实性、准确性负责；对违规人员有权辞退。

(2)建立完善的工地试验室质量保证体系和管理制度，包括人员、设备、环境以及试验检测流程、样品管理、操作规程、不合格品处理等各项制度，监督各项制度的有效执行。

(3)严格按照国家和行业标准、规范、规程以及合同的约定独立开展试验检测工作。有权拒绝影响试验检测活动公正性、独立性的外部干扰和影响，保证试验检测数据客观、公正、准确。

(4)实行不合格品报告制度，对于签发的涉及结构安全的产品或试验检测项目不合格报告，工地试验室授权负责人应在2个工作日之内报送试验检测委托方，抄送项目质量监督机构，并建立不合格试验检测项目台账。

六、工地试验室授权负责人的管理

（1）母体试验检测机构应制订工地试验室授权负责人管理制度，对其工作进行监督管理。

（2）质监机构应建立工地试验室授权负责人专用信息库，加强监督检查。按照《信用评价办法》对其从业情况进行全面的信用评价。

（3）工地试验室授权负责人变更，需由母体试验检测机构提出申请，经项目建设单位同意后报项目质监机构备案。擅自离岗或同时任职于两家及以上工地试验室，均视为违规行为，按照《信用评价办法》予以扣分。

（4）工地试验室授权负责人信用等级被评为信用较差的，2 年内不能担任工地试验室授权负责人。信用等级被评为信用很差的，5 年内不能担任工地试验室授权负责人。

（5）工地试验室信用评价结果小于等于 70 分的，其授权负责人两年内不能担任工地试验室授权负责人。

第五节 公路水运工程试验检测机构的换证管理

《公路水运工程试验检测机构等级证书》（以下简称《等级证书》）是公路水运试验检测机构合法从事试验检测活动的证据，是对机构试验检测能力的客观评价，试验检测机构在其批准的项目范围提供的试验检测报告，可作为公路水运工程质量评定和验收的证据。依据《公路水运工程试验检测机构管理办法》（以下简称《管理办法》）第十九条《等级证书》有效期为 5 年，《等级证书》期满后拟继续开展公路水运工程试验检测业务的，检测机构应提前 3 个月向原发证机构提出换证申请的规定，交通运输部质监局以质监综字〔2011〕17 号印发《公路水运工程试验检测机构换证复核细则（试行）》（以下简称《换证复核细则》），进一步明确换证复核的工作程序和内容，《换证复核细则》是对管理办法的补充和完善。

一、试验检测机构换证复核的含义

试验检测机构换证复核是指试验检测等级证书有效期满，根据试验检测机构申请，由原发证机构对其与所持有证书等级标准的符合程度、业绩及信用情况以及是否持续具有相应试验检测等级能力的核查，包括：5 年内其质量管理体系运行、仪器设备、人员、检测环境、用房面积等方面的符合性检查。

5 年的时间内，由于规范、技术标准的更新，原有的检测能力是否还满足新技术、新标准的要求，检测环境、人员的变化或技术水平、检测业绩是否能满足要求，这些需要进行复核。换证复核是对机构取得证书后的持续管理，是培育健康可持续发展检测市场的重要手段。

二、试验检测机构换证复核的职责分工

交通运输部工程质量监督局（以下简称部质监局）负责公路工程综合类甲级、专项类和水运工程材料类、结构类甲级的换证复核工作以及属于部质监局评定的试验检测项目增项复核

工作。

省级质监机构负责本行政区域内公路工程综合类乙、丙级和水运工程材料类乙、丙级、水运工程结构类乙级的换证复核工作。

三、试验检测机构换证复核的条件

《换证复核细则》第六条规定，申请换证复核的试验检测机构应符合下列基本条件：

(1)试验检测人员、设备、环境满足相应等级标准要求(换证复核以最新公布的等级标准为准)。

(2)上年度信用等级为B级及以上且等级证书有效期内信用等级为C级次数不超过1次。

(3)等级证书有效期内所开展的试验检测参数应覆盖批准的所有试验检测项目且不少于批准参数的70%。

(4)甲级及专项类检测机构每年应有不少于一项高速公路或大型水运工程现场检测项目或设立工地试验室业绩，其他等级检测机构每年应有不少于一项公路水运工程现场检测项目或设立工地试验室业绩。

换证复核条件包括以下几个方面：

(1)人员：持试验检测工程师证及试验检测员证的数量及专业满足规定，同时人员应将信息录入部质监局试验检测管理信息系统，并能及时维护和更新信息。

(2)设备：标准中所规定的仪器设备满足要求，做好设备的检定校准、维护保养及管理。

(3)检测用房面积及环境条件：面积满足相应管理规定，布局合理，环境条件满足规范标准要求。

(4)信用等级：连续5年的信用评级是对机构的管理水平和综合实力可持续性的检验，要求上年度信用等级为B级及以上且等级证书有效期内信用等级为C级次数不超过1次；试验检测机构需通过加强母体机构日常管理和母体机构对外派工地试验室的监督检查，持续改进，才能建立良好的信用，确保检测机构的可持续发展。

(5)业绩：等级证书有效期内开展的试验检测参数，应覆盖批准的所有试验检测项目且不少于批准参数的70%；业绩中的检测项目范围是综合检测能力的体现，机构需避免检测参数单一，覆盖范围不全，尤其是不常见的项目和参数应加强训练，通过比对或模拟试验等多种方式保持批准的检测能力，且不能因为没有委托试验就无检测报告。

通过以上的换证复核条件不难看出，试验检测机构在等级证书有效期内，需不断提高检测机构的管理水平和人员的业务素质，加强仪器设备管理与维护，及时更新仪器设备，不得减少设备的数量和降低精度要求；同时必须有相应的检测业绩，检测项目覆盖所批准的所有项目且不少于批准参数的70%。目前，由于各地区检测市场发展的不均衡，检测机构的管理水平差异和人员业务素质参差不齐，直接影响到检测机构的业绩，检测机构只有不断开拓市场，提高自身的竞争力，才能满足业绩方面的要求；另外还需加大日常管理，加强诚信建设，尤其是工地试验室的监督管理，按照相关规定建立各类台账和档案，做好资料的收集存档，为换证复核创造条件。

信用等级对复核换证起到至关重要的作用，因此机构需加强日常和监督管理，确保信用等级符合要求。

四、试验检测机构换证复核的准备工作

(1)申请换证复核的试验检测机构应将机构、人员等信息应及时录入部质监局试验检测管理信息系统,做好信息的维护,确保信息的有效性。

(2)试验检测机构应在等级证书有效期满前提前3个月向原发证机构提出换证复核申请。属于部质监局复核范围的,省级质监机构应出具核查意见并转送部质监局。

申请换证复核的机构应提交以下相关资料:

①《公路水运工程试验检测机构等级复核申请书》;

②申请人法人证书、试验检测等级证书正副本复印件,通过计量认证的,同时提交计量认证证书及附表复印件;

③试验检测机构用房平面布置图及用房证明;

④试验检测人员、设备、环境变动情况一览表;

⑤试验检测业绩一览表及证明材料;

⑥试验检测人员培训记录;

⑦参加能力验证和比对试验记录;

⑧受表彰和处罚的相关证明材料。

试验检测机构需及时将机构和人员信息的变化结果录入系统,尤其是发生变更后应按照相关规定及时办理变更手续,确保系统内的信息有效。

五、试验检测机构换证复核的形式和内容

试验检测机构复核换证采用书面和现场核查相结合的方式。

当书面资料满足相关的要求后进入现场核查,核查的主要内容包括以下几个方面。

(1)管理水平

检测机构取得证书后质量体系运行情况、机构及人员的变更、人员持证数量及专业、设备、环境、样品管理等基本条件与相应等级要求的实际符合程度。

试验检测机构的变更是指机构行政负责人、技术、质量负责人、地址等的变更;人员变更是指在等级证书有效期内原有持证人员变更比例,新增人员不记入变更统计。

(2)水平测试

规范标准更新后的能力确认,对标准规范有实质性变化、涉及结构安全及耐久性和有效期内未开展的试验检测项目(参数)进行能力确认,对换证复核中新增加的试验检测项目(参数)和有效期内技术、质量负责人有变更的进行现场考核。

(3)检测业绩

等级证书有效期内开展的试验检测参数,应覆盖批准的所有试验检测项目且不少于批准参数的70%。

(4)人员培训

人员素质的高低决定了机构的发展水平,做好试验检测人员的继续教育工作是发展的需要,确保人员继续教育的周期及课时满足《公路水运工程试验检测继续教育管理办法》的规定,

即周期为2年(从取得证书的次年起计算),试验检测人员在每个周期内接受继续教育的时间累计不应少于24学时。

(5)能力验证或比对

换证复核中的能力验证是指机构参加由交通运输部质监局、省市级质监机构或国家实验室认证认可机构组织的能力验证活动或由试验检测机构内部定期组织及参加试验室间的比对试验活动,并对开展活动的有效性做了要求。

能力验证结果应为满意或基本满意,当结果不满足要求时,机构应按照能力验证活动的要求分析出现离群的原因,整改到位,确保提供检测数据的准确可靠。

比对试验包括试验室间的比对和试验室内部比对。

试验室间的比对主要指相同的样品在不同的实验室间进行的人员或设备的比对,并对比对试验结果进行有效性评价,一般试验室应选择与上一等级的机构进行比对。

试验室内部比对分为设备比对和人员比对,其中设备比对是指样品、操作人员、试验方法和试验环境条件相同,设备不同;人员比对是指样品、仪器设备、试验方法和试验环境条件相同,操作人员不同,试验室应对比对结果的有效性进行评价,确定是否达到预期目标。

(6)奖罚情况

奖罚情况是指在部、省级督查过程中受到的通报批评或停业整顿。

六、换证复核的结果处理

换证复核采用评分制,大于或等于85分为合格;合格的,予以换发新的《等级证书》,证书有效期为5年。不合格的,质监机构应当责令其在6个月内进行整改,整改期内不得承担质量评定和工程验收的试验检测业务。整改期满仍不能达到规定条件的,质监机构可根据实际达到的试验检测能力条件重新作出评定,或者注销《等级证书》。

现场核查过程中发现的相关问题,将同时记入该机构当年信用评价。

换证复核是对试验检测机构自取得证书以来是否保持原有的检测能力和管理水平的一种符合性检查,它不同于检测机构等级证书的评审;是对评审工作的完善和补充。随着交通建设不断发展,投资规模的多元化、新规范、新标准、新材料、新工艺的使用,检测市场也必然产生相应的变化,试验检测机构和人员只有与时俱进,及时更新知识,提高业务素质,加强诚信建设,才能在发展变化中适应市场需求,为可持续发展创造条件。

第六节　公路水运工程试验检测人员的继续教育

随着交通建设事业的快速发展,以人为本,安全至上、生态环保、资源节约的理念在交通建设中得以贯彻,新材料、新工艺、新技术、新工法的使用,促进了公路交通可持续发展,公路安全水平得到不断提高。《公路水运工程试验检测管理办法》第四十一条规定,试验检测人员应当重视知识更新,不断不提高试验检测业务水平;《公路水运工程试验检测人员考试办法》第二十二条规定,试验检测人员所持有的资格证书的有效期为5年,证书有效期内,检测人员应按规定参加继续教育。通过继续教育让试验检测人员知识、理念不断更新,综合素质不断提高,才能适应交通建设又好又快的发展形势。

为了确保试验检测人员的知识更新，适应新的技术水平的发展需要，交通运输部于2011年10月制定发布了《公路水运工程试验检测人员继续教育办法（试行）》（以下简称《继续教育办法》），明确了继续教育的目的和适用范围。通过继续教育，实现公路水运试验检测人员知识和技能不断的更新、补充、拓展和提高，完善知识结构，提高基本素质、创新能力和职业水平。《继续教育办法》在以下几个方面作出了阐述。

一、继续教育的目的、原则和适用范围

继续教育以巩固并不断提高试验检测人员的能力和技术水平，适应公路水运工程试验检测工作发展需要，促进试验检测人员继续教育制度化、规范化、科学化为目的；适用范围为取得公路水运工程试验检测工程师和试验检测员证书的从业人员。

《继续教育办法》中的继续教育是指为持续提高试验检测人员的专业技术和理论水平，在规定期限内完成的教育；强调接受继续教育是试验检测人员的义务和权利；要求试验检测机构应督促本单位试验检测人员按要求参加继续教育，并保证试验检测人员参加继续教育的时间，提供必要的学习条件。

二、继续教育的组织方式及分工

部质监局的主要职责：

主管全国公路水运工程试验检测人员继续教育工作，负责制订继续教育相关制度，确定继续教育主体内容，统一组织继续教育师资培训，监督、指导各省开展继续教育工作。

交通运输部职业资格中心配合部质监局开展相关具体工作。

各省级交通运输主管部门质量监督机构（简称“省级质监机构”）的职责：

负责本省范围内试验检测人员继续教育工作，负责制订本行政区域继续教育相关制度和年度计划，结合实际确定继续教育补充内容，组织、协调本省继续教育工作。

三、承担继续教育机构和师资的条件

承担继续教育的机构应是受省级质监机构委托，机构需满足以下条件：

（1）具有较丰富的公路、水运工程试验检测和工程经验，能够独立按照教学计划和有关规定开展继续教育相关工作；

（2）具有独立法人资格，具备完善的教学、师资等组织管理及评价体系；

（3）有不少于10名师资人员；

（4）有教学场所、实操场所（如租用场所应至少有3年以上的协议）；

（5）收支管理规范，有收费许可证、税务登记证；能够按照相关规定核算有关费用，合理确定收费项目和收费标准。

师资人员一般应具备以下条件：

（1）具有较高的政治、业务素质，较强的政策能力，在专业技术领域内有较高的理论水平和较丰富的工程经验；

（2）具有相关专业高级技术职称；

（3）通过部质监局组织的师资培训。

四、继续教育实施的内容和方式

省级质监机构应根据部质监局确定的继续教育主体内容，结合实际制订并公布本省继续教育计划和内容，指导试验检测机构合理、有序地组织试验检测人员参加继续教育。

继续教育的方式有集中面授方式，以后将逐步推行网络教学和远程教育。

强调继续教育的授课内容应突出实用性、先进性、科学性，侧重试验检测工作实际需要，注重与实际操作技能相结合，一般应包括：

(1)与试验检测工作有关的法律、法规、标准、规范、规程；

(2)试验检测人员职业道德教育；

(3)试验检测业务的新理论、新方法；

(4)试验检测新技术、新设备；

(5)试验检测案例分析；

(6)实际操作技能；

(7)其他有关知识。

五、继续教育的周期和学时要求

公路水运工程试验检测继续教育周期为2年(从取得证书的次年起计算)。试验检测人员在每个周期内接受继续教育的时间累计不应少于24学时。

试验检测人员须意识到参加继续教育是每位试验检测人员的义务和权利。因此，为了维护自身的权益，在规定的教育周期内必须参加规定的学时教育。

试验检测人员的以下专业活动可以折算为继续教育学时。每个继续教育周期内，不同形式的专业活动折算的学时可叠加。

(1)参加试验检测考试大纲及教材编写工作的，折算12学时；

(2)参加试验检测考试命题工作的，折算24学时；

(3)参加试验检测工程师考试阅卷工作的，折算12学时；参加试验检测员考试阅卷工作的，折算8学时；

(4)担任继续教育师资的，折算24学时；

(5)参加部组织的机构评定、试验检测专项检查等专业活动的，折算12学时；

(6)参加省组织的机构评定、试验检测专项检查等专业活动的，折算8学时。

六、继续教育的监督检查

试验检测人员在继续教育过程中有弄虚作假、冒名顶替等行为的，取消其本周期内已取得的继续教育记录，并纳入诚信记录。

第七节　公路水运工程试验检测的安全管理

随着我国经济文化的不断发展，安全已经成为一个为社会高度关注的问题。安全意识观，决定着人们对安全生产和安全生活的思维方式，并进而决定了人们的安全理念、奋斗目标、战略技术、方式方法等。近年来年，国务院及相关部部门相继出台了一系列的有关安全生产监督管理法规，《建设工程安全生产管理条列》、《公路水运工程安全生产监督管理办法》等对安全生产作出了相关规定，本节结合公路水运试验检测工作的安全管理的特性，如何实现检测工作的安全管理做阐述。

一、公路水运试验检测安全监督管理的依据和方针

"安全第一，预防为主，综合治理"是安全生产工作的指导方针，是企业安全生产的灵魂和统帅。安全意识是安全科学发展之本，是实现安全生产和安全生存的灵魂；是所有企业经济效益的重要基础，公路水运试验检测企业的安全监督管理也同样如此。

《公路水运工程安全生产监督管理办法》第二条规定，公路水运工程建设活动的安全生产行为及对其实施监督管理，应当遵守本办法。同时第三条对本办法所称公路水运工程及从单位作了进一步说明，公路水运工程是指列入国家和地方基本建设计划的公路、水运基础设施新建、改建、扩建以及拆除、加固等建设项目；所称从业单位，是指从事公路水运工程建设、勘察、设计、监理、施工、检验检测、安全评价等工作的单位。

公路水运工程安全生产监督管理应当坚持安全第一、预防为主、综合治理的方针。

二、公路水运试验检测的安全责任

依据《公路水运工程安全生产监督管理办法》第十五条规定，建设单位在公路水运工程施工招标文件中应当按照法律、法规的规定对施工单位的安全生产条件、安全生产信用情况、安全生产的保障措施等提出明确要求。

建设单位不得对咨询、勘察、设计、监理、施工、设备租赁、材料供应、检测等单位提出不符合工程安全生产法律、法规和工程建设强制性标准规定的要求。不得随意压缩合同规定的工期。

施工单位应当建立健全安全生产责任制度和安全生产教育培训制度及安全生产技术交底制度，制定安全生产规章制度和操作规程，保证本单位安全生产条件所需资金的投入落实安全生产各项制度配备相应的消防设施和灭火器材。

第二十七条规定，施工单位应当向作业人员提供必需的安全防护用具和安全防护服装，书面告知危险岗位的操作规程并确保其熟悉和掌握有关内容和违章操作的危害。

第二十八条规定，作业人员应当遵守安全施工的工程建设强制性标准、规章制度，正确使用安全防护用具、机械设备等。

第二十九条规定，施工单位采购、租赁的安全防护用具、机械设备、施工机具及配件，应当具有生产(制造)许可证、产品合格证，并在进入施工现场前由专职安全管理人员进行查验。

施工现场的安全防护用具、机械设备、施工机具及配件必须由专人管理，定期进行检查、维修和保养，建立相应的资料档案，并按照国家有关规定及时报废。

以上各条表明安全责任的主体是从业单位，工程建设参与各方以及作业人员的安全责任各有不同，无论机构或作业人员只有履行好自己的职责，建立健全安全责任制度，使用合格的安全防护用具和仪器设备，按照操作规程实施操作，才能防患于未然，避免或减少安全事故。

三、安全监督管理的责任追究

对从事安全生产或作业的机构或单位，当公路水运工程安全生产监督管理部门在监督检查中发现存在安全问题时，依据《公路水运工程安全生产监督管理办法》第三十七条规定将视情况作出如下处理：

（1）从业单位存在安全管理问题需要整改的，以书面方式通知存在问题单位限期整改；

（2）从业单位存在严重安全事故隐患的，责令立即排除；

（3）重大安全事故隐患在排除前或者在排除过程中无法保证安全的，责令其从危险区域内撤出作业人员或者暂时停止施工。

四、公路水运工程试验检测安全工作的重点

公路水运工程试验检测从检测工作的场所来分可以分为室内试验和室外检测。

室内试验检测的对象是工程建设所用原材料、半成品或成品，常见的原材料有钢材、水泥、砂、石料、钢绞线等，半成品有水泥混凝土试件、砂浆试件等，成品有橡胶支座、防撞护栏的波形梁板、标志等；室外检测主要是工程实体，如路基路面的质量、桥梁的质量、码头、护岸、船闸等。

根据试验检测的工作特点，保障试验检测安全需做好以下几个方面的工作。

1. 建立健全安全生产管理制度

《公路水运工程安全生产监督管理办法》规定，机构需建立健全安全生产责任制度，《实验室资质认定准则》也要求质量体系文件中要建立《安全作业管理程序》，无论是室内还是室外检测，检测机构都需根据实际建立切实可行的安全管理规章制度和操作规程，确保安全工作有章可循。

试验检测机构应根据组织机构的设立情况合理分配各岗位及部门职能，明确责任，建立健全各项规章制度，编制试验检测安全作业指导书，尤其是安全管理的程序和操作规程，并做好监督检查和制度的落实。

2. 试验检测的安全作业

（1）仪器设备的安装使用

①仪器、设备的安装，应符合有关安全技术标准，电动设备应有良好的接地装置，并检查确认后方可使用；对于有飞溅情况的实验设备应设置有效防护，防止试件飞溅伤害人员及设备。

②仪器设备使用中，试验检测人员应熟悉设备仪具性能，严格遵守操作规程；操作人员不得擅自离开，防止安全事故的发生；操作中若发现设备仪具运转异常，或有异味、或遇停电、停水、漏油、漏水时，应立即停机，切断电源、水源，属故障停机时应排除故障。

③加强仪器设备检查维护保养及维修，确保其使用时性能稳定，示值准确。

（2）危险化学品安全管理

危险化学品安全管理需依据《危险化学品安全管理条例》进行。

凡具有毒害、腐蚀、爆炸、燃烧、助燃等性质，对人体、设施、环境具有危害的化学品和其他化学品均属危险化学品。

目前交通行业检测机构常用的化学试剂中，强酸、强碱，如盐酸、硫酸、氢氧化钠，易燃助燃

的有酒精、三氯乙烯等均属危险化学品范畴,因此无论是购买、储存、使用都应制订相应的规章制度和程序,确保化学危险品的安全使用。

依据《危险化学品安全管理条例》第二十四条的规定,危险化学品应当储存在专用储藏室内,由专人负责管理;剧毒化学品以及存储数量构成重大危险源的其他危险化学品,应当在专用仓库内单独存放,实行双人收发、双人保管制度。

危险化学品的储存方式、方法以及存储数量应当符合国家标准和国家有关规定。

存储危险化学品的单位应当建立危险化学品出入库核查、登记制度。

使用危险化学品的单位,其使用条件(包括工艺)应当符合行政法规的规定和国家标准、行业标准的要求,并根据所使用的化学危险品的种类、危险特性以及使用量和使用方式,建立健全使用危险化学品的安全管理制度和安全操作规程,保证危险化学品的安全使用。

(3)现场检测及临时设施的安全管理

①开放交通的道路现场检测安全

目前,随着交通建设的飞速发展,试验检测技术水平不断提高,检测设备的自动化程度愈来愈高,为工程质量的方便快捷准确检测提供了保障,尤其是已开放交通的道路质量检测提供了极大的便利。采用自动化检测设备或多种检测指标一体的综合检测车辆进行现场检测时,由于道路上的车辆流动,各种不确定因素较多,给检测车辆和人员安全增加了风险,因此必须制订科学、安全可行的现场检测方案,除在距离检测现场一定距离的地方设置安全警示标志外,检测人员必须穿安全防护服。

②桥梁、码头、船闸等结构物现场检测高空作业安全事项

依据《建设工程安全生产管理条例》,现场检测所使用的机械设备、机具、配件应当对其安全性能进行检测,且应有检测合格证明;施工现场安装、拆卸施工起重机械和整体提升脚手架、模板等自升式架设设施,必须有相应资质的单位承担;设施安装完毕后需进行自检。

检验检测机构对检测合格的施工起重机械和整体提升的自升式架设设施,应当出具安全合格证明文件,并对检测结果负责。

③试验检测临时用房的安全

对于设立的工地试验室临时用房,需按照《建设工程安全生产管理条例》第二十九条的规定执行。使用的装配式活动房屋应当具有产品合格证。

临时用电满足负荷要求,必须采取符合要求的安全措施。

现场管理是安全管理的出发点和落脚点,也是保证安全的主要因素,而现场管理工作的要点则在于做好相关准备工作。因此,加强现场管理,搞好环境建设,规范岗位作业标准化,预防"人"和"物"的不安全因素,是确保生产安全顺畅的基础。

坚持"安全第一、预防为主"的安全观念、增强安全意识,牢固树立"安全生产人人有责"的意识,保障安全生产,真正做到"预防为主",对安全生产进行事前控制,必须严格落实"四大保障"措施。

安全观是对安全活动、安全行为、安全环境、安全事物、安全标准、安全原则、安全现实条件的基本态度和观点。安全意识对人的不安全行为产生控制作用。企业作为安全生产的主体,不断培育有自己特色的企业安全意识,从提高人的素质入手,最终实现企业的本质安全,规范职工的安全行为,使每一个人都明晰安全的含义、明确安全责任、意识到事故的危害,自觉地规范自己的安全行为,自觉帮助他人规范安全行为,最终实现减少和消除各类事故。

第四章

公路水运工程试验检测人员考试管理

公路水运工程试验检测的特点是试验检测的专业性、技术性、实际操作性非常强，涉及的试验方法种类、所使用的仪器设备类型繁多，检测人员通常需要根据读取的数据，进行综合分析处理，工作经验就显得尤为重要，检测人员素质的高低将直接影响到最终结果的判断。特别是近年来一些新技术在工程检测上的应用，更需要高素质的复合型人才。为加强对公路水运工程试验检测人员的管理，《办法》规定，试验检测人员划分为检测师和检测员两个等级，对检测人员实施考试制度，提出只有通过交通运输部组织的统一考试，取得上岗资格证书后方可从业的要求。《办法》是交通行业试验检测机构管理的法规性文件，也是从业机构和人员管理的依据，凡是从事交通行业试验检测的机构和人员都应遵守该规定。

第一节　试验检测人员考试专业及科目设置

按照《办法》第 39 条的规定，交通部基本建设质量监督总站于 2005 年底出台了《公路水运工程试验检测人员考试办法》(试行)(以下简称《考试办法》)，规定从事公路、水运工程试验检测的人员应当通过公路水运工程试验检测业务考试，取得上岗资格证书。实施公路、水运工程试验检测人员从业标准管理，制定试验检测人员管理规范和从业标准，实行公路水运试验检测人员资格统一考试制度，对试验检测人员执业情况进行年度审核，加强对试验检测人员从业标准实施情况的监督检查，加强试验检测队伍的动态管理。

《考试办法》将试验检测人员考试分为检测师和检测员两个等级，公路检测工程师考试科目为：路桥基础、路基路面、桥梁隧道和交通工程；公路检测员考试科目为：材料试验、工程检测和交通工程；水运检测工程师与检测员的考试科目为：公共基础、材料专业和结构专业。依据该考试办法，交通部基本建设质量监督总站于 2006 年先后组织了试点考试和全国考试，在全国交通行业中产生较大反响，尤其是考核从业人员的专业水平，采用统一命题考试的方式，得到社会的广泛认可。在总结经验与查找不足的基础上，根据公路水运工程试验检测专业的实际，2007 年对原有的《考试办法》进行了完善补充，修订后的《考试办法》人员等级划分不变，在专业设置、报考条件、证书管理等方面进行了调整，原《考试办法》同时废止。下面就现行《考试办法》的有关内容介绍如下。

一、试验检测人员考试的专业设置

公路水运工程试验检测人员资格（以下简称检测人员）分为公路工程和水运工程 2 个专

业，设试验检测工程师（以下简称检测工程师）和试验检测员（以下简称检测员）2 个等级。

对考试科目和取证条件进行了调整，为考试人员取证条件、《公共基础》免考条件等内容进行说明。

二、试验检测人员考试科目设置

《考试办法》第二章第 6 条规定 公路工程和水运工程检测工程师考试科目分为公共基础科目和专业科目，检测员考试仅设置专业科目。

公路检测工程师和检测员考试专业科目分为：材料、公路、桥梁、隧道、交通安全设施和机电工程。

水运检测工程师和检测员考试专业科目分为：材料、地基与基础、结构。

当检测工程师通过公共基础科目和任意一门专业科目的考试后，可取得相应专业的资格证书。

从事试验检测工作两年以上且具有相关专业高级职称的考生可免试公共基础科目。这里的相关专业主要是指和试验检测相关联的专业如道路工程、桥梁工程、市政工程等，不包含工程经济专业的高级职称。

检测员通过任意一门专业科目的考试便可取得相应专业的证书。

每个考生可报考多个专业，单科考试成绩 2 年内有效。

现行《考试办法》对原《考试办法》（试行）中的考试科目及内容进行了调整，从业资格证书中科目代表符号有所变化，相同的符号其含义与 2006 年证书也不同。为了正确理解并使用 2006 年之前发放的证书，将原《考试办法》（试行）的专业设置和考试内容列出。

三、新旧证书专业内容的差异

1. 原《考试办法》（试行）的专业考试内容

原《考试办法》（试行）第 6 条规定 公路检测工程师考试科目为：路桥基础、路基路面、桥梁隧道和交通工程。

路桥基础内容包括：土工试验、材料试验、几何线形和交通工程（不含机电）。

路基路面内容包括：沥青及沥青混合料、无机结合稳定材料、路基路面现场检测。

桥梁隧道内容包括：结构混凝土、桩基、地基基础、桥梁隧道结构及构件检测。

交通工程内容包括：交通安全设施、机电工程。

（1）路桥基础＋路基路面考试合格者为道路专业检测工程师。

（2）路桥基础＋桥梁隧道考试合格者为桥梁隧道专业检测工程师。

（3）交通工程考试合格者为交通工程专业检测工程师。

第 7 条规定 公路检测员考试科目为：材料试验、工程检测和交通工程。

材料试验内容包括：土工试验、建筑材料及其混合料。

工程检测内容包括：路基路面、桥涵、隧道、交通工程（不含机电）、几何尺寸等。

交通工程内容包括：交通安全设施、机电工程。

（1）材料试验＋工程检测考试合格者为道桥专业检测员。

（2）交通工程考试合格者为交通工程专业检测员。

第 8 条规定　水运检测工程师考试科目为:公共基础、材料专业和结构专业。

公共基础内容包括:数理统计、计量、质量体系、法规。

材料专业内容包括:原材料、水泥混凝土、土工。

结构专业内容包括:地基基础、桩基、结构检测。

(1)公共基础+材料专业考试合格者为材料专业检测工程师。

(2)公共基础+结构专业考试合格者为结构专业检测工程师。

第 9 条规定　水运检测员考试科目为:公共基础、材料专业和结构专业。

公共基础内容包括:数理统计、计量、质量体系、法规。

材料专业内容包括:原材料、水泥混凝土、土工。

结构专业内容包括:地基基础、桩基、结构检测。

(1)公共基础+材料专业考试合格者为材料专业检测员。

(2)公共基础+结构专业考试合格者为结构专业检测员。

2. 新旧考试专业证书内容的差异

2007 年开始实施新考试办法所规定的专业更加符合检测工作的实际需要,检测分工进一步细化,有利于试验检测人员持证上岗,发挥检测人员专业特长。2007 年之后的考试专业分类对照表如表 4-1 所示。

2006 年与 2007 年之后的考试专业分类对照表　　表 4-1

<table>
<tr><th rowspan="2">序号</th><th rowspan="2">专业类别</th><th rowspan="2">考试等级</th><th colspan="3">2006 年</th><th colspan="3">2007 年</th></tr>
<tr><th>专业设置</th><th>考试科目</th><th>证书专业代号</th><th>专业设置</th><th>考试科目</th><th>证书专业代号</th></tr>
<tr><td rowspan="12">1</td><td rowspan="12">公路</td><td rowspan="6">检测师</td><td rowspan="2">道路专业</td><td rowspan="2">路桥基础+路基路面</td><td rowspan="2">D</td><td>材料</td><td>材料+公共基础</td><td>C</td></tr>
<tr><td>公路</td><td>公路+公共基础</td><td>G</td></tr>
<tr><td rowspan="2">桥梁隧道专业</td><td rowspan="2">路桥基础+桥梁隧道</td><td rowspan="2">Q</td><td>桥梁</td><td>桥梁+公共基础</td><td>Q</td></tr>
<tr><td>隧道</td><td>隧道+公共基础</td><td>S</td></tr>
<tr><td rowspan="2">交通工程专业</td><td rowspan="2">交通工程+机电工程</td><td rowspan="2">J</td><td>交通安全设施</td><td>交通安全设施+公共基础</td><td>A</td></tr>
<tr><td>机电工程</td><td>机电工程</td><td>J</td></tr>
<tr><td rowspan="6">检测员</td><td rowspan="4">道桥专业</td><td rowspan="4">材料试验+工程检测</td><td rowspan="4">D</td><td>材料</td><td>材料</td><td>C</td></tr>
<tr><td>公路</td><td>公路</td><td>G</td></tr>
<tr><td>桥梁</td><td>桥梁</td><td>Q</td></tr>
<tr><td>隧道</td><td>隧道</td><td>S</td></tr>
<tr><td rowspan="2">交通工程专业</td><td rowspan="2">交通工程</td><td rowspan="2">J</td><td>机电工程</td><td>机电工程</td><td>J</td></tr>
<tr><td>交通安全设施</td><td>交通安全设施</td><td>A</td></tr>
</table>

续上表

序号	专业类别	考试等级	2006 年			2007 年		
			专业设置	考试科目	证书专业代号	专业设置	考试科目	证书专业代号
2	水运	检测师	材料专业	公共基础＋材料专业	C	材料	材料＋公共基础	C
			结构专业	公共基础＋结构专业	J	地基与基础	地基与基础＋公共基础	D
						结构	结构＋公共基础	J
		检测员	材料专业	公共基础＋材料	C	材料	材料	C
			结构专业	公共基础＋结构专业	J	地基与基础	地基与基础	D
						结构	结构	J

表 4-1 中 2007 年公路类别考试专业科目代号：材料(C)、公路(G)、桥梁(Q)、隧道(S)、交通安全设施(A)和机电工程(J)；水运类别专业科目代号：材料(C)、地基与基础(D)、结构(J)。

与 2006 年相比，新的考试办法中将原公路工程中的交通工程专业(J)分为交通安全设施(A)和机电工程(J)；水运工程中的结构专业分为结构(J)和地基与基础专业(D)。

需要注意的是：2006 年考试验检测员证书中的 D 代表其通过了材料试验＋工程检测两个专业，检测师证书中 Q 代表其通过了路桥基础＋桥梁隧道，即桥梁与隧道两个专业，J 代表通过了交通工程＋机电工程。

各科目的代号按照汉语拼音的首个字母编排，如材料表示符号 C，用汉语拼音 cailiao 的第一个汉语拼音字母，交通安全设施表示符号 A，用安全的拼音 anquan 的首个字母，其他专业以次类推。

第二节　试验检测人员考试管理

一、试验检测人员报考条件

《考试办法》规定了试验检测人员报名考试的条件，强调了从业人员的经历和经验。申请考试的人员(以下简称“考生”)，应当符合下列基本条件。

(1)遵纪守法，遵守试验检测工作职业道德。

(2)身体健康，能胜任试验检测工作。

(3)申请检测员的考生应具有高中以上文化程度及 2 年以上所申请专业的工作经历，或具有大学专科及以上学历，或具有初级专业技术任职资格。

(4)申请检测工程师的考生应取得中级或相当于中级(含高级技师)以上工程专业技术任职资格，有 1 年以上所申请专业的试验检测工作经历，且满足以下相关专业学历的年限要求：

①获博士学位当年；

②获硕士学位后从事工程专业技术工作3年以上；

③获得双学士学位或研究生毕业后，从事工程专业技术工作4年以上；

④大学本科毕业后，从事工程专业技术工作5年以上；

⑤大学专科毕业后，从事工程专业技术工作7年以上；

⑥工作后取得大学本科学历，从事工程专业技术工作6年以上；

⑦工作后取得大学专科学历，从事工程专业技术工作8年以上；

⑧相关专业中专毕业后，从事工程专业技术工作12年以上。

二、考试违规处理规定

为了严肃考风考纪，保证考试的公平，《考试办法》第15条对考试违规提出明确的处理意见：

(1)考试作弊者取消当场考试成绩及后续考试资格，当年内不得再次报考；

(2)替考、扰乱考场秩序、提供假资料者取消本次考试资格，2年内不得再次报考；

(3)对已取得试验检测人员证书的人员，经查实有弄虚作假骗取考试资格、违规替考等违反考试纪律行为的，取消其证书资格，并在2年内不得再次报考。

三、人员证书格式及内容

人员证书包含姓名、身份证号、考试年份、专业、检测师或检测员等信息。

1. 检测工程师证书格式及含义

公路类检测工程师证书编号规则：

“(公路)检师＋年号(后2位)＋五位数本系列总序号＋D(道路)或Q(桥梁)或J(交通工程)”。

例如：“(公路)检师0600001DQ”，表示公路工程试验检测工程师2006年取得的编号为00001的道路和桥梁专业证书。如持证人以后又通过交通工程专业考试，持证人须到原发证机构进行增项，增项时发证机构在证书编号末尾添加“J”，即“(公路)检师DQJ”，在“检测类别”栏添加“交通工程”，同时在网上数据库中更新。

水运类检测工程师证书编号规则：

水运为“(水运)检师＋年号(后2位)＋五位数本系列总序号＋C(材料)或J(结构)”。

“(水运)检师0600001J”，表示持证人2006年取得水运结构(含地基基础)专业证书。

增项时和公路证书要求相同。

2. 检测员证书格式及含义

2006年公路工程检测员分为材料试验、工程检测、交通工程；水运工程分为材料、结构。

公路检测员证书格式为：“(公路)检员＋年号(后2位)＋(所在地简称)＋所在地本系列四位数总序号＋C(材料试验)或G(工程检测)或J(交通工程)”。

水运检测员证书格式为“(水运)检员＋年号(后2位)＋(所在地简称)＋所在地本系列四位数总序号＋C(材料)或J(结构)”。

例如：“(公路)检员06京0001CJ”，表示公路工程试验检测员，北京地区2006年取得的编号为0001的材料试验和交通工程专业证书。如持证人后又通过工程检测专业考试，持证人须到原发证机构进行增项，增项时发证机构在证书编号末尾添加“G”，即“(公路)检员 06 京 0001CJG”，在“检测类别”栏添加“工程检测”，同时在网上更新。

“(水运)检员 06 京 0001CJ”，表示水运工程试验检测员，北京地区 2006 年取得的编号为 0001 的 C(材料)和 J(结构)专业，增项要求同公路。

2007 年之后所发检测人员证书中格式不变，只是公路类别的“J”不再代表“交通工程”，而是代表“机电工程”，由于道路专业的重新划分，不再有道路“D”专业证书。

水运检测工程师和检测员考试专业科目中，将 2006 年考试中的结构专业分为结构(J)和地基与基础(D)专业，证书中增加了地基与基础(D)符号。人员证书分为公路和水运类别。

当检测员职称变更为检测师时，检测师证书与原有检测员证书专业相同时，检测员证书无效；检测师与检测员证书专业不同时，检测师与检测员证书均有效，同一人的证书不得注册到两家检测机构。

第五章

实验室资质认定管理

第一节　实验室和检查机构资质认定管理办法简介

为规范实验室和检查机构资质管理，提高实验室和检查机构资质认定活动的科学性和有效性，中华人民共和国国家质量监督检验检疫局于 2006 年 2 月依据计量法、标准化法、质量法等国家法律发布《实验室和检查机构资质认定管理办法》，将资质认定形式分为计量认证和审查认可。为了确保科学规范地实施计量认证和审查认可的评审，发布了《实验室资质认定评审准则》。

《实验室和检查机构资质认定管理办法》是有关实验室计量认证和审查认可的管理规定，在中华人民共和国境内，从事向社会出具具有证明作用的数据和结果的实验室和检查机构以及对其实施资质认定活动均遵守该办法。该办法由总则、资质认定、实验室和检查机构的基本条件与能力、资质认定程序、实验室和检查机构行为规范、监督检查、附则组成。了解《实验室和检查机构资质认定管理办法》的要求，对于正确理解计量认证、认可的内涵，保障交通行业试验检测机构的运行管理符合有关法律的规定，为交通工程质量提供公正、客观、准确的数据具有重要的作用。

一、资质认定形式

资质认定的形式包括计量认证和审查认可。

计量认证是指国家认监委和地方质检部门依据有关法律、行政法规的规定，对为社会提供公证数据的产品质量检验机构的计量检定、测试设备的工作性能、工作环境和人员的操作技能和保证量值统一、准确的措施及检测数据公正可靠的质量体系能力进行的考核。

审查认可是指国家认监委和地方质检部门依据有关法律、行政法规的规定，对承担产品是否符合标准的检验任务和承担其他标准实施监督检验任务的检验机构的检测能力以及质量体系进行的审查。

二、资质认定的条件

从事下列活动的机构应当通过资质认定：

(1)为行政机关作出的行政决定提供具有证明作用的数据和结果的；

(2)为司法机关作出的裁决提供具有证明作用的数据和结果的；

(3)为仲裁机构作出的仲裁决定提供具有证明作用的数据和结果的；

(4)为社会公益活动提供具有证明作用的数据和结果的；

(5)为经济或者贸易关系人提供具有证明作用的数据和结果的；

(6)其他法定需要通过资质认定的。

国家鼓励实验室、检查机构取得经国家认监委确定的认可机构的认可，以保证其检测、校准和检查能力符合相关国际基本准则和通用要求，促进检测、校准和检查结果的国际互认。

实验室是指从事科学实验、检验检测和校准活动的技术机构。

检查机构是指从事与认证有关的产品设计、生产、服务、过程，或者生产加工场所的核查，并确定其符合规定要求的技术机构。

有关法律、行政法规对实验室和检查机构的其他技术条件和能力有特殊要求的，可以在利用资质认定结果的基础上，进行评审、评价或者考核。申请计量认证和申请审查认可的项目相同时，其评审、评价、考核应当合并实施。符合相关规定要求的，可以取得相应的资质认定。

取得国家认监委确定的认可机构认可的实验室和检查机构，在申请资质认定时，应当简化相应的资质认定程序，避免不必要的重复评审。

三、资质认定的程序或计量认证和审查认可程序

(1)申请的实验室和检查机构(以下简称申请人)，应当根据需要向国家认监委或者地方质检部门(以下简称受理人)提出书面申请，并提交相关证明材料。

(2)受理人应当对申请人提交的申请材料进行初步审查，并自收到申请材料之日起5日内作出受理或者不予受理的书面决定。

(3)受理人应当自受理申请之日起，根据需要对申请人进行技术评审，并书面告知申请人，技术评审时间不计算在作出批准的期限内。

(4)受理人应当自技术评审完结之日起20日内，根据技术评审结果作出是否批准的决定。决定批准的，向申请人出具资质认定证书，并准许其使用资质认定标志；不予批准的，应当书面通知申请人，并说明理由。

(5)国家认监委和地方质检部门应当定期公布取得资质认定的实验室和检查机构名录，以及计量认证项目、授权检验的产品等，用流程图表述如图5-1所示。

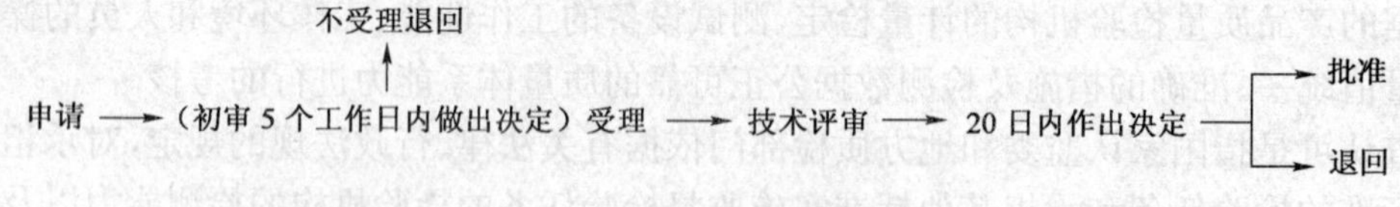

图5-1 资质认定的程序流程图

四、资质认定证书管理

资质认定证书的有效期为3年。

申请人应当在资质认定证书有效期届满前6个月提出复查、验收申请，逾期不提出申请的，由发证单位注销资质认定证书，并停止其使用标志。

已经取得资质认定证书的实验室和检查机构，需新增检查检验检测项目时，应当按照本办

法规定的程序，申请资质认定扩项。

五、机构行为准则

（1）实验室和检查机构的人员不得与其从事的检测、校准和检查项目以及出具的数据和结果存在利益关系；不得参与任何有损于检测、校准和检查判断的独立性和诚信度的活动；不得参与与检测、校准和检查项目或者类似的竞争性项目有关系的产品设计、研制、生产、供应、安装、使用或者维护活动。

（2）实验室和检查机构从事与其控股股东生产、经营的同类产品或者有竞争性的产品的检测、校准和检查活动时，应当建立保证其检测、校准和检查活动的独立性和公正性的质量体系及其文件，明确本机构的职责、责任和工作程序，并与其控股股东从事的设计、研制、生产、供应、安装、使用或者维护等活动完全分开。

（3）实验室和检查机构应当建立并有效实施与检测、校准和检查有关的管理人员、技术人员和关键支持人员的工作职责、资格考核、培训等制度，确保不因报酬等原因影响检测、校准和检查工作质量。

由以上管理要求可以看出，交通运输行业第三方检测机构必须通过计量认证，为社会提供的数据和结果才具有证明作用。

六、监督检查方面

《实验室和检查机构资质认定管理办法》第 41 条规定　有下列情形之一的，国家认监委或者地方质检部门，可以根据利害关系人的请求或者依据职权，撤销其作出的实验室和检查机构取得资质认定的决定：

（1）资质认定审批工作人员滥用职权、玩忽职守作出实验室和检查机构取得资质认定决定的；

（2）超越法定职权作出实验室和检查机构取得资质认定决定的；

（3）违反认定程序作出实验室和检查机构取得资质认定决定的；

（4）对不具备法定基本条件和能力的实验室和检查机构作出取得资质认定决定的；

（5）依法可以撤销资质认定的其他情形。

第 42 条规定　申请人申请资质认定时，隐瞒有关情况或者提供虚假材料的，资质认定监督管理部门应当不予受理或者不予批准，并给予警告；申请人在 1 年内不得再次申请资质认定。

第 43 条规定　实验室和检查机构以欺骗、贿赂等不正当手段取得批准决定的，国家认监委和地方质检部门应当撤销其所取得的资质认定决定，并予以公布。

实验室和检查机构自被撤销资质认定之日起 3 年内，不得再次申请资质认定。

实验室和检查机构出具虚假结论或者出具的结论严重失实，情节严重的，应当撤销其所取得的资质认定，并予以公布。

第 44 条规定　地方质检部门应当自作出撤销决定之日起 15 日内，将其撤销决定书面报告国家认监委备案。

第二节 实验室资质认定评审准则与管理体系文件的编写

2006 年国家质量监督检验检疫总局发布的《实验室和检查机构资质认定管理办法》要求试验检测机构通过资质认定，为了保障资质认定科学、规范的实施，并为实验室资质行政许可提供依据，出台了《实验室资质认定评审准则》(以下简称《评审准则》)，该准则吸纳国际标准 ISO/IEC 17025 的主要精髓，兼顾我国政府对检测市场及检测实验室监管的强制性考核要求，将计量认证和审查认可的评审要求统一，明确了评审的内容和方法，并规定所有从事向社会出具具有证明作用的数据和结果的实验室资质认定(计量认证、授权、验收)的评审均应遵守该准则。《评审准则》是各行业试验检测机构管理的准则，交通行业的检测机构应结合行业特点对照准则实施管理。

一、《评审准则》的内容提要

《评审准则》分为总则、参考文件、术语和定义、管理要求和技术要求五个部分，重点内容为管理要求和技术要求。其中管理要求包含组织、管理体系、文件控制、检测和/或校准分包、服务和供应品采购、合同评审、申诉和投诉、纠正措施预防措施及改进、记录、内部审核、管理评审共 11 个要素；技术要求包含人员、设施和环境条件、检测和校准方法、设备和标准物质、量值溯源、抽样和样品处理、结果质量控制、结果报告 8 个要素，每个要素涵盖了多方面的内容，有些要求在交通行业属于不适用情况，如分包。只有全面准确理解准则的要求，才能结合行业检测的实际，有针对性地管理实验室，保证检测机构的运行符合法律法规的要求。

二、《评审准则》的要素与要点

实验室资质认定评审准则共 19 个要素，要点有 104 个，其中管理要求 51 个要点，技术要求 53 个要点。为了与准则条款相对应，以下均采用《评审准则》的要素编号，各个要素与评审要点分布情况如下。

4 管理要求(51 个)

4.1 组织(12 个)

4.2 管理体系(5 个)

4.3 文件控制(4 个)

4.4 检测和/或校准分包(3 个)

4.5 服务和供应品的采购(4 个)

4.6 合同评审(2 个)

4.7 申诉和投诉(3 个)

4.8 纠正措施、预防措施及改进(4 个)

4.9 记录(6 个)

4.10 内部审核(5 个)

4.11 管理评审(3 个)

5　技术要求(53个)

5.1　人员(7个)

5.2　设施和环境条件(6个)

5.3　检测和校准方法(7个)

5.4　设备和标准物质(10个)

5.5　量值溯源(7个)

5.6　抽样和样品处理(7个)

5.7　结果质量控制(2个)

5.8　结果报告(7个)

三、《评审准则》在交通行业的运用

4.管理要求

4.1　组织

(1)实验室是否具有法律地位的证明文件。

独立法人性质的实验室是否有合法的设立文件或注册证书。

非独立法人性质的实验室是否有批准文件、授权书、最高管理者的任命文件和母体的公正性声明;实验室应承诺保证客观、公正和独立地从事检测/校准活动,有保持第三方公正地位措施,满足"授权"、"独立"的有关要求。交通行业的试验检测机构,存在独立法人和非独立法人两种形式。大多数施工、监理实验室承担的试验检测业务属于自检,而非第三方检测。

(2)审阅实验室注册、登记文件和工作场所的所有权、使用权的证明文件,确认实验室是否有固定的工作场所。

审查仪器设备的所有权、使用权的证明文件,确认实验室是否具备能够独立调配使用固定的、临时的或可移动的检测/校准设备和设施,以及设备、设施能否保证正确进行检测/校准。

(3)通过审阅管理体系文件,特别是各部门和岗位的职责以及各项管理活动的控制程序,确认其管理体系是否覆盖了所有的工作场所或地点。

检查实验室所有场所的所有工作,验证质量管理体系能否对其有效覆盖。交通行业设立在工地现场的临时工地试验室也应在母体检测机构的管理体系之内,各工地试验室的管理制度应属于管理体系的受控文件范围。

各岗位的设立和组织机构框图岗位相一致,岗位职责要明确。

(4)查阅实验室在册人员证明或劳动合同证明,确认实验室是否拥有相对稳定的专业技术人员和管理人员。重点查阅三险或五险的缴纳证明,查看人员的注册情况,避免证书多处挂靠。

(5)查阅实验室是否制订了保证检测/校准工作公正、客观的有关措施;能否保持第三方的公正性;能否有效防止任何有损独立性和诚信度的活动;是否有措施防止任何形式的商业贿赂,并考查实验室的实施效果如何。实验室应有措施确保其人员不受任何来自内外部的不正当的商业、财务和其他方面的压力和影响,并防止商业贿赂。

该条款要求检测机构保证检测活动客观、独立和公正,与《办法》第4条、第32条的规定相一致。《办法》第 4 条规定，公路水运工程试验检测活动应当遵循科学、客观、严谨、公正的原则。第 32 条要求检测机构要严格按照现行有效的国家和行业标准、规范、规程独立开展检测工作，不受任何干扰和影响，保证检测数据客观、公正、准确。

(6)实验室是否制订了保护国家秘密和客户秘密的有关措施，以及在有关活动中的实施情况。

(7)分析实验室内部机构设置是否合理，部门职责是否明确，是否能保证质量体系的有效运行。

按照目前交通行业试验室等级和专业的划分，不同等级试验检测的机构设置不尽相同，体现在职能分配表也应不同。

(8)查阅实验室的最高管理者、技术主管、质量主管、各部门负责人和质量监督员是否有符合要求的任命文件，他们的职责规定是否明确、恰当，以及履行职责的状况。

(9)是否规定了所有的管理、操作和核查人员的职责，所有的管理、操作和核查人员是否明确本岗位的职责和权限；关键人员是否明确了代理人。

(10)检查监督工作的范围、计划和记录，监督员职责是否到位，评价其工作的有效性。

(11)是否任命了技术主管和质量主管，是否明确了技术主管和质量主管的职责和权力。

技术主管和质量主管即等级评审中的技术负责人和质量负责人，根据检测机构的等级证书类别，技术负责人可以有多人，分别负责不同专业领域的技术，也可以只任命 1 名技术负责人全面负责，但签发报告不得超出试验检测工程师证书的范围。质量负责人应只有 1 人。

(12)依法设置或依法授权实验室是否有措施完成政府下达的指令性任务，确保检测数据的公正性和及时性。

4.2　管理体系

(1)建立管理体系的职责是否明确并得以落实。

质量过程是否予以明确；

建立的管理体系是否符合本实验室的特点(如移动的、多检测场所等)，现场设立的工地实验室临时机构不属于多检测场所；

相应的质量记录能否证明体系的运行；

是否与系统性或区域性不符合。

(2)审阅实验室管理体系文件的系统性和协调性，以及对照本准则的完整性和符合性。

结合本准则全部要素的评审情况和实施效果，评判管理体系文件与实验室自身状况的适应性和实际运行的有效性。

(3)在评审过程中，注意与实验室的重要岗位人员进行沟通，了解其对本岗位的职责和管理体系、质量方针和目标是否清楚明白。

(4)是否建立了质量方针和质量目标。

质量方针是否适宜；质量目标是否可测量和可操作。质量方针、目标和承诺，应使所有相关人员理解并有效实施。关于可操作性，有些机构制订的质量目标为检测报告的正确率为 100%，既不切实际，也无法测量。

(5)本要素的评审一般要衡量全面评审情况，分析管理体系关键和重点环节管理状况，整体评价管理体系符合本准则的状况和实际效果，应当是评审组集体评判的意见和结论。

4.3　文件控制

(1)了解实验室是否正确理解有关文件受控的含义,文件控制和管理程序有关的内容和环节是否齐全,规定是否合理且具可操作性。

(2)实验室内部文件的审批手续是否齐全;现场使用的各种文件是否标识清晰。

(3)实验室现场是否使用失效或废止的文件;是否存在一个文件出现不同版本的问题。

(4)实验室受控文件是否定期审核,必要时进行修订,更改的文件是否经过再批准,并加以说明。

(5)受控文件应加盖受控章,受控章包含文件编号、持有人或部门、状态等信息,必须与受控文件发放/回收登记表相一致。

4.4　检测和/或校准分包

(1)实验室是否确定了分包实验室的名单,每个分包的实验室是否符合本准则和相关技术能力。

(2)实验室分包项目是否符合本准则限定的三种情况。

(3)实验室每一次分包是否征得客户书面同意。

依据《办法》第38条的规定,检测机构依据合同承担公路水运工程试验检测业务,不得转包、违规分包。

对于大多数交通行业的检测机构而言,分包条款属于不适用,因此在编写质量体系文件时,应按照该条款不适用处理。

4.5　服务和供应品的采购

(1)实验室是否制订了服务和供应品的选择、购买和验收、储存的相关管理程序文件。

(2)实验室是否对服务和供应方进行了评价,是否建立了服务方/供应方的名单。

服务与供应方应包含仪器设备的供应商和提供仪器设备检定/校准的计量检定机构,大多数试验检测机构往往是对仪器供应商进行了评价,忽略了计量检定机构的评价。近年来,随着交通行业的大发展,工地实验室的数量增多,各地区计量检定水平参差不齐,对交通专有仪器设备不了解,检定或校准内容错误,导致检测数据产生较大偏差,影响了工程质量。关于设备检定/校准的具体内容详见第十一章。

(3)实验室已发生的采购是否受控,是否正确选择具备资格的供应方。

(4)实验室是否已规定了对采购品的验收要求,对供应品、试剂和消耗性材料是否经过验收。

4.6　合同评审

(1)实验室是否制订评审客户要求、标书和合同的相关程序文件,不同情况下的评审规定或要求是否明确。

(2)实验室是否对不同类型的委托书、标书或合同,按照不同的规定实施了评审。

(3)合同评审应包含委托书、标书或合同,尤其是委托书的评审。委托书至少应包含以下内容:

①委托单编号、委托方式(送样、自行抽样、现场检测);

②委托方的信息,即委托单位、委托人、委托日期、委托人联系电话;

③关于样品方面的信息,即工程名称、结构物名称或检测部位、样品名称、规格、数量、状态

特性；

④依据方面，包括检测参数、依据的试验方法以及判定标准；

⑤样品的处置方式，包括委托方取回、试验室处理；

⑥接收人的信息，包括姓名、电话、接收日期；

⑦备注，关于样品的另外说明、检测方法的特殊要求或偏离说明；

⑧报告的领取方式，包括委托方领取、邮寄及其他；

⑨备注说明，关于委托填写信息真实性、委托单领取报告凭据说明、报告取走超出15天样品不再留存的说明以及对委托送样的检测报告仅对来样负责等。

4.7 申诉和投诉

(1)实验室是否制订处理申诉和投诉程序文件，主动征求客户意见。

(2)实验室处理申诉和投诉过程是否符合程序文件的规定和要求。

(3)确属实验室原因造成的投诉或申诉，是否对原因进行分析，并采取有效纠正措施，对有关工作领域或管理体系进行改进。

4.8 纠正措施、预防措施及改进

(1)实验室是否编制了不符合工作的控制程序，对不符合工作的控制程序予以及时处理。

(2)实验室是否编制了纠正措施程序，在“评价表明不符合工作可能再度发生”时，执行纠正措施程序，并根据实验室的实际，分析程序的合理性和可操作性。

(3)实验室对出现的不符合工作或对潜在造成不符合的原因，是否采取了纠正措施或预防措施。

(4)实验室对纠正措施和预防措施的实施结果是否进行了验证。

4.9 记录

(1)实验室是否编制了记录管理程序，内容是否齐全、合理。

(2)实验室的管理记录和技术记录的信息是否“足够”，是否能够“复现”管理和技术活动。

(3)实验室的各种记录填写和更改是否正确、完整、清晰、明了。

(4)实验室是否规定了记录的保存期限，保存期限是否合理，是否按照规定保存相关记录。

(5)实验室现存记录是否安全储存、妥善保管，保存方式是否合理，方便存取、查阅方便。

(6)实验室是否按照4.1.(6)条的规定，做到为客户保密。

所有质量记录和原始观测记录、计算和导出数据、记录以及证书/证书副本等技术记录均应归档并按适当的期限保存。每次检测和/或校准的记录应包含足够的信息以保证其能够再现。记录应包括参与抽样、样品准备、检测和/校准人员的标识。所有记录、证书和报告都应安全储存、妥善保管并为客户保密。

4.10 内部审核

(1)实验室是否制订了内部审核控制程序。

(2)实验室是否按照程序规定开展了内部审核，审核其完整的内审资料。

(3)实验室内审工作程序是否规范，记录是否齐全，不符合报告是否事实清楚、定性准确，针对不符合工作制订的纠正措施是否合理，纠正措施是否实施，实施的结果是否进行了验证等。

(4)每个年度的内审工作是否包括管理体系的所有要素，是否覆盖了实验室的所有部门和工作场所。

(5)内审人员是否进行了资格确认，是否经过恰当的培训；内审人员是否做到了独立于被审核的工作。

审核按照年度计划进行，每年至少一次。当出现以下情况时，需增加内审次数。

①出现质量事故或客户对某一环节连续投诉；

②内部监督连续发现质量问题；

③实验室组织机构、人员、技术力量、设施发生较大变化(如搬迁)；

④等级评审或资质认定前。

审核的原则是必须保证客观性、独立性、系统性。

客观性是对客观发生的不符合质量体系要求的内容实事求是进行记录，形成文件。独立性是指被授权的审核人确保审核客观公正，采取回避，不得审核自己所在部门和与自己直接相关的活动。

4.11　管理评审

(1)实验室是否编制了管理评审控制程序文件。

(2)管理评审工作是否按照规定和计划组织实施，每次评审输入是否明确，评审是否充分，结果是否恰当。

(3)管理评审报告提出的有关措施是否纳入改进，其结果是否得到验证。

5　技术要求

5.1　人员

(1)实验室人员的数量和能力是否满足所从事工作的需要；合同制人员、其他技术人员和关键支持人员是否胜任，其工作是否符合实验室质量管理体系要求。

(2)所有人员的持证上岗记录，有无资格确认，上岗授权是否明确。

(3)实验室是否制订人员培训程序和计划，有无培训计划实施的培训记录。

(4)对培训中人员的监督要求。

(5)查实验室人员档案是否符合要求。

(6)实验室技术主管、授权签字人的资格条件是否符合要求。

实验室技术主管、授权签字人应具有工程师以上(含工程师)技术职称，熟悉业务，经考核合格。

(7)依法设置和依法授权的质量监督检验机构，其授权签字人是否满足要求。

依法设置和依法授权的质量监督检验机构，其授权签字人应具有工程师以上(含工程师)技术职称，熟悉业务，在本专业领域从业 3 年以上。

5.2　设施和环境条件

(1)实验室设施和环境条件是否满足相关技术规范和标准的要求。

(2)规范和标准对试验条件有要求的，实验室是否有监控记录，如养护室、水泥室、钢绞线松弛试验室等应有温湿度记录。

(3)实验室安全作业管理程序是否符合要求，是否有相应的应急处理措施。

(4)实验室环境保护程序是否符合要求，是否有相应的应急处理措施。

(5)区域间的工作相互之间有不利影响时，是否采取有效的隔离措施。

(6)对影响工作质量、涉及安全的区域和设施，是否有效控制并正确标识。

5.3 检测和校准方法

(1)实验室是否选择使用适合的方法，是否制订必要的作业指导书。

(2)实验室是否对选用的新方法(包括变化的方法)进行确认，是否使用标准的最新有效版本。

(3)与实验室工作有关的标准、规范、指导书是否现行有效并便于相关工作人员使用。

(4)实验室采用的国际标准和自行制订的非标方法是否仅限特定委托方的检测，非标方法是否经过确认。

(5)实验室对检测/校准方法的偏离是否有实验室负责人的批准，客户是否接受。

(6)实验室是否建立并实施计算和数据转换及处理的规定，是否建立并实施数据保护的程序。

当利用计算机或自动设备对检测或校准数据进行采集、处理、记录、报告、存储或检索时，实验室应建立并实施数据保护程序。该程序应包括(但不限于)：数据输入或采集、数据存储、数据转移和数据处理的完整性和保密性。

5.4 设备和标准物质

(1)实验室是否配备了正确进行检测/校准所需的全部设备及软件、标准物质；所有仪器设备是否正常维护。

(2)仪器设备出现缺陷时，是否立即停用并明确标识。

修复的仪器设备是否经过检定、校准等方式证明其功能指标已恢复；实验室是否检查这种缺陷对过去检测/校准的影响。

(3)所有设备是否均授权人员操作，设备使用和维护的有关技术资料是否便于有关人员取用。

(4)实验室是否保存对检测/校准有重要影响的设备及其软件的档案，档案内容是否符合要求。

(5)所有仪器设备和标准物质是否均有明显的状态标识。

(6)脱离实验室直接控制的设备，返回后、恢复使用前，实验室是否对其功能和校准状态进行检查并显示满意结果。

建立试验仪器设备出入登记簿和设备使用台账，出入登记簿包含外借时间、借用人、设备状态、归还日期等信息。

设备使用台账至少包含使用日期、时间、仪器设备使用前后状态、试验内容、样品编号、使用人等信息，确保设备处于受控状态，信息能够再现检测过程。

设备使用台账参考格式如表5-1所示。

×××设备使用台账　　表5-1

序号	使用日期	试验起止时间	设备使用前后状态		试验内容	样品编号	使用人	备注
			使用前	使用后				

(7)需要时,是否建立设备期间核查程序并执行。

对于在现场使用的仪器设备,使用非常频繁的应进行期间核查。

(8)校准产生修正因子时,实验室是否正确应用。

关于期间核查和修正因子的使用详见第十一章。

5.5　量值溯源

(1)实验室制订仪器设备的校准和检定(验证)、确认的总体计划。

(2)实验室制订仪器设备校准和检定的计划,即周期检定计划表。

(3)检测结果不能溯源到国家基准的设备应有设备比对、能力验证结果,且结果能证明设备符合要求。

(4)尽量使用有证标准物质;使用无证标准物质时,确保量值的准确性。

(5)有程序来安全处置、运输、存储和使用参考标准和标准物质,防止污染或损坏。

5.6　抽样和样品处置

(1)实验室应有用于检测和/或校准样品的抽取、运输、接收、处置、保护、存储、保留和/或清理的程序,确保检测和/或校准样品的完整性。

(2)按照相关技术规范或者标准实施样品的抽取、制备、传送、储存、处置等。没有相关的技术规范或者标准的,实验室应根据适当的统计方法制订抽样计划。抽样过程应注意需要控制的因素,以确保检测和/或校准结果的有效性。

(3)实验室抽样记录应包括所用的抽样计划、抽样人、环境条件,必要时有抽样位置的图示或其他等效方法,如可能,还应包括抽样计划所依据的统计方法。

(4)实验室应详细记录客户对抽样计划的偏离,并告知相关人员。

(5)实验室应具有检测和/或校准样品的标识系统,避免样品或记录中的混淆。

(6)实验室应有适当的设备设施储存、处理样品,确保样品不受损坏。实验室应保持样品的流转记录。

5.7　结果质量控制

(1) 实验室应有质量控制程序和质量控制计划以监控检测和校准结果的有效性,可包括(但不限于)下列内容:

①定期使用有证标准物质(参考物质)进行监控和/或使用次级标准物质(参考物质)开展内部质量控制;

②参加实验室间的比对或能力验证;

③使用相同或不同方法进行重复检测或校准;

④对存留样品进行再检测或再校准;

⑤分析一个样品不同特性结果的相关性。

(2)实验室应分析质量控制的数据,当发现质量控制数据将要超出预先确定的判断依据时,应采取有计划的措施来纠正出现的问题,并防止报告错误的结果。

5.8　结果报告

(1)实验室应按照相关技术规范或者标准要求和规定的程序,及时出具检测和/或校准数据及结果,并保证数据和结果准确、客观、真实。报告应使用法定计量单位。

(2)检测和/或校准报告信息的完整性。

报告应至少包括下列信息：

①标题；

②实验室的名称和地址，以及与实验室地址不同的检测和/或校准的地点；

③检测和/或校准报告的唯一性标识（如系列号）和每一页上的标识，以及报告结束的清晰标识；

④客户的名称和地址（必要时）；

⑤所用标准或方法；

⑥样品的状态描述和标识；

⑦样品接收日期和进行检测和/或校准的日期（必要时）；

⑧如果与结果的有效性或应用相关时，所用抽样计划的说明；

⑨检测和/或校准的结果；

⑩检测和/或校准所用仪器设备名称（编号）；

⑪检测和/或校准人员及其报告批准人签字或等效的标识；

⑫有关结果的声明，对于委托送样，报告仅对来样负责，否则应对样本负责；

⑬报告的信息应包含委托单、原始记录的信息，且数据和原始记录相一致；

⑭报告印章使用是否完整准确。

(3)对检测和/或校准结果作出说明的，报告中还可包括下列内容：

①对检测和/或校准方法的偏离、样品发生偏离时的说明；

②当不确定度与检测和/或校准结果的有效性或应用有关，或客户有要求，或不确定度影响到对结果符合性的判定时，报告中还需要包括不确定度的信息；

③特定方法、客户或客户群体要求的附加信息。

(4)对含抽样的检测报告，还应包括下列内容：

①抽样日期；

②与抽样方法或程序有关的标准或规范，以及对这些规范的偏离、增添或删节；

③抽样计划、抽样位置，包括任何简图、草图或照片；

④抽样人；

⑤抽样过程中可能影响检测结果解释的环境条件的详细信息。

(5)对已发出报告的实质性修改，应以追加文件或更换报告的形式实施，并应包括如下声明："对报告的补充，系列号……（或其他标识）"，或其他等效的文字形式。报告修改应满足本准则的所有要求，若有必要发新报告时，应有唯一性标识，并注明所替代的原件。

为了方便报告的管理与查询，应建立检测报告登记台账，内容应包含序号、报告编号、项目名称、委托单位、合同金额、审批人、报告领取日期。报告归档时，应将检测委托单或合同、任务单或检测通知单、原始记录及检测报告等一并归档。

四、管理体系文件的编写要点

实验室的质量管理是通过对各种活动的过程管理实现的，需要明确过程管理的要求、人员的职责、岗位设置、管理方法、实施管理所需要的资源，把这些用文件形式表述形成规范性文件，即实验室的管理体系文件，它是实验室开展工作的依据。

1.管理体系文件的构成

管理体系文件分成四个层次(图 5-2),主要由《质量手册》(第一层次)、《程序文件》(第二层次)、《作业指导书》(第三层次)、《其他质量文件(记录、表格、报告、文件)》(第四层次)组成。管理文件从第一层次到第四层次内容逐渐具体详细,下层文件支持上层,上下层相互支持、衔接,内容要求一致,下层文件是对上层文件的补充和具体化。

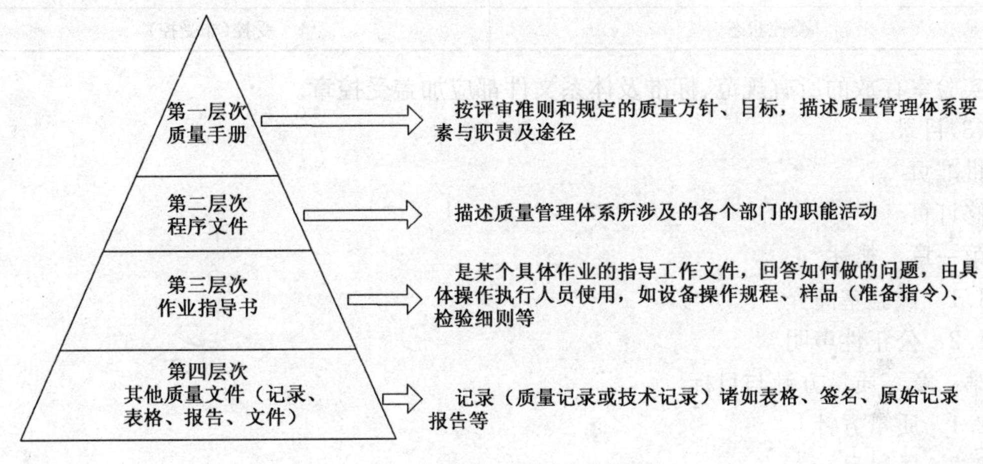

图 5-2　典型的管理体系文件层次

2.对体系文件的基本要求

(1)规范性;

(2)系统性;

(3)协调性;

(4)唯一性;

(5)适用性,简单易懂。

3.体系文件的内容

1)《质量手册》编写要点

《质量手册》是指导试验室实施质量管理的法规性文件,实验室根据《评审准则》规定的质量方针、质量目标,描述与之相适应管理体系的基本文件,提出对过程和活动的管理要求,包括说明实验室质量方针、管理体系活动中的政策、管理体系运行涉及人员的职责权限及行为准则和活动的程序。质量方针需简明扼要,便于员工理解;质量目标是质量方针的具体化,既要有中长期目标,也要有年度目标,以便于目标的考核操作。

(1)《质量手册》的作用

①实验室管理的依据;

②实验室管理体系审核评价的依据;

③质量管理体系存在的证据;

④证明实验室质量管理体系满足有关方面的要求;

⑤实验室实现管理规定连续性的保障。

(2)《质量手册》的格式和内容

封面:手册名称、编号,编写、审核、批准人员,发布日期、实施日期,受控识别章和发布单位的全称。

受控章样式可参考表 5-2 的格式。

受控章样式参考表　　表 5-2

受 控 编 号	ZLSC10-001
持有人(部门)	资料室
受控状态	受控(非受控)

实验室存放的所有规范、标准及体系文件都应加盖受控章。

(3)目录

批准页

修订页

第一章　概述

1.1　试验室简介

1.2　公正性声明

第二章　质量方针与目标

2.1　质量方针

2.2　质量目标

第三章　术语与缩略语

3.1　术语(定义)

3.2　缩略语(仅用于本手册)

第四章　管理要求

4.1　组织

4.2　管理体系

4.3　文件控制

4.4　检测和/或校准分包

4.5　服务和供应品采购

4.6　合同评审

4.7　申诉和投诉

4.8　纠正措施、预防措施及改进

4.9　记录

4.10　内部审核

4.11　管理评审

第五章　技术要求

5.1　人员

5.2　设施和环境条件

5.3　检测和校准方法

5.4　设备和标准物质

5.5　量值溯源

5.6　抽样和样品处理

5.7　结果质量控制

5.8　结果报告

(4)组织和管理机构

简明扼要指出各岗位的工作内容、职责和权力、与实验室中其他部门的职务和关系,以及各岗位任职条件。采用职能分配表将各岗位的关系形象地表达出来,职能分配表和组织机构框图中的岗位设置要一致。

表 5-3 是交通行业某实验室管理体系要求岗位职能分配表,供参考。

实验室管理体系要求岗位职能分配表　　表 5-3

管理体系要素	职能部门						
	最高管理者	技术负责人	质量负责人	办公室	现场检测组	室内试验组	工地试验室
质量方针与目标管理	★	◇	◇	▲	◇	◇	◇
组织	★	◇	◇	▲	◇	◇	◇
管理体系	◇	◇	★	▲	◇	◇	◇
文件控制							
检测和/或校准分包							
服务和供应品采购							
合同评审							
申诉和投诉							
纠正措施、预防措施及改进							
记录							
内部审核							
管理评审							
人员管理							
设施和环境管理							
检测和校准方法							
设备和标准物质管理							
量值溯源							
抽样和样品处理							
结果质量控制							
证书和结果报告							

注:★表示主管人员;▲表示主要负责部门;◇表示协办部门。

2)《程序文件》的编写要点

《程序文件》是规定实验室质量活动方法和要求的文件,是《质量手册》的支撑性文件:《程序文件》为完成管理体系中所有主要活动提供了方法和指导,分配了具体的职责和权限,包括管理、执行、验证活动，对某项活动所规定的途径进行描述。其内容基本要求有：

(1)符合标准的要求；

(2)与其他管理体系文件协调一致；

(3)适合管理体系运作；

(4)逻辑完整；

(5)具有可操作性。

其内容必须与《质量手册》的规定相一致，特别强调程序文件的协调性、可行性和可检查性。

考虑成立多年的实验室都有相应的管理文件，如规章、制度、工作流程等，由于缺乏系统性，难免存在不够系统，重复，规定之间相互矛盾或已不符合现行国家规定等问题，因此编写程序文件时必须综合考虑，将已有的规章制度系统化，完善补充，这样，规定的连续性有利于检测机构执行。

需要说明的是，并非所有活动都要制订程序文件。是否需要制订程序文件有两个原则：

(1)准则中明确提出要建立程序文件时；

(2)活动的内容复杂且涉及的部门较多，该项活动在质量手册中无法表示清楚，必须制订相应的支持性程序文件。

常见程序文件至少应包含以下 23 个方面：

(1)保证公正性和保护客户机密及所有权的程序；

(2)文件控制和管理程序；

(3)服务和供应品的选择、购买、验收和储存等程序；

(4)评审客户要求、标书和合同的程序；

(5)处理客户申诉和投诉的程序；

(6)不符合工作控制的程序；

(7)预防措施控制程序(可以与纠正措施控制程序合一编写)；

(8)记录管理程序；

(9)内部审核程序；

(10)管理评审程序；

(11)人员培训程序；

(12)安全作业管理程序；

(13)环境保护程序；

(14)数据保护程序；

(15)应用不确定度的评定程序；

(16)允许偏离程序；

(17)仪器设备维护、保养程序；

(18)仪器设备(参考标准和标准物质)期间核查程序；

(19)参考标准和标准物质的管理程序；

(20)样品的抽取和处置管理程序；

(21)结果质量控制程序；

(22)结果报告管理程序;

(23)开展新工作项目的管理程序。

交通行业试验室由于管理要求不同,大多数试验检测机构都需设立工地试验室,需增加以下程序:

(1)化学试剂、药品的管理程序;

(2)现场检测的管理程序;

(3)工地试验室管理程序。

3)《作业指导书》的编写

《作业指导书》是规定质量基层活动途径的操作性文件,其对象是具体的作业活动。内容包括检测方法、抽样标准和方法(必要时)、测量不确定度评定范围或仪器设备的操作规程、期间核查方法等技术作业文件。

(1)实验室作业指导书

实验室至少应制订以下4方面的作业指导书。

方法方面:用以指导检测过程。

设备方面:设备的使用、操作规范。

样品方面:包括样品的准备、处置和制备规则;

数据方面:检测的有效位数、修约、异常值的剔出。

说明:如果实验室执行的检测方法和标准详细规定了检测的步骤、方法和顺序,且实验室能够按照这些标准执行时,可以考虑将这些标准转化为检测细则。

(2)作业指导书的内容

作业指导书是检测、检验活动的技术作业指导文件,包括了检测、检验方法、抽样标准和方法(必要时)、测量不确定度评定范围或仪器设备的操作规程、期间核查方法等技术作业文件。常用的作业指导书通常应包含的内容:

①作业内容;

②使用的材料;

③使用的设备;

④使用的专用工艺装备;

⑤作业的质量标准和技术标准,以及判断质量的标准;

⑥检验方法;

⑦对于关键工序应编制详细的作业指导书。

检测机构等级标准中所列试验项目大多数在交通行业的规范、标准、试验规程已详细说明,具有很强的可操作性,无须再编制作业指导书,但对于有些内容易产生理解上的差异时,还需作业指导书进一步说明。这一点不同试验室要根据自己试验室的情况区别对待,并非每一项工作或程序文件都编制作业指导书,只有在缺少作业指导书可能影响检测和校准结构时,才有必要编制作业指导书。

作业指导书编写的格式可参照交通行业的试验规程。

4)《其他质量文件》

《其他质量文件》包括记录、表格、报告、文件。记录一般分为管理记录和技术记录两大类。

管理记录指实验室管理体系活动中所产生的记录；技术记录是进行检测所得的数据和信息的积累，也是检测是否达到规定的质量或过程所表明的信息。

委托单、合同评审、质量内审、管理评审、文件发放、设备验收记录、会议签到等均属记录。检测的原始记录应包含足够的信息，能够再现检测过程。对于试验检测规程中所列的检测记录表，还需补充相关内容，保证检测过程可再现。

(1)实验室记录内容

通常实验室的记录有以下内容：

①管理体系评审记录；

②合同评审记录；

③合格供方记录；

④设备验收记录；

⑤试验记录；

⑥不合格品记录；

⑦设备使用、维修、保养记录；

⑧不合格品的处置记录；

⑨内部审核记录；

⑩培训记录；

⑪文件修改记录；

⑫设备校准记录；

⑬受控文件发放记录。

(2)记录的管理

建立保持有关记录的标识，收集、编目、查阅、归档、储存、保管、回收和处理的文件程序，有永久保存价值的记录，应整理成档案，长期保管，如工程质量试验检测资料，合同要求时，记录的保存期限按照合同要求；无合同要求时，保存期限不得少于产品的寿命期或责任期；对过期或作废记录的处理方法。

记录出现误记，应遵循记录的更改原则采用杠改法，不得涂擦，被更改的原记录内容应清晰可见，更改处应有更改人的签字或盖章。一般情况，检测记录的更改应为试验检测人。

第三节 《检测和校准实验室能力认可准则》的运用

《检测和校准实验室能力的通用要求》(ISO/IEC 17025)是在ISO/IEC导则25和EN 45001广泛实施经验的基础上制定的，它的内容补充了ISO/IEC导则25在实施中积累的有益经验及20世纪90年代初因国际上新技术的发展而需补充的内容。也因质量体系理念及应用的日益广泛，不少企业要求通过ISO 9001或ISO 9002质量体系认证，实验室作为企业的组成部分，也要求按照ISO 9001或ISO 9002运作，因此，《检测和校准实验室能力的通用要求》(ISO/IEC 17025)实质上是ISO/IEC导则25、ISO 9001或ISO 9002和新技术的发展共同要求的结果。中国合格评定国家认可委员会(英文缩写：CNAS)等同采用《检测和校准实验室能力的通用要求》(ISO/IEC 17025：2005)，发布《检测和校准实验室能力认可准则》(以下简称

《认可准则》),使认可准则作为对检测和校准实验室能力进行认可的基础。为支持特定领域的认可活动,CNAS还根据不同领域的专业特点,制定一系列的特定领域应用说明,对本准则的通用要求进行必要的补充说明和解释,不增加或减少本准则的要求。以下就《认可准则》的相关进行内容介绍。

一、《认可准则》的适用范围

《认可准则》包含检测和校准实验室为证明其管理体系运行、具有技术能力并能提供正确的技术结果所必须满足的所有需要。同时认可准则包含了ISO 9001中与实验室管理体系所覆盖的检测和校准服务有关的所有要求,因此,符合认可准则的检测和校准实验室也是依据ISO 9001运作的。实验室质量管理体系符合ISO 9001的要求,并不证明实验室具有出具技术上有效数据和结果的能力;实验室质量管理体系符合该准则,也不意味其运作符合ISO 9001的所有要求。

认可准则规定了实验室进行检测和/或校准能力(包括抽样能力)的通用要求。这些检测和校准包括应用标准方法、非标准方法和实验室制订的方法进行的检测和校准。该准则适用于所有从事检测和/或校准的组织,包括第一方、第二方和第三方实验室,以及将检测和/或校准作为检查和产品认证工作一部分的实验室。

认可准则适用于所有实验室,不论其人员数量的多少或检测和/或校准活动范围的大小。

《认可准则》作为对检测和校准实验室能力认可的基础,CNAS还根据不同的专业领域特点,制定了特定领域应用说明,对通用准则的要求进行必要的补充说明和解释,不增加或减少本准则的要求。申请认可的实验室应同时满足准则要求和相应领域的应用说明。

《认可准则》是CNAS对检测和校准实验室能力认可的依据,也可为实验室建立质量、行政和技术运作的管理体系,以及为实验室的客户、法定管理机构对实验室的能力进行确认或提供指南。

如果检测和校准实验室按照认可准则的要求,其针对检测和校准所运作的质量管理体系也就满足ISO 9001的原则。

二、《认可准则》的要素

《认可准则》将实验检测机构的质量管理体系分为管理要求和技术要求,其中管理要求包含组织,管理体系,文件控制,要求、表述和合同的评审,检测和校准的分包,服务和供应品的采购,服务客户,投诉,不符合检测和/或校准工作的控制,改进,纠正措施,预防措施,记录的控制,内部审核,管理评审共15个要素;技术要求包含总则,人员,设施和环境条件,检测和校准方法及方法的确认,设备,测量溯源性,抽样,检测和校准样品的处置,检测和校准结果的质量的保证,结果报告共10个要素。每个要素的含义在此不进行详细说明,可参考附录10《检测和校准实验室能力认可准则》。准则—管理要求如下。

4 ××

4.1 组织

4.2 管理体系

4.3 文件控制

4.4 要求、标书和合同的评审

4.5 检测和校准的分包
4.6 服务和供应品的采购
4.7 服务客户
4.8 投诉
4.9 不符合检测和/或校准工作的控制
4.10 改进
4.11 纠正措施
4.12 预防措施
4.13 记录的控制
4.14 内部审核
4.15 管理评审
5 技术要求
5.1 总则
5.2 人员
5.3 设施和环境条件
5.4 检测和校准方法及方法的确认
5.5 设备
5.6 测量溯源性
5.7 抽样
5.8 检测和校准物品的处置
5.9 检测和校准结果质量的保证
5.10 结果报告

三、检测和校准实验室能力认可准则、ISO 9001 或 ISO 9002 的差异

实验室建立管理体系是为了实施质量管理，并实现和达到质量方针和质量目标，以最佳方式指导试验室的活动，确保顾客的满意，同时又降低成本。实验室管理体系是把影响检测/校准质量的所有要素都合在一起，在质量方针的指引下，为实现质量目标而形成集中统一、步调一致、协调配合的有机整体，使总体的作用大于各分部作用之和。

不同的标准对实验室所建立的体系有不同的要求，适用的范围也不同。ISO 9000 系列质量管理体系、ISO 14000 环保管理体系、ISO 18000 安全管理体系、《检测和校准实验室能力的通用要求》(ISO/IEC 17025)、《检测和校准实验室能力的通用要求》(GB/T 27025)(等同 ISO/IEC 17025)等都对建立质量管理体系提出了要求，实验检测机构建立的管理体系应包含对管理和检测能力两方面的要求。

实验室认可是依据《认可准则》及其在特殊领域的应用说明，对实验室内所有影响其出具检测/校准数据的准确性和可靠性的因素进行全面的评审。《认可准则》包含了检测和校准实验室为证明其按管理体系运行、具有技术能力并能提供正确的技术结果所必须满足的所有要求，包含了 GB/T 19001 idt ISO 9001 和 GB/T 19002 idt ISO 9002 中未包含的一些技术能力要求。其管理体系包括管理要求 15 个要素、技术要求 10 个要素，涵盖组织机构、人员管理、

设备管理及结果报告内容。《认可准则》已包含了 ISO 9001 中与实验室管理体系所覆盖的检测和校准服务有关的所有要求，因此，符合认可准则的检测和校准实验室，也是依据 ISO 9001 运作的，ISO 9000 认证只能证明实验室已具备完整的质量管理体系。

《评审准则》在 ISO/IEC 17025 基础上，结合我国政府对检测市场检测实验室监管的强制性管理的要求，它既有行政许可的管理内容，也包含计量认证审查认可的要求，是资质认定(计量认证、授权、验收)的评审依据，评审准则分管理体系和技术要求两部分，共包含 19 个要素，检测机构应按照检测和校准实验室能力认可准则或《评审准则》建立管理体系。

实验室质量管理体系符合 ISO 9001 的要求，并不证明实验室具有出具技术上有效数据和结果的能力；实验室质量管理体系符合认可准则，也不意味其运作符合 ISO 9001 的所有要求。

第四节　资质认定形式的区别

前面分别介绍了《认可准则》、《实验室和检查机构资质认定管理办法》，其目的是为了全面了解试验检测机构的管理形式和内容，便于实验室根据实际进行管理。

为交通行业提供试验检测数据的试验检测机构，首先应取得由交通行业颁发的等级证书，然后根据计量法及标准化法等有关法律法规选择通过计量认证、实验室认可。

计量认证的评审是依据《评审准则》的要求进行的，该准则参照了《认可准则》的要求，同时结合国家的法律法规，具有强制性。《评审准则》的详细内容将已在本章第二节中讲解。

审查认可评审是依据《评审准则》，针对质量技术监督系统依法设置的质检机构的验收和对有关行业部门建立、经质量技术监督部门授权的机构评审。

国家鼓励实验室、检查机构取得经国家认监委确定的认可机构的认可，以保证其检测、校准和检查能力符合相关国际基本准则和通用要求，促进检测、校准和检查结果的国际互认。

国家实验室认可是实验室认可机构对实验室有能力进行规定类型的检测和或校准所给予的一种正式承认。

资质认定与实验室认可互为补充，互为支持。认可推动资质认定制度的技术进步，资质认定带动认可在中国的推广应用。计量认证、审查认可和国家实验室认可三者的区别和联系见表 5-4。

计量认证、审查认可和国家实验室认可三者的区别和联系表　　表 5-4

名称	计量认证	审查认可	国家实验室认可
目的	提高检验机构(实验室)的管理水平和技术能力	提高检验机构(实验室)的管理水平和技术能力	提高实验室管理水平和技术能力
依据	《中华人民共和国计量法》第 22 条，《中华人民共和国计量法实施细则》第七章	《中华人民共和国标准化法》第 19 条，《中华人民共和国标准化法实施案例》第 29 条，《中华人民共和国产品质量法》第 19 条	检测和校准实验室能力认可准则(ISO/IEC 17025:2005)

续上表

名称	计量认证	审查认可	国家实验室认可
法律效力	国家对质检机构实施的法制管理范围，是强制性的，未经计量认证的质检机构不得向社会出具公证数据，是具有中国特点的政府对实验室的强制认可	国家对质检机构实施的法制管理范围，是强制性的，是政府对于其授权检测站的资质认可，未经审查认可的质检机构不得承担产品的质量检验工作	实验室认可是自愿性的，我国的认可准则中第一项就是自愿原则
对象	第三方实验室，个别第二方实验室	第三方实验室	第一、二、三方的检测/校准实验室
类型	两级认证（国家和省）	两级认证（国家和省）	一级认可（国家）
申请的基本条件	实验室和检查机构满足法律地位、独立性和公正性、安全、环境、人力资源、设施、设备、程序和方法、质量体系和财务等方面的要求	实验室和检查机构满足法律地位、独立性和公正性、安全、环境、人力资源、设施、设备、程序和方法、质量体系和财务等方面的要求，同时需要和当地质量技术监督局协调是否能够授权（一般情况下，审查认可机构都具备了计量认证的资质）	凡是具备实验室认可申请条件的实验室都可以向中国合格评定国家认可委员会（CNAS）申请此项工作
实施	国家认监委和省质量技术监督部门	国家认监委和省质量技术监督部门	中国合格评定国家认可委员会（CNAS）
互认性	政府管理行为	政府管理行为	国际通行做法
考核内容	《实验室资质认定评审准则》（国认实函[2006]141号）	《实验室资质认定评审准则》（国认实函[2006]141号）	CNAS-RL01:2007 实验室认可规则
结果	发证书，可按证书上所限定的检验项目在其产品检验报告上使用CMA标志	发证书，标识是CAL	发证书，可使用CNAS认可标志

注：①第一方实验室是组织内的实验室，检测/校准自己生产的产品，数据为己所用，目的是提高和控制自己生产的产品质量。

②第二方实验室也是组织内的实验室，检测/校准供方提供的产品，数据为己所用，目的是提高和控制供方产品质量。

③第三方则是独立于第一方和第二方，为社会提供检测/校准服务的实验室，数据为社会所用，目的是提高和控制社会产品质量。

第五节　计量认证与交通等级印章的含义与使用

交通行业试验检测机构常用的印章有两种，计量认证（CMA）章和交通试验检测等级印章。正确理解两种印章的含义，确保报告所用的印章符合法律及规章的规定，对于检测机构减少风险十分重要。

一、计量认证标志

（1）标志的图形：标志的整个图形由英文字母CMA组成，C为外框，见图5-3。

（2）标志的使用：取得计量认证合格证书的检测机构，可按证书上所通过的计量认证项目和参数，在检测报告证书上使用此标志。

(3)标志的规格:采用标志时,可根据情况按比例放大或缩小。

(4)标志字母的含义:CMA 分别由英文字母 China Metrology Accreditation 三个词的第一个大写字母组成,意为“中国计量认证”。

(5)认证证书编号:在标志下面标出认证合格证书编号,字号与尺寸自定。

(6)标志的位置:应印在检测报告的左上方。

计量认证的专业类别代码:P-交通,R-建设(建材、城建、建工),N-铁路,Y-计量,Z-其他。2008P 代表该机构 2008 年通过计量认证,属于交通行业的检测机构。

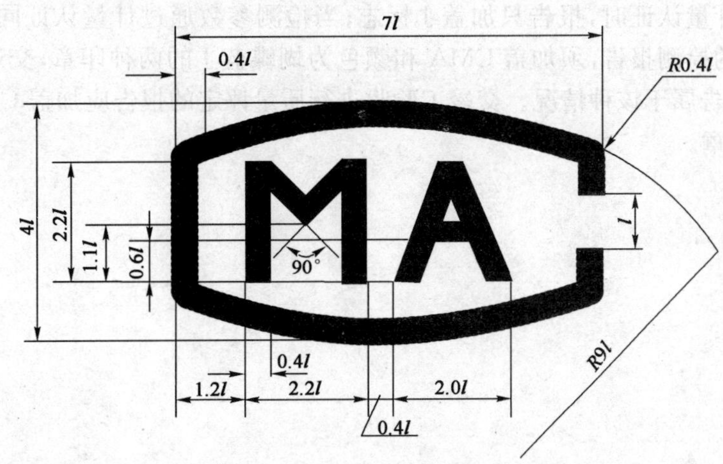

图 5-3　计量认证标志

二、交通检测机构证书编号和标志

1. 编号原则

为统一规范管理,各省站按照如下原则对《等级证书》进行编号。

(1)公路检测机构等级证书编号原则:

地域简称(交、豫、鄂等)+G(公路)+JC(检测)+等级(甲、乙、丙)或桥(桥隧专项)或交(交通工程)+3 位本系列总序号。

(2)水运检测机构等级证书编号原则:

地域简称(交、豫、鄂等)+S(水运)+JC(检测)+等级(甲、乙、丙)+A(材料)或 B(结构)+3 位本系列总序号。

(3)示例:

①部总站(工程质量监督局)颁发的公路工程综合甲级证书编号:交 GJC 甲 001。

②河南省站颁发的公路工程综合乙级证书编号:豫 GJC 乙 001。

③湖北省站颁发的水运工程材料丙级证书编号:鄂 SJC 丙 A001。

2. 报告专用标识章的尺寸

为提高公路、水运等级检测机构出具试验检测报告的权威性,增强检测机构责任意识,所有等级试验检测机构,在其业务范围内出具的试验检测报告,应在报告封面加盖“公路水运试验检测机构”专用标识。

“试验检测机构专用标识章”应加盖在试验检测报告的右上角。专用标识章的形状为长方形，长为 27mm，宽为 16mm。上半部分为标识，下半部分为证书编号，字体为隶书，字号为小四，颜色为蝴蝶蓝，具体样式如图 5-4 所示。

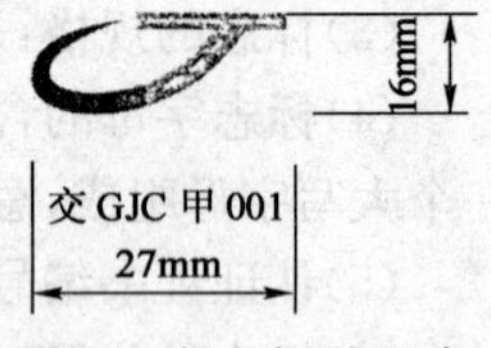

图 5-4 报告专用标识章

三、印章的使用

当检测参数通过计量认证时，检测报告须加盖 CMA 标志；检测参数属于《等级证书》批准的范围，未通过计量认证时，报告只加盖 J 标志；当检测参数通过计量认证同时属于《等级证书》批准的范围的检测报告，须加盖 CMA 和颜色为蝴蝶蓝 J 的两种印章，交通行业第三方检测机构出具的报告属于该种情况。交竣工验收进行质量评定的报告应加盖 CMA 和颜色为蝴蝶蓝 J 的两种印章。

第三篇

基 础 知 识

第六章

试验检测常用术语和定义

第一节　试验检测管理术语

1. 第三方检测机构

第三方检测机构又称公正检验，指两个相互联系的主体之外的某个客体，我们把它叫做第三方。第三方可以是和两个主体有联系，也可以是独立于两个主体之外，是由处于买卖利益之外的第三方(如专职监督检验机构)，以公正、权威的非当事人身份，根据有关法律、标准或合同所进行的商品检验活动。

2. 母体试验检测机构

按照等级标准要求设立，取得相应资质等级的永久性试验检测机构，是工地试验室的授权机构。

3. 工地试验室

设立在工地现场，由母体试验检测机构授权，按照合同约定承担公路水运工程工地现场试验检测的临时性机构。

4. 质量体系

为了实施质量管理所需的组织结构、程序、过程的资源。

5. 质量管理

确定质量方针、目标和职责，并在管理体系中通过诸如质量策划、质量控制、质量保证和质量改进使其实施全部管理职能的所有活动。

6. 授权签字人

是指实验室提名，经过计量认证评审组考核合格，能在实验室被认可范围内的检测报告或校准证书上获准签字的人员。

7. 工地试验室授权负责人

由母体检测机构授权，代表母体检测机构在工地现场从事工地试验室管理的负责人。

8. 文件受控

为保证使用的各种文件现行有效，实验室对文件的编制、审核、批准、标识、发放、保管、修订等各个环节实施控制和管理。

9. 模拟报告

依据试验规范标准对真实的样品进行检测所形成的检测报告。

10. 检验

通过观察和判定，适当时结合测量、试验或量测的合格评定。

11. 校准

校准在规定条件下，用参照状态下获得的响应变量的观测来估计校准函数的所有操作的集合。

注：响应变量表示一个试验处理观测结果的变量。

12. 标准

为促进最佳的共同利益，在科学、技术、经验成果的基础上，由各有关方面合作起草并协商一致或基本同意而制定的适于公用并经标准化机构批准的技术规范和其他文件。

13. 设备期间核查

为了在两次校准/检定的间隔期间防止使用不符合技术规范要求的设备而进行的核查。

14. 内审

即内部审核，是试验室自身必须建立的评价机制，是对所策划的体系、过程及其运行的符合性、适宜性和有效性进行系统的、定期的审核，保证管理体系的自我完善和持续改进过程。其目的是为了检查本机构各项质量活动是否符合评审准则与质量管理体系文件的要求的活动。

15. 管理评审

由（试验室的）最高管理者就质量方针和目标，对质量体系的现状和适应性进行的正式评价。评审的目的是为了确保检测机构质量管理体系的适宜性、充分性、有效性和效率，以达到检测机构质量目标所进行的活动，为质量体系持续改进提供依据。

16. 量值溯源性

是通过一条具有规定不确定度的不间断的比较链，使测量结果或标准的值能够与规定的参考标准（通常是国家的或国际标准）联系起来的一种特性。通过量值溯源使所有同种量值溯源到同一个计量基准，在技术上保障了结果的准确性和一致性。量值的准确是在一定的不确定度、误差极限或允许误差范围内的准确。

17. 真实性

由很多一个系列的检测结果得到的平均值与被接受的参考值之间的一致程度。

18. 试验室间比对

按照预先规定的条件，由两个或多个试验室对相同或类似的被测物品进行检测/校准的组织、实施和评价。

第二节 试验检测技术术语

1. 真值

在一定条件下完善刻画一个量或定量特性所定义的值。

注：量或定量特性的真值是一个理论上的概念，通常无法确切获得。

2. 约定真值

对于给定的目的，赋予一个量或定量特性的可用于替代其真值的值。

注：通常对于给定的目的，由于约定真值和真值充分接近，故认为约定真值和真值的差可忽略。

3.测量

以确定量值为目的的一组操作。

4.测试

按照规定的程序,为对某给定产品、过程或服务确定一个或多个特性所进行的技术操作。

5.计量

实现单位统一、量值准确可靠的活动。

6.测量方法

进行测量时所用的,按类别叙述的一组操作逻辑次序。

7.测量程序

进行特定测量时所用的,根据给定的测量方法具体叙述的一组操作。影响量不是被测量,但对测量结果有影响,如检测用仪器自身温度的影响。

8.测量结果

按规定的测量程序所获得的量值。

9.测试结果

按规定的测试方法所获得的特性值。

注:测试方法宜指明观测是一个还是多个,报告的测试结果是观测值的平均数还是它的其他函数(例如中位数或标准差)。它可以要求按适用的标准进行修正,如气体的体积按标准温度和压力进行的修正。因此一个测试结果可以是通过几个观测值计算的结果。最简单情形,测试结果即为观测值本身。

10.测量仪器的示值

测量仪器所给出的量的值。

11.准确度

测试结果或测量结果与真值间的一致程度。

注:(1)在实际中,真值用接受参照值代替(接收参照值:用作比较的经协商同意的标准值)。

(2)术语"准确度":当用于一组测试或测量结果时,由随机误差分量和系统误差分量即偏倚分量组成。

(3)准确度是正确度和精密度的组合。

12.精密度

在规定条件下所获得的独立测试/测量结果间的一致程度。

注:(1)精密度仅依赖于随机误差的分布,与真值或规定值无关。

(2)精密度的度量通常以表示"不精密"的术语来表达,其值用测试结果或测量结果的标准差来表示。标准差越大,精密度越低。

(3)精密度的度量严格依赖于所规定的条件,重复性条件和再现性条件为其中两种极端情况。

13.测量结果的重复性

重复性条件下的精密度。重复性可以用测量结果的分散性定量地表示。

注:重复性条件包括:

(1)相同的测量程序或测试方法;

(2)同一操作员;

(3)在同一条件下使用的同一测量或测试设施;

(4)同一地点;

(5)在短时间间隔内的重复。

14.测量结果的再现性

再现性条件下的精密度。再现性可以用结果的离散特性来定量表示。

注:再现性条件包括:

——由不同操作员;

——按相同的方法;

——使用不同的测试或测量设施;

——对同一测试测量对象进行观测;

——独立测试/测量结果的观测条件。

15.实验标准差

对同一被测量作 n 次测量,表征结果分散性的量可用式(6-1)算出:

$$s=\sqrt{\frac{\sum_{i=1}^{n}(x_i-\overline{x})^2}{n-1}} \tag{6-1}$$

式中:x_i ——第 i 次测量的结果;

$\overline{x}$ ——平均值。

注:(1)当将 n 个值视做分布的取样时,x 为该分布的期望的无偏差估计,s^2 为该分布的方差 σ^2 的无偏差估计。

(2) $\frac{s}{\sqrt{n}}$ 为 x 分布的标准差的估计,称为平均值的实验标准偏差。

(3)将平均值的实验标准偏差称为平均值的标准误差是不正确的。

16.不确定度

表征值的分散性,与测试结果或测量结果相联系的参数,这种分散可合理归因于接收测量或测试特性的特定量。

注:(1)测量或测试的不确定度通常由许多分量构成,其中某些分量可基于一系列测量结果的统计分布,用标准差的形式估计。其余分量可基于经验的或其他信息的概率分布,也用标准差形式估计。

(2)不确定度的分量对离散有贡献,包括那些由系统效应引起的,如修正值和参照标准有关的分量。

(3)不确定度不同于根据测量结果或测试结果已涵盖期望为表征的范围估计,后者估计的是精密度的度量而非准确度的度量,且仅在没有定义真值时使用。当用期望替代真值时,采用表达“不确定度的随机分量”。

17.标准不确定度

以标准偏差表示测量的不确定度。

18. 扩展不确定度

确定可望包含合理赋予被测量分布的大部分的一个测量结果的区间的量。

19. 接收参照值

用作比较的经协商同意的标准值。

注:接收参照值来自于:

(1)基于科学原理的理论值或确定值;

(2)基于一些国家或国际组织的实验工作的指定或认证值;

(3)基于科学或工程组织赞助下,合作实验工作中的同意值或认证值;

(4)当以上三种均不能获得时,则用期望值,即指定测量集合的均值。

20. 结果的误差

测量结果或测量结果与真值的差。

注:(1)在实际中,真值用接收参照值代替。

(2)当有必要与相对误差相区别时,有时也称为测量的绝对误差。

21. 偏差

一个值减去其参考值。

22. 相对误差

测量误差除以被测量的真值。实际上用的是约定真值。

23. 随机误差

测量结果与在重复性条件下,对同一被测量进行无限多次测量所得结果的平均值之差。

注:(1)随机误差等于误差减去系统误差。

(2)因为测量只能进行有限次数,故可能确定的只是随机误差的估计值。

24. 系统误差

在重复性条件下,对同一被测量进行无限多次测量所得结果的平均值与被测量的真值之差。

注:(1)如真值一样,系统误差及其原因不能完全获知。

(2)对测量仪器而言,其示值的系统误差称偏移。

25. 修正值

用代数方法与未修正测量结果相加,以补偿系统误差的值。

(1)修正值等于负的系统误差。

(2)由于系统误差不能完全获知,因此这种补偿并不完全。

26. 修正因子

为补偿系统误差而与未修正测量结果相乘的数字因子。

由于系统误差不能完全获知,因此这种补偿并不完全。

27. 测量系统

组装起来以进行特定测量的全套测量仪器和其他设备。

28. 测量设备

测量仪器、测量标准、参考物质、辅助设备以及进行测量所必需的资料的总称。

29.测量仪器的准确度

测量仪器给出接近于真值的响应能力。

准确度是定性的概念。

30.测量仪器的示值误差

测量仪器示值与对应输入量的真值之差。

31.溯源性

是指任何一个测量结果或计量标准值，都能通过一条具有规定不确定度的连续比较链，与计量基准联系起来。

32.参考物质(标准物质)定义

具有一种或多种足够均匀和很好地确定了特性，用以校准测量装置、评价测量方法或给材料赋值的一种材料或物质。而附有证书的经过溯源的标准物质称有证标准物质。在标准物质证书和标签上均有 CMC 标记。

标准物质的作用有 3 点：

(1)作为校准物质用于仪器的定度(化学分析仪器)；

(2)作为已知物质用以测量评价测量方法；

(3)作为控制物质与待测物质同时进行分析。

当标准物质得到的分析结果与证书给出的量值在规定限度内一致时，证明待测物质的分析结果是可信的。标准物质分为两级：一级由国家计量部门制作颁发或出售，二级由各专业部门制作供厂矿或试验室日常使用。

第七章

法定计量单位

我国计量法规定国际单位制计量单位和国家选定的其他计量单位,为国家法定计量单位。国家法定计量单位的名称、符号由国务院公布。我国允许使用的计量单位是国家法定计量单位。国家法定计量单位由国际单位制单位和国家选定的非国际单位制单位组成。

国际单位制是我国法定计量单位的主体,国际单位制如有变化,我国法定计量单位也将随之而变化。国际单位制是我国法定计量单位的基础,一切属于国际单位制的单位都是我国的法定计量单位。

第一节 国际单位制

国际单位制(Le Systeme International d'Unites)及其简称 SI 是在 11 届国际计量大会上(1960 年)通过的。SI 单位是国际单位制中与基本单位构成一贯单位制的那些单位。除质量外,均不带 SI 词头(质量的 SI 单位为千克)。关于一贯单位制的详细说明见《有关量、单位和符号的一般原则》(GB 3101—1993)。下面就国际单位制的相关内容介绍如下。

1. 国际单位制的构成

国际单位制的内容包括国际单位制(SI)的构成体系、SI 单位、SI 词头、SI 单位的十进倍数单位的构成以及它们的使用规则。国际单位制的构成如图 7-1 所示。

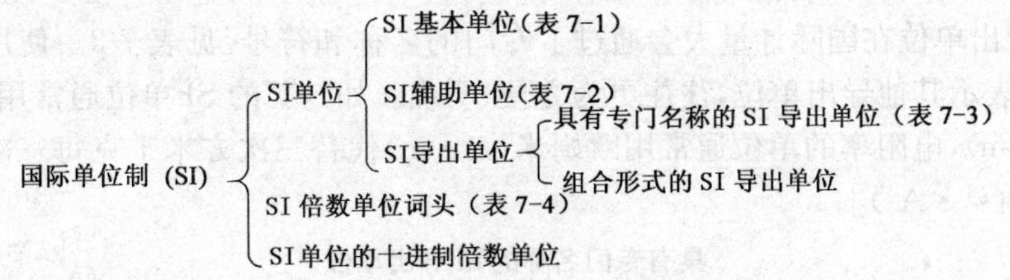

图 7-1 国际单位制构成简图

国际单位制的单位包括 SI 单位以及 SI 单位的十进制倍数单位。

2. SI 单位

(1)SI 单位的组成

SI 单位包括 SI 基本单位、SI 辅助单位、SI 导出单位。

①SI 基本单位

国际单位制以表 7-1 中的七个单位为基础,这七个单位称为 SI 基本单位,又称为国际单位制的基本单位。

SI 基本单位

表 7-1

量的名称	单位名称	单位符号
长度	米	m
质量	千克,(公斤)	kg
时间	秒	s
电流	安[培]	A
热力学温度	开[尔文]	K
物质的量	摩[尔]	mol
发光的强度	坎[德拉]	cd

注:①( )中的名称,是它前面名称的同义词,下同。

②[ ]中的字是在不致混淆的情况下,可以省略的字,下同。

③本标准所称的符号,除特殊指明者外,均指我国法定计量单位中所规定的符号,下同。

②SI 辅助单位

弧度和球面度两个 SI 单位,国际计量大会并未将它们归入基本单位和(或)导出单位,而称之为 SI 辅助单位,又称为国际单位制辅助单位。这两个单位列于表 7-2,它们既可以作为基本单位使用,又可以作为导出单位使用。原则上说,它们是无量纲量的导出单位,但从实用出发不列为 SI 导出单位。使用上根据需要,既可以用弧度或球面度,也可以用“1”。

SI 辅助单位

表 7-2

量的名称	单位名称	单位符号
平面角	弧度	rad
立体角	球面度	sr

③SI 导出单位

导出单位是用基本单位和(或)辅助单位以代数形式所表示的单位。这种单位符号中的乘和除使用数学符号。如速度的 SI 单位为米每秒(m/s),角速度的 SI 单位为弧度每秒(rad/s)。属于这种形式的单位称为组合单位。

某些 SI 导出单位在国际计量大会通过了专门的名称和符号,见表 7-3。使用这些专门名称以及用它们表示其他导出单位,往往更为方便、明确。如“功”的 SI 单位通常用焦耳(J)代替牛顿·米(N·m),电阻率的单位通常用欧姆米(Ω·m)代替三次方米千克每三次方秒二次方安培[$m^3 \cdot kg/(s^3 \cdot A^2)$]。

具有专门名称的 SI 导出单位

表 7-3

量的名称	SI 导出单位			
	名称	符号	其他表示式	
			用 SI 单位示例	用 SI 基本单位
频率	赫[兹]	Hz	—	s^{-1}
力,重力	牛[顿]	N	—	$m \cdot kg \cdot s^{-2}$
压力,压强,应力	帕[斯卡]	Pa	N/m^2	$m^{-1} \cdot kg \cdot s^{-2}$
能[量],功,热量	焦[耳]	J	N·m	$m^2 \cdot kg \cdot s^{-1}$
功率,辐[射能]通量	瓦[特]	W	J/s	$m^2 \cdot kg \cdot s^{-3}$
电荷[量]	库[仑]	C	—	s/A

续上表

量的名称	SI 导出单位			
	名　称	符　号	其他表示式	
			用 SI 单位示例	用 SI 基本单位
电压,电动势,电位,(电势)	伏[特]	V	W/A	$m^2 \cdot kg \cdot s^{-2} \cdot A^{-1}$
电容	法[拉]	F	C/V	$m^{-2} \cdot kg^{-1} \cdot s^{-3} \cdot A^{-1}$
电阻	欧[姆]	Ω	V/A	$m^2 \cdot kg \cdot s^{-3} \cdot A^{-1}$
电导	西[门子]	S	A/V	$m^{-2} \cdot kg \cdot s^{-3} \cdot A^{-1}$
磁通[量]	韦[伯]	Wb	V·s	$m^2 \cdot kg \cdot s^{-3} \cdot A^{-1}$
磁通[量]密度,磁感应强度	特[斯拉]	T	Wb/m^2	$kg \cdot s^{-2} \cdot A^{-1}$
电感	亨[利]	H	Wb/A	$m^2 \cdot kg \cdot s^{-2} \cdot A^{-2}$
摄氏温度	摄氏度	℃	—	K
光通量	流[明]	lm		cd·sr
(光)照度	勒[克斯]	lx	lm/m^2	$m^2 \cdot cd \cdot sr$

表 7-1～表 7-3 确定了单位的名称及其简称,用于口述,也可用于叙述性的文字中。

组合单位的名称与其符号表示的顺序一致,符号中的乘号没有对应的名称,除号的对应名称为“每”字,无论分母中有几个单位,“每”字都只出现一次。例如:比热容的单位符号是 J/(kg·K),其名称是“焦耳每千克开尔文”,而不是“每千克开尔文焦耳”或“焦耳每千克每开尔文”;波数的单位符号是 m^{-1},其名称为“每米”,而不是“负一次方米”。

乘方形式的单位名称,其顺序应是指数名称在前,单位名称在后,指数名称由相应的数字加“次方”两字而成。例如:断面惯性矩单位符号为 m^4,其名称为“四次方米”。

如果长度的二次和三次幂分别表示面积和体积,则相应的指数名称为“平方”和“立方”,否则应称为“二次方”和“三次方”。例如:体积单位符号是 m^3,其名称为“立方米”,而断面系数单位符号是 m^3,其名称为“三次方米”。

书写单位名称时,不加任何表示乘或(和)除的符号或(和)其他符号。例如:电阻率单位符号是 Ω·m,其名称为“欧姆米”,而不是“欧姆·米”、“欧姆-米”、“[欧姆][米]”等。

(2)SI 单位的倍数单位

表 7-4 列出了 SI 单位的倍数单位,倍数单位的词头(SI 词头)名称、简称及符号。词头用于构成 SI 单位的倍数单位,但不得单独使用。

SI 倍数单位词头　　表 7-4

所表示的因数	词头名称	词头符号	所表示的因数	词头名称	词头符号
10^{18}	艾[可萨]	E	10^{-1}	分	d
10^{15}	拍[它]	P	10^{-2}	厘	c
10^{12}	太[拉]	T	10^{-3}	毫	m
10^{9}	吉[咖]	G	10^{-6}	微	μ
10^{6}	兆	M	10^{-9}	纳[诺]	n
10^{3}	千	k	10^{-12}	皮[可]	p
10^{2}	百	h	10^{-15}	飞[母拖]	f
10^{1}	十	da	10^{-18}	阿[托]	a

词头与所紧接的单位 *，应作为一个整体对待，它们一起组成一个新单位（十进倍数单位），并具有相同的幂次，而且还可以根据习惯和其他单位构成组合单位。

例 7-1 $1cm^3=(10^{-2}m)^3=10^{-6}m^3$。

例 7-2 $1\mu s^{-1}=(10^{-6}s)^{-1}=10^6s^{-1}$。

例 7-3 $1mm^2/s=(10^{-3}m)^2/s=10^{-6}m^2/s$。

例 7-4 10^6eV 可写成为 MeV。

10^{-3}L 可写成为 mL。

10^{-3}tex 可写成为 mtex。

不得使用重叠词头，如只能写 nm，而不能写 mum。

注：由于质量的 SI 单位名称“千克”中，已包含 SI 词头“千”，所以质量的十进倍数单位由词头加在“克”前构成，如用 mg 而不得用 ukg。

(3)可与国际单位制单位并用的其他单位

由于使用十分广泛而且需要，可与 SI 并用的我国法定计量单位列于表 7-5。

与 SI 并用的我国法定计量单位　表 7-5

量的名称	单位名称	单位符号	与 SI 单位的关系
时间	分	min	1min=60s
	[小]时	h	1h=60min=3 600s
	日，(天)	d	1d=24h=86 400s
平面(角)	度	(°)	$1°=(\pi/180)$rad
	[角]分	(′)	$1'=(1/60)°=(\pi/10\,800)$rad
	(角)秒	(″)	$1''=(1/60)'=(\pi/648\,000)$rad
体积，容积	升	L(l)	$1L=1dm^3=10^{-3}m^3$
质量	吨	t	$1t=10^3kg$
	原子质量单位	μ	$1\mu\approx1.660\,565\,5\times10^{-27}kg$
旋转速度	转每分	r/min	$1r/min=(1/60)s^{-1}$
长度	海里	n mile	1 n mile=1 852m（只用于航程）
速度	节	kn	$1kn=1\ n\ mile/h=\left(\frac{1\,852}{3\,600}\right)m/s$（只用于航海）
能	电子伏	eV	$1eV\approx1.602\,189\,2\times10^{-19}J$
级差	分贝	dB	
线密度	特[克斯]	tex	$1tex=10^{-6}kg/m$

注：①平面角单位度、分、秒的符号，在组合单位中应采用(°)、(′)、(″)的形式。例如，不用°/s 而用(°)/s 表示。

②升的两个符号属同等地位，可任意选用。今后是否取消其中之一，待国际上有新规定后再行修改。根据习惯，在某些情况下，表中的单位可以与国际单位制的单位构成组合单位，例如，kg/L，km/h。

第二节　SI 单位及其倍数单位的应用

根据使用方便的原则来选用 SI 单位的倍数单位。通过适当的选择，可使数值处于实用范围内。使用 SI 单位及其倍数单位具体原则举例说明如下。

(1)选用 SI 单位的倍数单位，一般应使用量的数值处于 0.1～1 000 范围内。

例 7-5 1.2×10^{4}N 可写成 12kN。

例 7-6 0.003 94m 可写成 3.94mm。

例 7-7 11 401Pa 可写成 11.401kPa。

例 7-8 3.1×10^{-8}s 可写成 31ns。

在某些情况下习惯使用的单位可以不受上述限制。如大部分机械制图使用的单位可以用毫米，导线截面积使用的单位可以用平方毫米，领土面积用平方千米。

在同一个量的数值中，或叙述同一个量的文章里，为对照方便，使用相同的单位时，数值不受限制。词头 h、da、d、c(百、十、分、厘)，一般用于某些长度、面积和体积。

(2)对于组合单位，其倍数单位的构成，最好只使用一个词头，而且尽可能是组合单位中的第一个单位采用词头。

只通过相乘构成的组合单位在加词头时，词头通常加在第一个单位之前。

例如：力矩的单位 kN·m，不宜写成 N·km。

只通过相除构成的组合单位，或通过乘和除构成的组合单位，在加词头时，词头一般都应加在分子的第一个单位之前，分母中一般不用词头，但质量单位 kg 在分母中时例外。

例 7-9 摩尔内能单位 kJ/mol，不宜写成 J/mmol。

例 7-10 比能单位可以是 kJ/kg。

当组合单位分母是长度、面积和体积单位时，分母中可以选用某些词头构成倍数单位。

例如：密度的单位可以选用 g/cm^3。

一般不在组合单位的分子分母中同时采用词头，但质量单位 kg 除外。

例如：电场强度单位不宜写成 kV/mm，而用 MV/m；质量摩尔浓度可以用 mmol/kg。

(3)在计算中为了方便，建议所有量均用 SI 单位表示，将词头用 10 的幂代替。

(4)有些国际单位制以外的单位，可以按习惯用 SI 词头构成倍数单位，但它们不属于国际单位制。如 MeV、mCi、mL 等。摄氏温度单位摄氏度，角度单位度、分、秒与时间单位日、时、分等不得用 SI 词头构成倍数单位。

(5)当组合单位是由两个或两个以上的单位相乘时，其组合单位的写法可采用下列形式之一：N·m，Nm。

注：(1)第二种形式，也可以在单位符号之间不留空隙，但应注意，当单位符号同时又是词头符号时，应尽量将它置于右侧，以免引起混淆。如 mN 表示毫牛顿而非指米牛顿。

(2)在 ISO 1000—1981(E)中还有 N·m 形式。

当用单位相除的方法构成组合单位时，其符号可采用下列形式之一：m/s；m 与 s^{-1} 相乘的形式；或 m * /s。除加括号避免混淆外，单位符号中的斜线(/)不得超过一条。在复杂的情况下，也可以使用负指数或加括号。

(6)单位的中文符号。表 7-1～表 7-4 所确定的单位名称的简称，可作为这个单位的中文符号使用，并可用以代替本标准各个表中所给出的符号构成组合单位的中文符号。中文符号中不应含有单位的全称。

由两个或两个以上单位相乘所构成的组合单位，其符号形式为两个单位符号之间加居中圆点，如牛·米。单位相除构成的组合单位，其符号可采用下列形式之一：米/秒；米·$秒^{-1}$ 或

米 * /秒。

摄氏度的符号℃可以作为中文符号使用。

(7)单位符号的使用规则。

①单位与词头的名称,一般只宜在叙述性文学中使用。单位和词头的符号,在公式、数据表、曲线图、刻度盘和产品品牌等需要简单明了的地方使用,也用于叙述性文字中。

②单位名称和单位符号都必须各作为一个整体使用,不得拆开。如摄氏度的单位符号为℃,20 摄氏度不得写成或读成摄氏 20 度,也不得写成 20。C,只能写成 20℃。

③单位符号后不得加省略点,也无复数形式。

④可用汉字与单位的符号构成组合形式的单位,例如:元/d,万 t·km。

⑤优先采用本章各表中给出的符号。

(8)将 SI 词头的中文名称置于单位名称的简称之前,构成中文符号时,应注意避免引起混淆,必要时使用圆括号。

转速的量值不得写为 3 千秒$^{-1}$ 。

如表示三每千秒,则应写为 3 千秒$^{-1}$(此处“千”为词头)。

如表示三千每秒,则应写为 3 千秒$^{-1}$(此处“千”为数词)。

体积的量值不得写为 2 千米 3。

如表示二立方千米,则应写为 2 千米^{3}(此处“千”为词头)。

如表示二千立方米,则应写为 2 千米^{3}(此处“千”为数词)。

(9)单位和词头符号的书写规则。

单位符号一律用正体字母。除来源于人名的单位符号第一个字母要大写外,其余均为小写字母(升的符号 L 和天文单位距离的符号 A 例外)。例如:米(m);秒(s);坎德拉(cd)。

而来源于人名的,单位符号应写在全部数值之后,并与数值间留半个数字的空隙。例如:安培(A);帕斯卡(Pa);韦伯(Wb)等。

SI 词头符号一律用正体字母,小于 10^{3}(含 10^{3})者为小写字母,大于 10^{6}(含 10^{6})者为大写字母。SI 词头符号与单位符号间不得留空隙。

第三节 SI 基本单位的定义

一、基本单位的定义

米:米等于光在真空中 299 792 458 分之一秒时间间隔内所经路径的长度。

千克:千克是质量单位,等于国际千克原器的质量。

秒:秒是铯-133 原子基态的两个超精细能级之间跃迁所对应的辐射的 9 192 631 770 个周期的持续时间。

安培:安培是电流的单位。在真空中,截面积可忽略的两根相距 1m 的无限长平行圆直导线内通以等量恒定电流时,若导线间相互作用力在每米长度上为 2×10^{-7}N,则每根导线中的电流为 1A。

开尔文:热力学温度开尔文是水三相点热力学温度的 1/273.16。

摩尔:摩尔是一系统物质的量,该系统中所包含的基本单元数与 0.012kg C-12 的原子数目相等。在使用摩尔时,基本单位应予指明,可以是原子、分子、离子、电子及其他粒子,或是这些粒子的特定组合。

坎德拉:坎德拉是一光源在给定方向上的发光强度,该光源发出频率为 540×10^{12} Hz 的单色辐射,且在此方向上的辐射强度为(1/683)W/SR。

二、辅助单位的定义

弧度:弧度是一圆内两条半径间的平面角,这两条半径在圆周上截取的弧长与半径相等。

球面度:球面度是一个立体角,其顶点位于球心,而它在球面上所截取的面积等于以球半径为边长的正方形面积。

第八章

数值修约规则与极限数值的表示和判定、测量误差与测量不确定度

工程质量的评价是以试验检测数据为依据的，在试验检测过程中，任何测量的准确度都是有限的，我们只能以一定的近似值来表示测量结果。因此，测量结果数值计算的准确度就不应该超过测量的准确度，如果任意地将近似值保留过多的位数，反而会歪曲测量结果的真实性。在测量和数字运算中，必须对原始数据进行分析处理，才能得到可靠的试验检测结果。确定该用几位数字来代表测量值或计算结果，是一件很重要的事情。关于有效数字和计算规则介绍如下。

第一节　数值修约规则

数值修约　就是通过省略原数值的最后若干位数字，调整所保留的末位数字，使最后所得到的值最接近原数值的过程。经数值修约后的数值称为(原数值的)修约值。

修约间隔　是指修约值的最小数值单位。修约间隔的数值一经确定，修约值即为该数值的整数倍，举例如下。

例 8-1　如指定修约间隔为 0.1，修约值应在 0.1 的整数倍中选取，相当于将数值修约到一位小数。

例 8-2　如指定修约间隔为 100，修约值应在 100 的整数倍中选取，相当于将数值修约到“百”数位。

一、数值修约规则

1. 确定修约间隔

(1)指定修约间隔为 10^{-n}（n 为正整数），或指明将数值修约到 n 位小数；

(2)指定修约间隔为 1，或指明将数值修约到“个”数位；

(3)指定修约间隔为 10^{n}（n 为正整数），或指明将数值修约到 10^{n} 数位，或指明将数值修约到“十”、“百”、“千”……数位。

2. 进舍规则

(1)拟舍弃数字的最左一位数字小于 5，则舍去，保留其余各位数不变。

例 8-3　将 12.149 8 修约到个数位，得 12；将 12.14988 修约到一位小数，则得 12.1。

例 8-4　某沥青针入度测试值为 70.1、69.5、70.8(0.1mm)，则该沥青试验结果为：先算得平均值为 70.1，然后进行取整(即修约到个数位)，得针入度试验结果是 70(0.1mm)。

(2)拟舍弃数字的最左一位数字大于 5，则进一，即保留数字的末位数字加 1。

例 8-5　将 1 268 修约到“百”数位，得 13×10^2（特定场合可写为 1 300）；将 1 268 修约到“十”数位，得 12.7×10^2（特定场合可写为 1 270）。

说明：“特定场合”系指修约间隔明确时。

(3)拟舍弃数字的最左一位数字是 5，且其后有非 0 数字时进一，即保留数字的末位数字加 1。

例 8-6　将 10.500 2 修约到个数位，得 11。

(4)拟舍弃数字的最左一位数字为 5，且其后无数字或皆为 0 时，若所保留的末位数字为奇数(1,3,5,7,9)则进一，即保留数字的末位数字加 1；若所保留的末位数字为偶数(0,2,4,6,8)，则舍去。

例 8-7　修约间隔为 0.1(或 10^{-1})。

拟修约数值	修约值
1.050	10×10^{-1}（特定场合可写成为 1.0）
0.35	4×10^{-1}（特定场合可写成为 0.4）

例 8-8　修约间隔为 1 000(或 10^3)。

拟修约数值	修约值
2 500	2×10^3（特定场合可写成为 2 000）
3 500	4×10^3（特定场合可写成为 4 000）

例 8-9　准确至三位小数(修约间隔为 0.001 或 10^{-3})。

某沥青密度试验测试值分别为 1.034、1.031(g/cm^3)，则该沥青密度试验结果为：先算得平均值为 1.032 5，修约后试验结果是 1.032g/cm^3。

(5)负数修约时，先将它的绝对值按上述的规定进行修约，然后在所得值前面加上负号。

例 8-10　将下例数值修约到“十”数位。

拟修约数值	修约值
−355	-36×10(特定场合可写为−360)
−325	-32×10(特定场合可写为−320)

例 8-11　将下列数值修约到三位小数，即修约间隔为 10^{-3} 。

拟修约数值	修约值
−0.036 5	-36×10^{-3}（特定场合可写为−0.036）

3.不允许连续修约

(1)拟修约数字应在确定修约间隔或指定修约数位后一次修约获得结果，不得多次按 2 规则连续修约。

例 8-12　修约 97.46，修约间隔为 1。

正确的做法：97.46→97。

不正确的做法：97.46→97.5→98。

例 8-13　修约 15.454 6，修约间隔为 1。

正确的做法：15.454 6→15。

不正确的做法：15.454 6→15.455→15.46→15.5→16。

(2)在具体实施中，有时测试与计算部门先将获得数值按指定的修约数位多一位或几位报出，而后由其他部门判定。为避免产生连续修约的错误，应按下述步骤进行。

①报出数值最右的非零数字为5时，应在数值右上角加“+”或加“−”或不加符号，分别表明已进行过舍、进或未舍未进。

例 8-14 16.50⁺表示实际值大于16.50，经修约舍弃为16.50；16.50⁻表示实际值小于16.50，经修约进一为16.50。

②如对报出值需进行修约，当拟舍弃数字的最左一位数字为5，且其后无数字或皆为零时，数值右上角有“+”者进一，有“−”者舍去，其他扔按2的规定进行。

例 8-15 将下例数值修约到个数位（报出值多留一位至一位小数）。

实测值	报出值	修约值
15.454 6	15.5^-	15
−15.454 6	-15.5^-	−15
16.520 3	16.5^+	17
−16.520 3	-16.5^+	−17
17.500 0	17.5	18

4.0.5单位修约与0.2单位修约

在对数值进行修约时，若有必要，也可采用0.5单位修约或0.2单位修约。

(1)0.5单位修约（半个单位修约）

0.5单位修约是指按指定修约间隔对拟修约的数值0.5单位进行的修约。

0.5单位修约方法如下：将拟修约数值 X 乘以2，按指定修约间隔对 $2X$ 依2的规定修约，所得数值（$2X$ 修约值）再除以2。

例 8-16 将下例数字修约到“个”数位的0.5单位修约。

拟修约数值 X	$2X$	$2X$ 修约值	X 修约值
60.25	120.50	120	60.0
60.38	120.76	121	60.5
60.28	120.56	121	60.5
−60.75	−121.50	−122	−61.0

例 8-17 某沥青软化点试验测试值为：48.2℃、48.7℃，结果准确至0.5℃。则该沥青软化点试验结果为：先算得平均值为48.45℃，修约后试验结果如下。

拟修约数值 X	$2X$	$2X$ 修约值	X 修约值
48.45	96.90	97	48.5

(2)0.2单位修约

0.2单位修约是指按指定修约间隔对拟修约的数值0.2单位进行的修约。

0.2单位修约方法如下：将拟修约数值 X 乘以5，按指定修约间隔对 $5X$ 依2的规定修约，所得数值（$5X$ 修约值）再除以5。

例 8-18 将下列数字修约到“百”数位的0.2单位修约。

拟修约数值 X	$5X$	$5X$ 修约值	X 修约值
830	4 150	4 200	840
842	4 210	4 200	840

832		4 160	4 200	840
−930		−4 650	−4 600	−920

二、有效数字运算规则

在运算中，经常有不同有效位数的数据参加运算。在这种情况下，需将有关数据进行适当的处理。

1. 加减运算

当几个数据相加或相减时，它们的小数点后的数字位数及其和或差的有效数字的保留，应以小数点后位数最少(即绝对误差最大)的数据为依据，如图 8-1 所示。

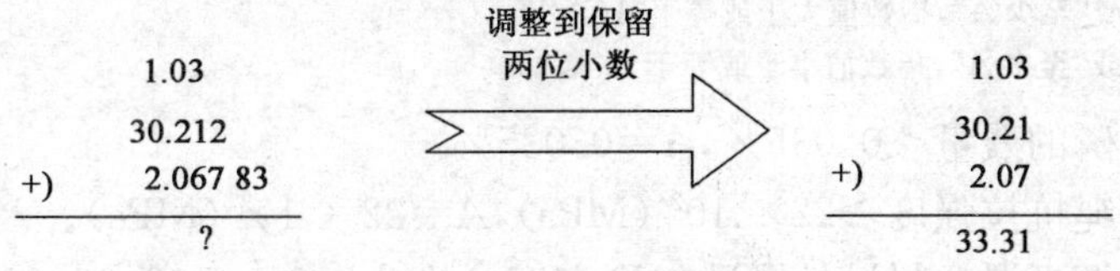

图 8-1　算例

如果数据的运算量较大时，为了使误差不影响结果，可以对参加运算的所有数据多保留一位数字进行运算。

2. 乘除运算

几个数据相乘相除时，各参加运算数据所保留的位数，以有效数字位数最少的为标准，其积或商的有效数字也依此为准。例如，当 0.012 1×30.64×2.057 82 时，其中 0.012 1 的有效数字位数最少，所以，其余两数应修约成 30.6 和 2.06 与之相乘，即：0.012 1×30.6×2.06＝0.763。

第二节　极限数值的表示和判定

一、极限数值的定义与书写极限数值的一般原则

(1)极限数值定义：标准(或技术规范)中规定考核的以数量形式给出且符合该标准(或技术规范)要求的指标数值范围的界限值。

(2)标准(或其他技术规范)中规定考核的以数量形式给出的指标或参数等，应当规定极限数值。极限数值表示符合该标准要求的数值范围的界限值，它通过给出最小极限值和(或)最大极限值，或给出基本数值与极限偏差值等方式表达。

(3)标准中极限数值的表示形式及书写位数应适当，其有效数字应全部写出。书写位数表示的精确程度，应能保证产品或其他标准化对象应有的性能和质量。

二、表示极限数值的用语

(1)表达极限数值的基本用语及符号见表 8-1。

表达极限数值的基本用语及符号 表 8-1

基本用语	符号	特定情形下的基本用语			注
大于 A	$>A$		多于 A	高于 A	测定值或计算值恰好为 A 值时不符合要求
小于 A	$<A$		少于 A	低于 A	测定值或计算值恰好为 A 值时不符合要求
大于或等于 A	$\geqslant A$	不小于 A	不少于 A	不低于 A	测定值或计算值恰好为 A 值时符合要求
小于或等于 A	$\leqslant A$	不大于 A	不多于 A	不高于 A	测定值或计算值恰好为 A 值时符合要求

注：①A 为极限数值。

②允许采用以下习惯用语表达极限数值：

a."超过 A"，指数值大于 $A(>A)$；

b."不足 A"，指数值小于 $A(<A)$；

c."A 及以上"或"至少 A"，指数值大于或等于 $A(\geqslant A)$；

d."A 及以下"或"至多 A"，指数值小于或等于 $A(\leqslant A)$。

例 8-19 钢中磷的残量＜0.035%，$A=0.035\%$。

例 8-20 钢丝绳抗拉强度$\geqslant 22\times 10^2$ (MPa)，$A=22\times 10^2$ (MPa)。

例 8-21 一组沥青混合料试件马歇尔稳定度分别为：13.10、12.38、16.95、10.77、12.98、11.33(单位：kN)，求该组试件马歇尔稳定度试验结果。

首先求得稳定度的平均值为 12.92kN，由于试件数为 6，则 k 值取 1.82，标准差为 2.18，若每个测定值与平均值之差大于标准差的 k 倍，则该测定值应予舍弃，因此 16.95 超出范围，被舍弃。

(2)基本用语可以组合使用，表示极限值范围。

对特定的考核指标 X，允许采用下列用语和符号(表 8-2)。同一标准中一般只应使用一种符号表示方式。

对特定的考核指标 X，允许采用的表达极限数值的组合用语及符号 表 8-2

组合基本用语	组合允许用语	符号		
		表示方式Ⅰ	表示方式Ⅱ	表示方式Ⅲ
大于或等于 A 且小于或等于 B	从 A 到 B	$A\leqslant X\leqslant B$	$A\leqslant\cdot\leqslant B$	$A\sim B$
大于 A 且小于或等于 B	超过 A 到 B	$A<X\leqslant B$	$A<\cdot\leqslant B$	$>A\sim B$
大于或等于 A 且小于 B	至少 A 不足 B	$A\leqslant X<B$	$A\leqslant\cdot<B$	$A\sim<B$
大于 A 且小于 B	超过 A 不足 B	$A<X<B$	$A<\cdot<B$	

①带有极限偏差值的数值

基本数值 A 带有绝对极限上偏差值 $+b_1$ 和绝对极限下偏差值 $-b_2$，指从 $A-b_2$ 到 $A+b_1$ 符号要求，记为 $A^{+b_1}_{-b_2}$。

注：当 $b_1=b_2=b$ 时，$A^{+b_1}_{-b_2}$ 可简记为 $A\pm b$。

例 8-22 80^{+2}_{-1}mm，指从 79mm 到 82mm 符合要求。

②基本数值 A 带有相对极限上偏差值 $+b_1\ \%$ 和相对极限下偏差值 $-b_2\ \%$，指实测值或其计算值 R 对于 A 的相对偏差值[$(R-A)/A$]从 $-b_2\%$ 到 $+b_1\%$ 符合要求，记为 $A^{+b_1}_{-b_2}\ \%$。

注：当 $b_1=b_2=b$ 时，$A^{+b_1}_{-b_2}\ \%$ 可记为 $A(1\pm b\%)$。

例 8-23 510Ω(1±5%)，指实测值或其计算值 R(Ω)对于 510Ω 的相对偏差值[$(R-510)/510$]从-5%到$+5\%$符合要求。

③对基本数值 A，若极限上偏差值 $+b_1$ 和(或)极限下偏差值 $-b_2$ 使得 $A+b_1$ 和(或) $A-b_2$ 不符合要求，则应附加括号，写成 $A^{+b_1}_{-b_2}$（不含 b_1 和 b_2）或 $A^{+b_1}_{-b_2}$（不含 b_1）、$A^{+b_1}_{-b_2}$（不含 b_2）。

例 8-24　80^{+2}_{-1}（不含 2）mm，指从 79mm 到接近但不足 82mm 符合要求。

例 8-25　510Ω(1±5%)(不含 5%)，指实测或其计算值 R(Ω)对于 510Ω 的相对偏差值[(R−510)/510]从−5%到接近但不足+5%符合要求。

三、测定值或其计算值与标准规定的极限数值作比较的方法

1. 总则

(1)在判定测定值或计算值是否符合标准要求时，应将测试所得的测定值或其计算值与标准规定的极限数值作比较，比较的方法可采用全数值比较法、修约值比较法。

(2)当标准或有关文件对极限值(包括带有极限偏差值的数值)无特殊规定时，均应使用全数值比较法。如规定采用修约值比较法，应在标准中加以说明。

(3)若标准或有关文件规定了使用其中一种比较方法时，一经确定，不得改动。

2. 全数值比较法

将测试所得的测定值或计算值不经修约处理(或虽经修约处理，但应标明它是经舍、进或未进未舍而得)，用该数值与规定的极限数值作比较，只要超出极限数值规定的范围(不论超出程度大小)，都判定为不符合要求，示例见表 8-3。

全数值比较法和修约只比较法的示例与比较　　表 8-3

项　目	极限数值	测定值或其计算值	按全数值比较是否符合要求	修约值	按修约值比较是否符合要求
中碳钢抗拉强度(MPa)	≥14×100	1 349	不符合	13×100	不符合
		1 351	不符合	14×100	符合
		1 400	符合	14×100	符合
		1 402	符合	14×100	符合
NaOH 的质量分数(%)	≥97.0	97.01	符合	97.0	符合
		97.00	符合	97.0	符合
		96.96	不符合	97.0	符合
		96.94	不符合	96.9	不符合
中碳钢的硅的质量分数(%)	≤0.5	0.452	符合	0.5	符合
		0.500	符合	0.5	符合
		0.549	不符合	0.5	符合
		0.551	不符合	0.6	不符合
中碳钢的锰的质量分数(%)	1.2～1.6	1.151	不符合	1.2	符合
		1.200	符合	1.2	符合
		1.649	不符合	1.6	符合
		1.651	不符合	1.7	不符合

续上表

项　目	极限数值	测定值或其计算值	按全数值比较是否符合要求	修约值	按修约值比较是否符合要求
盘条直径(mm)	10.0±0.1	9.89	不符合	9.9	符合
		9.85	不符合	9.8	不符合
		10.10	符合	10.1	符合
		10.16	不符合	10.2	不符合
盘条直径(mm)	10.0±0.1(不含0.1)	9.94	符合	9.9	不符合
		9.96	符合	10.0	符合
		10.06	符合	10.1	不符合
		10.05	符合	10.0	符合
盘条直径(mm)	10.0±0.1(不含+0.1)	9.94	符合	9.9	符合
		9.86	不符合	9.9	符合
		10.06	符合	10.1	不符合
		10.05	符合	10.0	符合
盘条直径(mm)	10.0±0.1(不含−0.1)	9.94	符合	9.9	不符合
		9.86	不符合	9.9	不符合
		10.06	符合	10.1	符合
		10.05	符合	10.0	符合

注：表中的例并不表明这类极限数值都应采用全数值比较法或修约值比较法。

3.修约值比较法

(1)将测定值或其计算值进行修约，修约数位应与规定的极限数值数位一致。

当测试或计算精度允许时，应先将获得的数值按指定的修约数位多一位或几位报出，然后按3.2的程序修约至规定的数位。

(2)将修约后的数值与规定的极限数值进行比较，只要超出极限数值规定的范围(不论超出程度大小)，都判定为不符合要求，示例见表8-3。

4.两种判定方法的比较

对测定值或其计算值与规定的极限数值在不同情形用全数值比较法和修约值比较法的比较结果见表8-3。对同样的极限数值，若它本身符合要求，则全数值比较法比修约值比较法相对较严格。

第三节　测量误差与测量不确定度

一、测量误差及其分类

1.测量误差

在一定的环境条件下，材料的某些物理量应当具有一个确定的值。但在实际测量中，要准确测定这个值是十分困难的。因为尽管测量环境条件、测量仪器和测量方法都相同，但由于测量仪器计量不准，测量方法不完善以及操作人员水平等各种因素的影响，各次各人的测量值之间总有不同程度的偏离，不能完全反映材料物理量的确定值（真值）。测量值 X 与真值 X_0 之间存在的这一差值 Y，称为测量误差，其关系为：

$$X_0 = X + Y \tag{8-1}$$

大量实践表明，一切实验测量结果都具有这种误差。

了解误差基本知识的目的在于分析这些误差产生的原因，以便采取一定的措施，最大限度地加以消除，同时科学地处理测量数据，使测量结果最大限度地反映真值。因此，由各测量值的误差积累，计算出测量结果的精确度，可以鉴定测量结果的可靠程度和测量者的实验水平；根据生产、科研的实际需要，预先定出测量结果的允许误差，可以选择合理的测量方法和适当的仪器设备，规定必要的测量条件，可以保证测量工作的顺利完成。因此，不论是测量操作或数据处理，树立正确的误差概念是很有必要的。

2. 测量误差的分类

根据误差产生的原因，按照误差的性质，可以把测量误差分为系统误差、过失误差和随机误差。

(1)系统误差

这种误差是人机系统产生的误差，是由一定原因引起的，在相同条件下多次重复测量同一物理量时，使测量结果总是朝一个方向偏离，其绝对值大小和符号保持恒定，或按一定规律变化，因此有时称之为恒定误差。系统误差主要由下列原因引起。

①仪器误差

由于测量工具、设备、仪器结构上的不完善，电路的安装、布置、调整不得当，仪器刻度不准或刻度的零点发生变动，样品不符合要求等原因所引起的误差。

②人为误差

由观察者感官的最小分辨力和某些固有习惯引起的误差。例如，由于观察者感官的最小分辨力不同，在测量玻璃软化点和玻璃内应力消除时，不同人观测就有不同的误差。某些人的固有习惯，例如在读取仪表读数时总是把头偏向一边等，也会引起误差。

③外界误差

外界误差也称环境误差，是由于外界环境（如温度、湿度等）的影响而造成的误差。

④方法误差

由于测量方法的理论根据有缺点，或引用了近似公式，或实验室的条件达不到理论公式所规定的要求等造成的误差。

⑤试剂误差

在材料的成分分析及某些性质的测定中，有时要用一些试剂，当试剂中含有被测成分或含有干扰杂质时，也会引起测试误差，这种误差称为试剂误差。

一般地说，系统误差的出现是有规律的，其产生原因往往是可知的或可掌握的。只要仔细观察和研究各种系统误差的具体来源，就可设法消除或降低其影响。

(2)随机误差

这类误差是由不能预料、不能控制的原因造成的。例如：实验者对仪器最小分度值的估读，很难每次严格相同；测量仪器的某些活动部件所指示的测量结果，在重复测量时很难每次完全相同,尤其是使用年久的或质量较差的仪器时更为明显。

无机非金属材料的许多物化性能都与温度有关。在实验测定过程中,温度应控制恒定,但温度恒定有一定的限度,在此限度内总有不规则的变动,导致测量结果发生不规则的变动。此外,测量结果与室温、气压和湿度也有一定的关系。由于上述因素的影响,在完全相同的条件下进行重复测量时,测量值或大或小,或正或负,起伏不定。这种误差的出现完全是偶然的,无规律性,所以有时称之为偶然误差。

(3)过失误差

过失误差,也叫错误,是一种与事实不符的显然误差。这种误差是由于实验者粗心,不正确的操作或测量条件突然变化所引起的。例如:仪器放置不稳,受外力冲击产生毛病;测量时读错数据、记错数据;数据处理时单位搞错、计算出错等。显然,过失误差在实验过程中是不允许的。

3. *误差表示方法*

为了表示误差,工程上引入了精密度、准确度和精确度的概念。精密度表示测量结果的重演程度,精密度高表示随机误差小;准确度指测量结果的正确性,准确度高表示系统误差小;精确度(又称精度)包含精密度和准确度两者的含义,精确度高表示测量结果既精密,又可靠。根据这些概念,误差的表示方法有三种。

(1)极差

极差是测量最大值与最小值之差,即

$$R = X_{max} - X_{min} \tag{8-2}$$

式中:R——极差,表示测量值的分布区间范围;

X_{max}——同一物理量的最大测量值;

X_{min}——同一物理量的最小测量值。

极差可以粗略地说明数据的离散程度,既可以表征精密度,也可以用来估算标准偏差。

(2)绝对误差

绝对误差是测量值与真值间的差异,即:

$$\Delta X_i = X_i - X_0 \tag{8-3}$$

式中:ΔX_i—— 绝对误差;

X_i——第 i 次测量值;

X_0——真值。

绝对误差反映测量的准确度,同时含有精密度的意思。

(3)相对误差

相对误差指绝对误差与真值的比值,一般用百分数表示,即:

$$\varepsilon = \frac{\Delta X_i}{X_0} \tag{8-4}$$

相对误差 ε 既反映测量的准确度,又反映测量的精密度。

绝对误差和相对误差是误差理论的基础,在测量中已广泛应用,但在具体使用时要注意它们之间的差别与使用范围。在某些实验测量及数据处理中,不能单纯从误差的绝对值来衡量数据的精确程度,因为精确度与测量数据本身的大小也很有关系。例如,在称量材料的重量时,如果重量接近 10t,准确到 100kg 就够了,这时的绝对误差虽然是 100kg,但相对误差只有

1%；而称量的量总共不过20kg，即使准确到0.5kg也不能算精确，因为这时的绝对误差虽然是0.5kg，相对误差却有5%；经对比可见，后者的绝对误差虽然比前者小200倍，相对误差却比前者大5倍。相对误差是测量单位所产生的误差，因此，不论是比较各测量值的精度或是评定测量结果的质量，采用相对误差更为合理。

在实验测量中应当注意到，虽然用同一仪表对同一物质进行重复测量时，测量的可重复性越高就越精密，但不能肯定准确度一定高，还要考虑到是否有系统误差存在（如仪表未经校正等）；否则，虽然测量很精密也可能不准确。因此，在实验测量中要获得很高的精确度，必须有高的精密度和高的准确度来保证。

二、测量不确定度

1.测量不确定度的定义

测量不确定度：表征合理地赋予被测量之值的分散性，是与测量结果相联系的参数。

测量结果会受许多因素的影响，因此，测量方法包括：测量原理、测量仪器、测量环境条件、测量程序、测量人员以及数据处理方法等。通常不确定度由多个分量组成，测量的不确定度表示在重复性或复杂性条件下，被测量之值的分散性，因测量不确定度仅与测量方法有关，而与具体测得的数值大小无关。

2.测量不确定度的来源

测量中，可能导致测量不确定度的因素很多，主要来源如下：

(1)被测量的定义不完整。如测量烘箱的温度，不同位置烘箱的温度是不同的，当要求测温的准确度较高时，需给出明确定义。

(2)复现被测量的测量方法不理想。

(3)取样的代表不够，即被测样本不能完全代表所定义的被测量。

(4)对测量过程受环境影响的认识不恰如其分，或对环境参数的测量与控制不完善。

(5)对测量仪表的读数存在人为的偏移。由于观测者的读数习惯和位置的不同，也会引入与观测者有关的不确定分量。

(6)测量仪器的计量性能（如灵敏度、鉴别力阈、分辨力、死区及稳定性等）的局限性。

(7)测量标准或标准物质的不确定度。通常的测量是将被测量与测量标准或标准物质所提供的标准测量值进行比较而实现的，因此测量标准或标准物质所提供标准量值的不确定度将直接影响测量结果。

(8)引用的数据或参数的不确定度。物理学常数，以及某些材料的特性参数，例如密度、线膨胀系数等均可由各种手册得到，这些数值的不确定度同样是测量不确定度的来源之一。

(9)测量方法和测量程序的近似和假设。例如：用于计算测量结果的计算公式的近似程度等所引入的不确定度。

(10)在相同条件下被测量在复现观测中的变化。

由于各种随机效应的影响，无论在实验中如何精确地控制实验条件，所得到的测量结果总会存在一定的分散性，即重复性条件下的各个测量结果不可能完全相同。除非测量仪器的分辨力太低，这几乎是所有测量不确定度评定中都会存在的一种不确定度来源。

测量中可能导致不确定的来源很多，一般说来其主要原因是测量设备、测量人员、测量方法和被测对象的不完善引起的。上面只是列出了测量不确定度可能来源的几个方面，供读者分析和寻找测量不确定度来源时参考。它们既不是寻找不确定度来源的全部依据，也不表示每一个测量不确定度评定必须同时存在上述几方面的不确定度分量。

对于那些尚未认识到的系统误差效应，显然在测量不确定度评定中是无法考虑的，但它们可能导致测量结果的误差。对于那些已经分辨出的系统误差，需对测量结果加以修正，此时应考虑修正值的不确定度。

3. 测量不确定度的评定

(1)测量不确定度的分类

测量不确定度按照评定方法分标准不确定度和扩展不确定度。标准不确定度又分为A、B及合成标准不确定度，如图8-2所示。

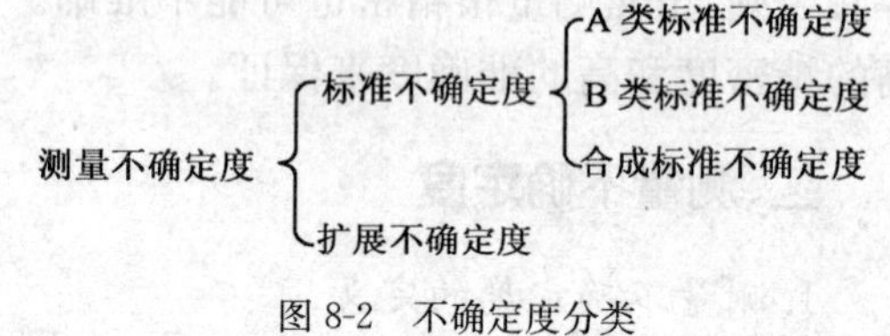

图8-2 不确定度分类

(2)测量不确定度的评定方法

①A类评定：是指用对观测列进行统计分析的方法进行的评定，其标准不确定度用实验标准差表征。

$$u(x_i)=s(x_i)=\sqrt{\frac{\sum_{i=1}^{n}(x_i-\bar{x})^2}{n-1}} \tag{8-5}$$

A类评定的特点：

a. A类评定首先由实验量得到被测量的观测列，并根据需要由观测列计算单次测量结果或平均值的标准偏差。

b. 对观测值的影响量的随机变化，导致每次观测值 x_i 不一定相同，对于某一次观测而言，其结果具有随机性，对于大量的观测值，可发现它们服从正态分布。

c. A类评点的自由度，可以由测量次数、被测量的个数和其他约束条件的个数算出。

②B类评定

B类不确定度的评定标准一般是由系统效应导致的。凡是用非统计方法评定出的标准不确定度都是B类标准不确定度。与随机或系统没有对应关系。评定的依据可以是可靠的说明书、检定书或校验证书、测试报告等相关技术资料，也可以是测试人员的个人技术经验和知识。获得B类不确定度的信息来源一般有：

a. 以前的观测数据。

b. 对有关技术资料和测量仪器特性的了解和经验。

c. 生产部门提供的技术说明文件。

d. 核准证书、鉴定证书或其他文件提供的数据准确度的级别。

e. 手册或某些资料给出的参考数据及其不确定度等。

f. 规定的试验方法和国家标准或行业标准中给出的复性限 R 或重复性 r 情况。

B类不确定度评定的特点：

a. B类评定是通过其他已有信息进行评估，如上面所列不确定度的信息来源存在重复观测列。

b. 根据极限值和被测量分布的信息直接估计出标准偏差或由检定证书或校准证书提供

的扩展不确定度导出标准不确定度。

可以说,所有与A类评定不同的其他评定方法均为B类评定。其标准不确定度以标准差表示。

对于B类评定的不确定度,给出其标准不确定度的主要信息来源为各种标准和规程等技术性文件对产品和材料性能的规定以及生产部门提供的技术文件,有时还来源于测量人员对有关技术资料和测量仪器特性的了解和经验。因此在测量不确定度的B类评定中,往往会在一定程度上带有某种主观的因素,如何恰当并合理地给出B类评定的标准不确定度是不确定度的关键问题之一。

B类评定不确定度分量的信息来源大体上可以分为由检定证书或校准证书得到以及由其他各种资料得到两类。

A类和B类标准不确定度的评定方法虽然不同,但它们是处于同等地位的。不少人认为,A类评定有计算公式作依据,应该是最可靠的了,其实不然。当评定A类不确定度时,可适当增加观测次数,但是观测次数增加很多时,费时费力,得不偿失。

B类不确定度的可靠程度取决于测试人员或数据处理人员的专业知识水平和数据处理能力,受主观因素影响较大。但是,这种评估大都是以事实为依据的,其可靠程度往往是很高的。

无论采用A类评定或B类评定,最后均用标准偏差来表示标准不确定度,并且合成不确定度时,两者的合成方法相同。

③合成标准不确定度的评定

当测量结果是由若干个其他量的值求得时,按其他各量的方差和协方差计算所得的标准不确定度称为合成标准不确定度。

合成标准不确定度仍然是标准不确定度,它表征了测量结果的分散性。所用的合成方法,常被称为不确定度传播律。合成不确定度的自由度称为有效自由度,它表明所评定的可靠程度。

用合成不确定度的倍数表示的测量不确定度称扩展不确定度。它是确定测量结果区间的量,合理赋予被测量之值分布的大部分希望含于此区间。

(3)不确定度的评定步骤

测量的参数确定后,测量结果的不确定度仅和测量方法有关,测量方法包括测量原理、测量仪器、测量条件、测量程序和数据处理程序。

根据标准不确定度的定义,方差即是标准不确定度的平方,故得:

$$u^2(y)=u^2(x_1)+u^2(x_2)+\cdots+u^2(x_0) \tag{8-6}$$

根据方差的性质可得:

$$\begin{aligned}u^2(y)&=u^2(c_1x_1)+u^2(c_2x_2)+\cdots+u^2(c_0x_0)\\&=c_1^2u^2(x_1)+c_2^2u^2(x_2)+\cdots+c_0^2u^2(x_0)\\&=u_1^2(y)+u_1^2(y)+\cdots+u_0^2(y)\end{aligned}$$

或中 $u_i(y)=c_iu(x_i)$,即为不确定度分量:

$$u(x_i)=s(x_i)=\sqrt{\frac{\sum_{i=1}^{n}(x_i-\overline{x})^2}{n-1}} \tag{8-7}$$

测量结果 y 的标准不确定度通常由若干个测量不确定度分量合成得到,用 $u_c(y)$ 表示,在对测量结果进行不确定度评定时,需给出测量结果的扩展不确定度 U。

$$U = ku_c(y) \tag{8-8}$$

①测量不确定度评定步骤

a. 找出所有影响测量不确定度的影响量;

b. 建立满足测量不确定度评定所需的数学模型;

c. 确定各影响因素的估计值以及对应的标准不确定度;

d. 确定对应于各影响因素标准不确定度分量;

e. 列出不确定度分量汇总表;

f. 将各标准不确定度分量合成标准不确定度;

g. 确定测量可能值分布的包含因子;

h. 确定扩展不确定度;

i. 给出测量不确定度报告。

将上述评定步骤汇总可得到如图 8-3 所示流程图。

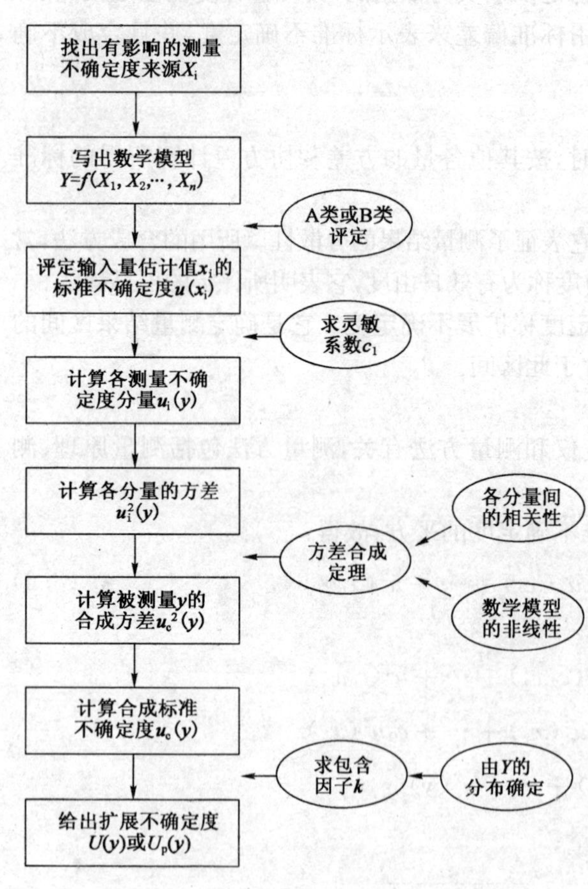

图 8-3 测量不确定度评定流程图

交通建设工程质量的控制是通过大量的试验检测工作来实现的,试验检测机构依据相关的规范、标准、规程,使用仪器设备对原材料或产品进行试验、检测,用其测量结果来判定原材料或产品是否符合规定的要求。理论上讲,测量结果位于规范区内就应判定合格规范,标准有单侧规范和双侧规范两类,对于交通工程的大量规范和标准,如压实度、平整度、无侧限抗压强度等,却属单侧规范限。

②合格与否的判定

合格与否的判定是一个看似简单的事情,日常的大量试验检测工程只要测量结果位于规范区内,就判合格,反之就不合格。实际上,任何测量结果的测量都存在缺陷,所有的测量结果都会或多或少地偏离被测量的真值,测量结果不等于真值。测量的可能误差范围表明了测量结果的可疑程度,称为不确定度。不确定度是近真值的可能误差的量度,不确定度越小,测量结果越准确。

测量结果可能是单次测量的结果,也可能由多次测量所得,是指对测得值经过恰当的处理或经过必要的计算而得到的最后量值。测量结果的定义是“由测量所得的赋予被测量的值,因此测量结果是通过测量得到的被测量的最佳估计值”。

因此,简单地判定测量结果是否合格是不完善的,还必须考虑测量结果不确定度的存在。可以说,合格与否的判定与不确定度的情况有关。合格度与不合格度的大小与估计的测量结果与扩展不确定度有关。

由于测量结果具有不确定度,当测量结果位于规范限两侧以扩展不确定为半宽的区域内时,就无法判断其是否合格。只有当测量结果全部处于扩展不确定度区域的外侧时,才能判定其测量结果为不合格,如图 8-4 所示。

4.测量误差与测量不确定度的主要区别

(1)误差表示测量结果对真值的偏离量,在数轴上表示为一个点。而测量不确定度表示被测量之值的分散性,在数轴上表示一个区间。

(2)在测量结果中我们只能得到随机误差和系统误差的估计值;而不确定度则是根据对标准不确定度的评定方法不同而分成 A 类评定和 B 类评定两类。

(3)误差的概念和真值相联系,是无法测得的;而不确定度可根据实验、资料、经验等信息进行评定,是可以定量操作的。

(4)测量结果的不确定度表示在重复性或复现性条件下被测量之值的分散性,因此,测量不确定度仅与测量方法有关,而与具体测的数值大小无关。测量方法应包括测量原理、测量仪器、测量环境条件、测量程序、测量人员以及数据处理方法等。测量结果的误差仅与测量结果以及真值有关,而与测量方法无关。

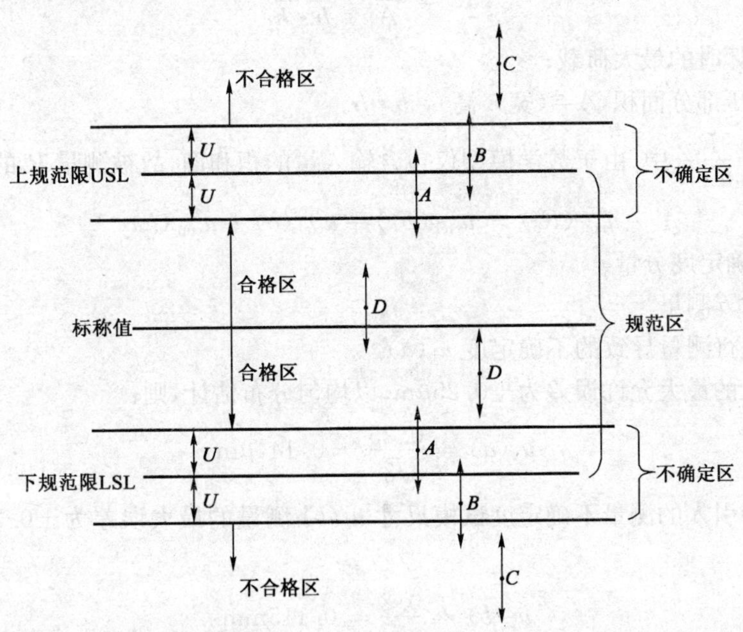

图 8-4 双侧规范的合格区、不合格区、规范区和不确定区

(5)测量结果的误差与测量结果的不确定度两者在数值上没有确定的关系。

(6)误差和不确定度是两个不同的概念,测量得到的误差肯定会有不确定度。反之也是一样，评定得到的不确定度可能存在误差。

(7)对观测列进行统计分析得到的实验标准差表示该观测列中任一个被测量估计值的标准不确定度，而并不表示被测量估计值的随机误差。

(8)自由度是表示测量不确定度评定可靠程度的指标，它与评定得到的不确定度的相对标准不确定度有关，而误差则没有自由度的概念。

(9)当了解被测量的分布时，可以根据置信概率求出置信区间，而置信区间的半宽度则可以用来表示不确定度，而误差则不存在置信概率的概念。

5. 实际应用

按照以上程序，将对某交通工程试验中心提供的水泥抗压强度试验结果进行不确定度的分析如下。

(1)测量方法

依据《水泥胶砂强度检验方法》(GB/T 17671—1999)(ISO 法)。

本次试验水泥用 PO52.5 标号硅酸盐水泥。

试件按照 1 份水泥、3 份中国标准砂，0.5 的水灰比成型，养生条件为标准养生，不考虑标准砂、抗压时温度及加荷速率影响。

3d 后试件在 300kN，精度为±1%的带有自动记录结果的压力机上进行抗压强度测试，按每秒 2 400～200N/s 的速率进行抗压强度测试。

(2)数学模型

$$R_c = \frac{F_c}{A} = \frac{F_c}{b \cdot h} \tag{8-9}$$

式中：F_c——破坏时的最大荷载；

A——受压部分面积，A=(宽×高)$=b \cdot h$。

$R_c = \frac{F_c}{A} = \frac{F_c}{b \cdot h}$ 中，由于数学模型仅包含输入量的积和商，故被测量 R_c 的合成方差为：

$$u_{crel}^2(R_c) = u_{crel}^2(F_c) + u_{crel}^2(b) + u_{crel}^2(h)$$

(3)测量不确定度分量

①试件尺寸 b 测量

a. 千分尺进行测量导致的不确定度 $u_1(a)$

已知千分尺的最大允许误差为±0.25μm，以均匀分布估计，则：

$$u_1(a) = \frac{0.25}{\sqrt{3}} = 0.144\mu\text{m}$$

b. 由操作者引入的测量不确定度试模尺寸 $u_2(b)$ 测量的最大误差为±0.2mm，以均匀分布，则：

$$u_2(b) = \frac{0.2}{\sqrt{3}} = 0.115\text{mm}$$

由以上两者引起的不确定度可知：千分尺的测量不确定度相对于操作者引入的测量不确定度可忽略不计，合成后的测量 b 标准不确定度为：

$$u_2(b) = 0.115$$

相对测量不确定度 $u_{crel}(b)=\frac{0.115}{40}=0.288\%$

②h(高度)测量引入的测量不确定度 $u(h)$,测量的最大误差±0.1mm,以均匀分布,则:

$$u(h)=\frac{0.1}{\sqrt{3}}=0.058$$

测量不确定度 $u(h)$ 的标准不确定度为:

$$u(h)=0.058$$

若以相对不确定度表示为:

$$u_{crel}(A)=\frac{0.058}{40}=0.145\%$$

③最大荷载 F_c

a. 仪器校准的不确定度 $\mu_{1rel}(F_c)$

仪器校准的扩展不确定度 $u_{95}=0.2\%$,以正态分布估计,标准不确定度为:

$$u_{1rel}(F_c)=\frac{0.2\%}{2}=0.1\%$$

b. 仪器的测量不确定度 $u_{2rel}(F_c)$

仪器的测量不确定度 $U_{95}=1.0\%$,同样以正态分布估计,标准不确定度为:

$$u_{2rel}(F_c)=\frac{1.0\%}{2}=0.5\%$$

c. 读数不确定度 $u_{3rel}(F_c)$

采用满刻度为300kN,分度值0.2kN的试验机,若读数引入的最大误差为±0.1kN,相对值估计±0.033%,测得试件最大破坏荷载为47.5kN,其读数的最大误差为±0.21%。

假定读数误差为均匀分布,标准不确定度为:

$$u_{3rel}(F_c)=\frac{2.1\%}{\sqrt{3}}=0.121\%$$

最大破坏荷载的不确定度为:

$$u_{crel}(F_c)=\sqrt{u_{1rel}^2(F_c)+u_{2rel}^2(F_c)+u_{3rel}^2(F_c)}$$
$$=\sqrt{(0.1\%^2+0.5\%^2+0.121\%^2)}=0.524\%$$

④试件的离散性引起的不确定度

由于水泥的胶砂强度是由6个试件决定的,其试件的离散性引起的测量不确定度为6个试件的破坏荷载值,其值分别是:47.5、47.5、45.0、45.0、45.0、47.5(kN),其标准差:

$$s(x_i)=\sqrt{\frac{\sum_{i=1}^{n}(x_i-\overline{x})^2}{n-1}}$$

算术平均值 $x=46.25$, $s(x_i)=1.37$,标准不确定度:

$$u(x_i)=\sqrt{\frac{1.37}{6}}=0.56(\text{kN})$$

离散性相对不确定度 $u_{crel}(F_c)$:

$$u_{crel}(F_c)=\frac{0.56}{46.25}=1.21\%$$

⑤不确定度概算

测量不确定度分量汇总见表 8-4。

测量不确定度分量汇总表 表 8-4

序号	测量不确定度来源	误差限	分布	标准不确定度 $u(x)$(mm)	相对不确定度 $u_{crel}(x)$(%)	c_i	$u_{crel}(y)$(%)
1	试件尺寸测量				0.288	1	0.288
	b 允许误差为	0.2mm	均匀	0.115			
	试件尺寸测量				0.145		0.145
	h 允许误差为	0.1mm	均匀	0.058			
2	最大破坏荷载				0.524	1	0.524
	仪器校准	0.2%	正态		0.1		
	仪器测量	1.0%	正态		0.5		
	读数	0.21%	均匀		0.121		
3	试件离散性						
	估计值 46.25kN		正态	0.56	0.121	1	0.121

⑥合成标准不确定度

$$u_{crel}(R_c)=\sqrt{0.288^2+0.54^2+0.121^2+0.154^2}\times 100\%=0.92\%$$

⑦测量结果

$$R_c=\frac{F_c}{A}=\frac{46\,250}{(40\times 40)}=28.9\text{MPa}$$

⑧合成标准不确定度

$$u_c(R_c)=R_c\cdot u_{crel}(R_c)=28.9\times 0.29\%=0.27\text{MPa}$$

⑨扩展不确定度 $u(R_c)$

取包含因子 $k=2$ 。

$$u(R_c)=2\times 0.27=0.54\text{MPa}$$

⑩测量不确定度报告

抗压强度 $R_c=28.9\pm 0.54$

结论:由测量结果判定是否合格是不完善的,还必须考虑测量结果中不确定度的存在。尤其所测结果位于规范标准的临界值时,判断合格与否必须考虑不确定度的情况。因为合格度与不合格度的大小与估计的测量结果的扩展不确定度有关。只有这样判断,才是科学准确的。

第八章

实验室能力验证

第一节 能力验证的基本概念

一、能力验证概念

实验室能力验证是指利用实验室间比对来确定实验室检测/校准能力的活动，实际上它是为确保实验室维持较高的校准和检测水平而对其能力进行考核、监督和确认的一种验证活动。

所谓实验室间比对是按照预先规定的条件，由两个或多个实验室对相同或类似检测物品进行检测的组织、实施、评价。

能力验证活动包含以下形式：

(1)定性计划——要求实验室识别被测物品的某个组分。

(2)数据转换演练——对提供给实验室的多组数据进行处理，以获得进一步的信息。

(3)单件物品检测——一件物品按顺序送往若干个实验室，并按时返还组织者。

(4)单项演练——就单一事件，向实验室发送一个被测物品。

(5)连续计划——按规定的时间间隔，连续地向实验室发送被测物品。

(6)抽样——例如要求个人或组织抽取样品，以供进行后续分析。

实验室能力验证可由实验室自身、实验室客户、实验室认可机构、检测/校准行业主管机构、法定机构或其他机构组织运作。

二、能力验证主要目的

(1)确定实验室进行某些特定检测或校准的能力，以及监控实验室的持续能力。

(2)识别实验室中的问题并制订相应的纠正措施和预防措施，这些措施可能涉及诸如个别人员的行为或仪器的校准等。

(3)确定新的检测和测量方法的有效性和可比性，并对这些方法进行相应的监控。

(4)增加实验室用户的信心。

(5)识别实验室间的差异。

(6)确定某种方法的性能特征——通常称为协作试验。

(7)为标准物质(RMs)赋值，并评估它们在特定检测或测量程序中使用的适用性。

三、能力验证的类型

参加能力验证，可作为实验室评价其出具数据可靠性和有效性的客观证据。能力验证一般有以下6种类型。

1. 测量比对

测量比对涉及的被测或被校准物品是按顺序从一个实验室传送到下一个实验室，这些比对通常具有如下特征：

(1)被测物品的指定值(参考值)由某个参考实验室提供，该实验室应尽量考虑由国家有关测量的最高权威机构(如国家计量院)承担。

(2)量值比对的周期往往很长，因此应严格控制被测物品的传送试件和各参加者的测量时间，在比对实施过程中(而不是在整个比对结束后)应及时向参加的实验室反馈有关信息，例如以中期报告的形式进行反馈。

(3)各个测量结果要与参考实验室确定的参考值相比较。协调者应考虑各参加实验室声明的测量不确定度。

用于此类能力验证的物品(测量物品)包括参考标准(如电阻器、量规和仪器)等。

2. 实验室间检测比对

实验室间检测比对涉及从材料源中随机抽取次级样品，同时分发给参加检测的实验室共同进行检测。该技术有时也用于实验室间测量比对计划。完成检测后，将结果返回协调机构与指定值比对，以说明各个实验室和整体组的性能。

用于此类能力验证的物品包括水泥、沥青、钢材等材料。在某些情况下，分发的检测物品是以前建立的(有证)标准物质的分离部分。

每轮比对中提供给参加者的整批检测物品必须充分均匀，从而使以后识别出的任何极端结果均不能归因于检测物品的显著变异。

认可机构、法定机构和其他组织在检测领域应用能力验证时，通常采用该类型实验室间检测计划。

一种常用的实验室间检测比对是“分割水平”设计，其中两个分离检测物品具有类似(但不相同)的被测量值水平。该设计用于估算实验室在某个特定的被测量水平下的精密性，它避免了用同一检测物品作重复测量，或在同一轮能力验证中，包含两个完全一致的检测物品伴随产生的问题。

3. 分割样品检测比对

包括一些法定机构在内的用户，经常采用的能力验证的一种特定形式是分割样品检测技术(勿与上条中的分割水平计划相混淆)。

典型的分割样品检测计划的比对数据由包含少量实验室的小组(通常只有两个实验室)提供，这些实验室将作为潜在或连续的检测服务的提供者接受评估。

在商业交易中经常采用类似的比对。这时，把表示贸易商品的样品在代表供方的实验室和代表买方的另一个实验室间进行分割。若对供方和买方实验室出具结果出现的显著差异需要进行仲裁，则通常把另一个样品保留在第三方实验室进行检测。

分割样品检测计划包括把某种产品或材料的样品分成两份或几份，每个参加实验室检测每种样品中的一份。与上条中描述的能力验证类型不同，分割样品检测计划通常只有数量非常有限的实验室参加(通常是两个)。此类计划的用途包含识别不良的精密度、描述一致性偏移和验证纠正措施的有效性。

此计划经常需要保留足够的材料，以便由另外的实验室做进一步分析以解决那些有限数量实验室间发现的差异。

4.定性比对

评价实验室检测能力，并不总是采用实验室间比对。例如，某些计划是为评价实验室表征特定实物的能力而设计的(例如识别石棉的类型等)。

这类计划可能包含计划协调者专门制备外加目标组分的检测物品。因此，在性质上这些计划是"定性"的，它们不需要多个实验室的参与或通过实验室间比对来评价一个实验室的检测能力。

5.已知值比对

能力验证计划的其他特殊类型，可能包含制备待测的、被测量值已知的检测物品。因而有可能评价某个实验室检测该物品的能力，并提供与指定值比对的数字结果。再次说明，这样的能力验证不需要很多实验室参与。

6.部分过程比对

能力验证的一些特殊类型，包含对实验室完成检测或测量全过程中若干部分的能力评价。例如，现有的某些能力验证计划评价的是实验室转换和报告一套给定数据的能力(而不是进行实际上的检测或测量)，或根据规范抽取和制备样品或试样的能力。

第二节 能力验证计划的建立与实施

一、能力验证计划的建立与实施步骤

1.能力验证组织

建立由技术专家、统计学专家以及计划协调者等组成的能力验证组织，以确保计划成功和顺利运作。

2.能力验证计划

根据能力验证的目的和实现的目标制订适用于某项具体能力验证的计划。

能力验证计划在选择能力验证类型时，应考虑下列因素：

(1)所涉及的检测、测量或校准，应与拟参加申请者或已获认可的实验室的检测、测量或校准类型相吻合。

(2)根据与被认可实验室的协议，认可机构应能获得已被认可的参加者的测试结果，以及设计计划的详细内容，建立指定值的程序，对参加者的指导书，数据的统计处理和每个被选定能力验证的最终报告。

(3)计划运行的频次。

(4)该计划组织安排上的合理性，诸如日程、地点、对样品稳定性的考虑、分发安排等，这些安排均应与参加计划的这组认可实验室相关。

(5)参加实验室验收准则(即用于判断能力验证的成功与否)的可获性。

(6)所选计划的成本。

(7)计划中为参加者保密的政策。

(8)报告结果的日程表。

(9)对计划使用的检测材料、测量制品等其特性的可靠程度,诸如均匀性、稳定性,以及在适当时对国家或国际标准的溯源性。

实验室能力验证计划应包括下列内容:

(1)实施验证计划组织的名称和地址。

(2)协调者以及参与设计和实施验证计划的这些专家的姓名和地址。

(3)验证计划的性质和目的。

(4)选择参加者方法的程序,或适当时允许参加所需满足的准则。

(5)参加计划(部分计划,如抽样、样品处置、均匀性检验和赋值)的实验室名称和地址,以及期望的参加者数量。

(6)所选检测物品的性质和检测性质,以及是如何考虑做出这些选择的简短说明。

(7)获取、处置、校核和运送检测物品的方式的说明。

(8)通知阶段提供给参加者的信息的说明,以及能力验证各阶段日程安排的说明。

(9)能力验证计划期望的起始日期和目标日期或终止日期,包括参加者进行试验的日期。

(10)对持续进行的计划,其分发检测物品的频次。

(11)参加者进行检测或测量可能需要采用的方法或程序的信息(通常是他们的常规程序)。

(12)所用统计分析的概述,包括指定值的确定和离群值的探测技术。

(13)返回给参加者的数据或信息的说明。

(14)能力评价技术的依据及结果验收依据的原则。

(15)对检测结果和根据能力验证结果所作结论的公开程度的说明。

3.能力验证数据处理设备准备

无论使用什么设备,都应能输入所有必要数据、进行统计分析以及提供及时和有效的结果。校核数据输入的程序应得到执行,所有的软件都应予以验证、支持和备份。数据文件的存储和安全应受控。

4.数据统计设计

对能力验证计划进行适当的统计设计是至关重要的。应仔细考虑下列事项及其相互影响:

(1)所涉及的检测的精密性和真实性。

(2)在要求的置信水平下,检出参加实验室之间的最小差异。

(3)参加实验室的数量。

(4)待检样品数目和对每一样品进行重复检测或测量的次数。

(5)估算指定值所使用的程序。

(6)识别离群值所使用的程序。

5.检测样品的制备

(1)检测样品的制备可以外包,或由协调者承担。制备检测样品的组织应证明其具备该能力。

(2)任何与检测物品有关的、可能影响实验室间比对完好性的条件,诸如均匀性、稳定性、

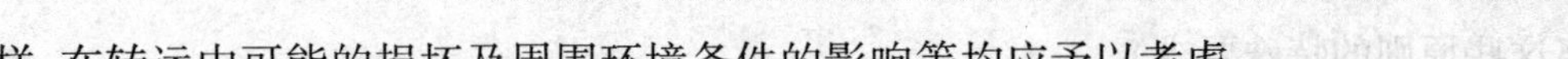

抽样、在转运中可能的损坏及周围环境条件的影响等均应予以考虑。

(3)计划中分发的检测样品或材料，在性质上通常应与参加实验室的日常检测样品或材料相类似。

(4)分发的检测样品数量取决于是否需要覆盖某一组成的范围。

(5)在结束校核完成之前，不应向参加者披露指定值。然而在某些情况下，检测之前告知目标范围也许是适当的。

(6)除了能力验证计划所需要的检测样品外，还可以考虑制备额外数量的检测样品。在评价了参加者所得结果之后，剩余检测物品有可能作为实验室的参考材料、质量控制材料或培训用品。

6. 检测样品的管理与发放

(1)检测样品的抽取、运送、接收、标识、储存和处置等程序应文件化。

(2)能力验证制备散料时，散料应充分均匀，避免检测样品差异对能力验证结果的评价产生显著影响，只要有可能，在检测样品分发给参加实验室之前应作均匀性检验。

(3)只要可能，协调者也应提供证明以确保整个能力验证实施过程中，检测样品充分稳定，不会产生任何显著变化。当需要评审不稳定被测量对象时，协调组织可能有必要规定完成检测的日期，以及任何要求的特定预检程序。

(4)协调者应考虑检测样品可能造成的危险，并采取适当措施，告知可能遭受潜在危险风险的任何有关部门(例如检测样品分发者，检测的实验室等)。

7. 方法/程序的选择

(1)参加者通常能使用他们所选的方法，该方法与其日常使用的程序一致。然而，在某些情况下，协调者可以指示参加者采用特定的方法，这些方法往往是国家或国际上采纳的标准方法，并已通过适当程序(例如协作试验)所确认。

(2)在应用校准程序时，指定值经常是由高等级的校准实验室(往往是国家标准实验室)使用明确并公认的程序，通过测量而得到的参考值，希望参加实验室都采用相同或类似的程序，但这一点对于标准实验室并非总是可行的。

(3)在参加者自由选择所用的方法时，适当情况下，协调者应要求参加者提供他们所用方法的细节，以便利用参加者的结果进行比对，并对该方法进行评议。

8. 能力验证计划的发展

为了确保能力验证计划能适应于技术和科学的发展，需要引入新型样品或新方法、新程序。但根据此类计划的结果对各个实验室的能力作早期结论时一定要谨慎。

9. 制订能力验证指导书

(1)指导书是提供给参加实验室在计划中须遵循的所有方面的详细指令。例如，这些指导书可以作为某计划条约中的一个主要部分。

(2)应详细阐述可能对所给检测物品或材料的检测产生影响的因素，这些因素包括操作者、物品或材料的性质、设备状态、检测程序的选择和检测的日程。

(3)也可以提供对检测和校准结果的记录和报告的具体指导(例如单位、有效数字的位数、报告格式、结果限期等)。

(4)应告知参加者如同日常检测那样来处理能力验证物品(除非在能力验证设计中有一些

可以偏离这些原则的特殊要求)。

10.数据的分析和记录

(1)从参加实验室处获得的结果应予输入和分析,一旦可行即报回实验室。需要指出的是,用程序来校核数据输入、传送和随后统计分析的有效性是至关重要的。因此建议将数据表、计算机备份文件、打印结果和图件等按规定保存一定时期。

(2)数据分析应产生总计度量值、性能统计量以及与计划的统计模式和目标相一致的关联信息。利用离群值探测试验加以识别,然后剔除,或者最好利用稳健统计量,将极端结果对总计量的影响减至最小。

(3)计划协调者应有文件化的准则来处理对能力评价可能不适合的检测结果。例如,就能力验证的目的而言,当检测材料显示出不够充分均匀或稳定时,对被测量不予评价。

11.编写能力验证报告

(1)能力验证计划报告的内容应根据具体计划的目的而变化,但应清晰和全面,并包含所有实验室结果分布的数据,以及各参加者能力的说明。

(2)能力验证计划报告中通常应包含下列信息:

①实施或协调该计划的组织名称和地址;

②参与计划设计和实施的人员姓名和单位;

③报告的发布日期;

④报告的编号和清晰的计划标识;

⑤所用物品或材料的清晰说明,包括样品制备和均匀性检验的细节;

⑥参加实验室代码和检测结果;

⑦统计数据和总览,包括指定值和可接受结果的范围;

⑧用于确定指定值的程序;

⑨任何指定值的溯源性和不确定度的细节;

⑩为其他参加实验室所用的检测方法/程序确定的指定值和总计统计量(若不同的实验室使用不同的方法);

⑪协调者和技术顾问对实验室能力的评论;

⑫用于设计和实施计划的程序;

⑬用于对数据作统计分析的程序;

⑭适当时,提出解释统计分析的建议。

12.能力评价

(1)需要对能力评价时,协调者应负责确保评价的方法适合于维持该计划的可信性。

(2)协调者可谋求技术顾问的帮助,以对实验室能力的以下方面提供专家评议:

①总体性能与原先期望值(应考虑不确定度)的比较;

②实验室内和实验室间的变异(以及与先前的计划或发表的精密度数据相比较);

③若可行,方法或程序之间的差异;

④误差(指极端结果)的可能来源和改进能力的建议;

⑤任何其他建议、推荐或一般性评议;

⑥结论。

13. 与参加者的沟通

(1)应当提供给参加者一套有关参加能力验证计划的详尽信息,当能力验证的信息发生变化能及时告知参加者。

(2)如果参加者认为能力验证中的能力评价有误,他们应能向协调者提出。

(3)应鼓励实验室提供反馈,以使参加者为计划的制订作出积极贡献。

(4)与参加者采取的纠正措施相关的程序。

二、能力验证注意事项

(1)记录的保密性。

(2)结果的串通和伪造。

能力验证的目的主要是帮助参加者改善其能力,但在参加者中仍可能有一种倾向,即对其能力提供一个虚假的良好印象。例如,在实验室之间可能发生串通,以至不提交真正独立的数据。因此,在可行情况下,能力验证应设计为能确保尽可能少地出现串通和伪造行为。

(3)能力验证组织者选择某个特定的能力验证计划,应由具备相应资格的人员进行审定和监督。

第三节 能力验证结果的统计处理和能力评价

一、统计处理

1. 统计设计

(1)能力验证的结果可以有多种形式出现,并构成各种统计分布。分析数据的统计方法应与数据类型及其统计分布特性相适应。无论使用哪一种方法对参加者的结果进行评价,一般均包括以下几个方面的内容:

①确定指定值;

②计算能力统计量;

③评价能力;

④在某些情况下需预先确定被测样品的均匀性和稳定性。

(2)在统计设计中应考虑下列事项及其相互影响:

①所涉及测试的精密性和正确性;

②在要求的置信水平下,检出参加者之间的最小差异;

③参加者的数量;

④待检样品的数目和对每一被测样品进行重复性检测、测量的次数;在校准能力验证计划中,应考虑比对的周期;

⑤估算指定值所使用的程序及识别离群值所使用的程序;

⑥校准能力验证计划中,参考试验室必须能够给出优于参加者的测量不确定度。

在检测验证计划中,结果的评价是建立在与给定值的比较之上,给定值通常是从所有参加者的结果中获得,即公议值。

(3)指定值及其不确定度的确定。

①确定指定值的方法有多种,最常用的有:

a. 已知值——其结果由特定样品配制时确定;

b. 有证参考值——由定义法确定(用于定量检测);

c. 参考值;

d. 与一个可追溯到国家或国际标准的参考标准物质样品或标准进行分析、测量或比对检测物品所确定的值;

e. 由各专家试验室获得的公议值,专家实验室在对被测量的测定方面具有可证实的能力,其使用的方法已经过确认,并且有较高的精密度和准确度,与通常使用的方法具有可比性;

f. 从参加试验室获得的公益值——利用验证参数中的统计量,并考虑到极端结果的影响。

为公正地评价参加试验室,促进试验室间比对方法的协调一致,应有指定的参数值,通过共同比对,使用共同的参数指定值。

②公共方法确定统计量的指定值,如:

定性值——预先确定的多数百分率值。

定量值——适当比对由某组产生的值,如加权平均值、中位值、众数或其他稳定量值。

(4)极端结果

当能力验证的比对参数确定时,所用的统计方法应当使极端结果影响最小。可以剔除离群值后进行计算。但在能力验证报告中还需对剔除结果评估,对机构进行能力评价。

①离群值判断

离群值按产生原因分为两类:

第一类离群值是总体固有变异性的极端表现,这类离群值与样本中其余观测值属于同一总体。

第二类离群值是由于试验条件和试验方法的偶然偏离所产生的结果,或产生于观测、记录、计算中的失误,这类离群值与样本中其余观测值不属于同一总体。

对离群值的判定通常可根据技术上或物理上的理由直接进行,例如当试验者已经知道试验偏离了规定的试验方法,或测试仪器发生问题等。

离群值的三种情形:根据实际情况或经验,离群值均为高端值或均为低端值,或高端、低端值均存在。

检出离群值个数的上限:应规定在样本中检出离群值个数的上限(与样本量相比应较小),当检出离群值个数超出这个上限时,应对该样本做研究后再处理。

单个离群值情形:

a. 依实际情况或以往经验选定,选定适宜的离群值检验规则;

b. 确定适当的显著性水平;

c. 根据显著性水平及样本量,确定检验的临界值;

d. 由观测值计算相应统计量的值,根据所得值与临界值的比较结果作出判断。

②离群值处理

保留离群值并用于后续数据处理;

a. 在找到实际原因时修正离群值,否则予以保留;

b. 剔除离群值，不追加观测值；

c. 剔除离群值，并追加新的观测值或适宜的插补值代替。

③判定和处理离群值的目的

a. 识别与诊断找出离群值，从而进行质量控制；

b. 估计参数　估计总体的某个参数，确定这些值是否计入样本，以便准确估计其参数；

c. 检验假设　目的在于判定总体是否符合所考察的要求，找出离群值的目的主要在于确定这些值是否计入样本，以使判定结果计量准确。

对于所有的能力验证计划，统计分析只是评价其结果的一个方面。如果一个结果被认为是离群值，这意味着，从统计上看，它明显地不同于本组的其他结果。然而，从所涉及的具体学科（如化学）看，结果可能没有"错"。这就是为什么规定结果的评价应由统计分析和技术专家共同参加的原因。

2. 统计量的计算

数据准备在开始进行统计分析之前，应采取措施确保所采集的数据是正确、合理的。必须仔细复查输入的数据。通过这个检查过程，一般可以识别出数据中的粗大误差和潜在问题。

在某些情况下，结果需经过转换，而不是按原始的数据计算。当所有结果已被输入并经过检查（必要时经过转换），然后制作显示结果分布的数据直方图，以检验正态分布假设。

检查直方图可以看出结果是否连续和对称，否则，统计分析可能无效。还可能出现一个问题，即在直方图上出现两组有差异的结果（即双峰分布），这通常是由于使用了产生不同结果的两种检测方法。在这种情况下，应对两种方法的数据进行分离，然后对每一种方法的数据分别进行统计分析。

(1)单个检测项目能力统计量

能力验证结果常需转换成一个能力统计量，以便于说明和衡量与指定值的偏差。检测能力的评价对于能力验证的参加者应有意义。因此，对检测项目的能力评价应该和检测的要求相关，并能被理解或符合特定领域的惯例。变动性度量常用于计算能力统计量和能力验证计划的总结报告中。

对一组比对的实验结果，常用的统计量有标准差、变异系数、中位值、标准四分位数间距（IQR）测试值与中位值绝对偏差、最小值、最大值、极差等。

①偏差

$$D = X - X_0 \tag{9-1}$$

式中：X——参加实验室的结果值；

X_0——指定值。

②偏差百分比

$$\frac{D}{X} \times 100\% \tag{9-2}$$

③标准四分位数间距（IQR）

了解标准四分位数间距首先应该了解四分位法。所谓四分位法就是统计比对所有数据的四分之一位置处的数据。一般采用四分之一位置两侧的两个数据的平均值，如图9-1所示。

在一系列数据中的高端位和低端位各取一个四分位数值。四分位数间距（IQR）指高四分

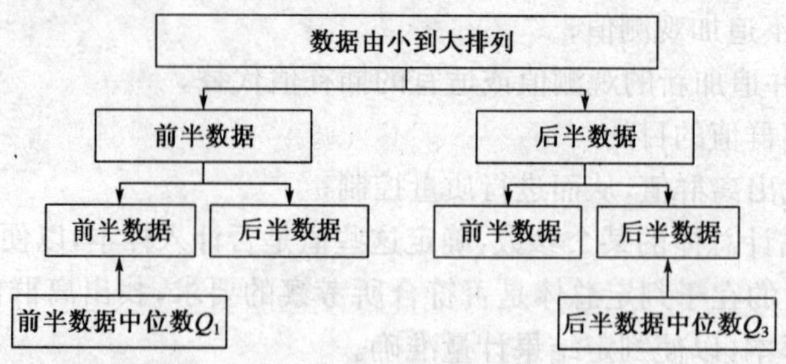

图 9-1 四分位间距概念图

位数值和低四分位数值之差，即：低四分位数值（Q_1）是低于结果的四分之一处的最近值，高四分位数值（Q_3）是高于结果四分之三处的最近值。在大多数情况下，Q_1 和 Q_3 通过数据值之间的内插法获得，$IQR = Q_3 - Q_1$。

标准 IQR 是一个结果变异性的量度，它等于四分位间距（IQR）乘以因子 0.741 3，与标准偏差相类似，标准 IQR＝IQR×0.741 3。

④Z 比分数

$$Z = \frac{D}{S} \tag{9-3}$$

S 是适当的估计量值，具有可变性。当利用四分位法稳健统计方法处理结果时：

$$Z = \frac{X - X_0}{0.741\,3\text{IQR}} \tag{9-4}$$

式中：IQR——四分位间距。

如果是样品两对的结果（在大多数情况下），将计算两个 Z 比分数，即实验室间 Z 比分数（Z_B）和实验室内 Z 比分数（Z_W）。它们分别基于结果对的和与差值。

假设结果对是从 A 和 B 两个样品中获得的。把样品 A 所有结果的中位值和标准化 IQR 分别写为中位值（A）和标准化 IQR（A）（样品 B 也类似）。仅对一个样品 A 的结果而言，简单的稳健 Z 比分数（用 Z 表示）：

$$Z = \frac{A - \text{中位值}(A)}{\text{标准 IQR}(A)} \tag{9-5}$$

当根据样品对的结果 A 和 B 计算 Z_B 和 Z_W 时，首先计算结果对的标准化和（用 S 表示）和标准化差值（Z），即：

$$S = \frac{A+B}{\sqrt{2}} \text{ 和 } D = \frac{A-B}{\sqrt{2}}（\text{保留 } D \text{ 的}+\text{或}-\text{号}） \tag{9-6}$$

通过计算每个实验室的标准化和及标准化差值，可以得出所有的 S 和 D 的中位值和标准化 IQR，即中位值（Z），标准化 IQR（D）等（这些总计统计量通常在报告表中列出，便于参加者自己计算 Z 比分数）。

随后计算实验室间 Z 比分数（Z_B）和实验室内 Z 比分数（Z_W），即：

$$Z_{\mathrm{B}}=\frac{S-\text{中位值}(S)}{\text{标准 IQR}(S)}\text{ 和 }Z_{\mathrm{B}}=\frac{D-\text{中位值}(D)}{\text{标准 IQR}(D)} \tag{9-7}$$

在报告中列表给出计算的 Z 比分数,并依据这些 Z 比分数来评定实验室的能力。

⑤E_n 值(该统计量通常用于测量比对计划和测量审核活动)

$$E_n=\frac{X_{\mathrm{LAB}}-X_{\mathrm{REF}}}{\sqrt{U_{\mathrm{LAB}}^2+U_{\mathrm{REF}}^2}} \tag{9-8}$$

式中:X_{LAB}——实验室的测量结果;

X_{REF}——被测量物品的参考值;

U_{LAB}——参加者结果的不确定度;

U_{REF}——指定值的不确定度。

⑥结果数及中位数

结果数是从一个特定检测中得到的结果总数,符号为 N。

参加验证的实验室数量用 N 表示,中位数是一组数据的中间值。如果 N 是奇数,中位值是排序在中间的值;如果 N 是偶数,中位值是两个中心值的平均值。

⑦稳健 CV 是变异系数

$$\text{稳健 CV}=\frac{\text{标准 IQR}}{\text{中位值}}\times 100\% \tag{9-9}$$

⑧最小值、最大值及极差

最小值是最低值(即 $X[1]$),最大值是最高值(即 $X[N]$),极差是它们之间的差值(即 $X[N]-X[1]$)。

(2)统计注意事项

①参加者结果和指定值之间的简单差值可能足以确定能力,且易被参加者所理解。

②百分率差适用于浓度的变化,参加者较易理解。

③百分数或秩用于高度离散或偏态分布的结果和次序响应,或不同的响应值有极限时的情形。不要轻易使用该方法。

④根据检测数据的性质须对结果实行交换,使它们都服从相同的假设分布(如 Z 比分数服从正态分布,偏差的平方服从 χ^2 分布)。对严重影响综合能力评价的极端值应进行检查。

⑤如果使用统计量作为评价标准(如 Z 比分数),变动性的评估必须可靠,需有足够的观察以减少极端值的影响和降低不确定度。

(3)统计量计算

完成了数据准备,就可以用总计统计量来描述结果。至少应包含七种综合的统计量,即结果数、中位值、标准四分位数间距(IQR)、稳健的变异系数(CV)、最小值、最大值和极差。

其中,最重要的统计量是中位值和标准 IQR。它们是数据集中和分散的量度,与平均值和标准偏差相似。使用中位值和标准化 IQR 是因为它们是稳健的统计量,它们不受数据中离群值的影响。

计算了能力验证中的总计统计量后,为了及时地将信息反馈给实验室,可把中位值,标准 IQR 以及实验室的结果列成表格,作为中期报告发至参加实验室。

沥青针入度测定结果和统计处理见表 9-1。

沥青针入度测定结果和统计处理表 表 9-1

序号	试验室代码	沥青的针入度(0.1mm)	Z	检测结果评价	序号	试验室代码	沥青的针入度(0.1mm)	Z	检测结果评价
1	T16	62.50	−2.502	可疑	10	T6	75.00	0.218	满意
2	T5	71.00	−0.653	满意	11	T10	75.00	0.218	满意
3	T12	71.00	−0.653	满意	12	T15	76.00	0.435	满意
4	T17	71.50	−0.544	满意	13	T8	77.00	0.653	满意
5	T11	72.00	−0.435	满意	14	T2	79.00	1.088	满意
6	T1	73.00	−0.218	满意	15	T14	79.00	1.088	满意
7	T13	73.00	−0.218	满意	16	T9	80.00	1.305	满意
8	T4	74.00	0.000	满意	17	T3	86.00	2.611	可疑
9	T7	74.00	0.000	满意					
结果数 N	17.00				下四分位值 Q_1	71.80			
最小值 $X[1]$	62.50				上四分位值 Q_3	78.00			
最大值 $X[11]$	86.00				四分位间距	6.20			
极差	23.50				标准化 IQR	4.60			
中位值	74.00				稳健 CV(%)	6.21			

注:结果中有 2 家实验室有问题,其余 15 家满意。

如果可能,应尽量使用图示法表示能力(如直方图、误差柱状图和 Z 比分数次序图)。用图来表明参加者结果的分布、多个检测项目数据间的关系、不同方法的分布比较。

有时某些实验室出具的数据,在能力验证计划中为离群结果,但可能仍在其相关标准规定的允许误差范围之内。鉴于此,利用参加能力验证计划的结果来对实验室的能力进行判定时,通常不做出合格与否的结论,而是使用“满意/不满意”或“离群”的概念。

二、能力验证结果的评价

(1)在建立能力的评价标准前,应考虑能力的度量值是否具有下列特点。

①专家公议:专家直接确定报告的数据是否符合要求,专家公议是评价性检测结果的主要途径。

②与目标的符合性:例如,应考虑方法的使用范围和参与者被认可的操作水平等。

③数值的统计判定:这里的评价准则适用于各种结果值。一般将 Z 比分数分为:

$|Z| \leqslant 2$ 满意结果

$2 < |Z| < 3$ 有问题

$|Z| \geqslant 3$ 不满意或离群的结果

当利用测量审核对实验室的能力进行判定时,可利用 E_n 值或参照相关技术标准(包括统计技术方面的标准)进行判定。

将 E_n 值分为:

$|E_n| \leqslant 1$ 满意结果

$|E_n| > 1$ 不满意结果

④参加者的公议:由一定百分比的参加者或由某个参考标准组提供的比分数值或结果的范围。如:中心百分比(80%、90%或 95%)满意,或单侧百分比(最低 90%)满意。

(2)实验室进行能力验证并得到结果后,按照以下三条原则进行评价:

①实验室有明确的组织机构和职责保证参加能力验证,制订了完善的质量文件并按程序执行;能够证明其参加过程并对结果进行了有效评价、分析及反馈,满足以上条件的评为符合。

②实验室规定了职责保证参加能力验证,制订了完善的质量文件,但没有完全按照程序实施,没有相关的记录,对此应评为缺陷。

③实验室没有规定明确的职责,也没有制订参加能力验证的质量文件,对此则评为不符合的一项。

三、能力验证结果的使用

(1)能力验证的结果对于参加实验室和组织机构都有用。但是,当利用这些结果去确定实验室的能力时有其局限性。某一次能力验证计划中的成功,可能只代表这一次活动的能力,而不能反映出持续进行的能力。同样,在某一次计划中的不成功表现,也许反映的是实验室偶然偏离了正常的能力状态。正因为如此,在认可过程中,实验室认可机构不能孤立地使用能力验证。

(2)如果实验室提交的某个结果或一些结果超出了某一次能力验证计划的验收准则,及早向实验室通报其结果,并建议该实验室对其能力进行调查和评议。组织能力验证机构应有对这些结果采取措施的程序。

(3)对报告不满意结果的实验室,应用下列政策:

①实验室在约定的时间范围内调查和评议其能力;

②必要时,让实验室随后进行可能的能力验证,以确认实验室采取纠正措施是否有效;

③必要时,由合适的技术评审员对实验室进行现场评价,以确认纠正措施是否有效。

(4)应当告知参加实验室能力验证计划中的不满意表现可能带来的后果,这包括在指定的期限内进行有效的整改后可继续认定;暂停相关项目的认定(要求采取适当的纠正措施);撤销相应项目的认可。通常,组织机构对这些措施的选择将根据该实验室的一贯能力和最近的现场评审而定。

四、实验室的行动和反馈

(1)应要求认可实验室保存它们自己在能力验证计划中能力的记录,包括对不满意结果的调查结论,以及随后的纠正和预防措施。

(2)实验室应从能力验证组织和设计的评价中对自己的能力作出结论。应考虑的信息包括:

①检测样品的来源和特征;

②所用的检测方法,如果可能,对特定方法的结果赋值;

③能力验证的组织(例如统计模式、重复次数、被测参数、执行方式);

④组织机构用于评价参加者能力的准则。

第十章

统计技术和抽样技术

第一节　统计技术的基础

一、随机变量的基本概念

1. 事件和随机事件

事件是指观测或试验的一种结果。例如：测量零件的半径所得的结果为 4.51mm，4.52mm，4.53mm，…这里每个可能出现的测量结果都称为事件。

在客观世界中，我们可以把事件大致分为确定性和不确定性两类。

试验可以在相同的条件下重复进行，每次试验的可能结果不止一个，并在事先能明确所有出现的结果，但是在试验之前不能确定哪一个结果会出现，满足这些条件的试验称为随机试验。

概率论和数理统计就是从两个不同侧面来研究这类不确定性事件的统计规律性。在概率统计中，把客观世界可能出现的事件区分为最典型的 3 种情况：

(1)必然事件。在一定条件下必然出现的事件，用 U 表示。

(2)不可能事件。在一定条件下不可能出现的事件，用 V 表示。

(3)随机事件。在随机试验中，对一次试验可能出现也可能不出现，而在多次重复试验中却具有某种规律的事件。随机事件是概率论的研究对象，常用 $A \cdot B \cdot C$…… 表示。随机事件即是随机现象的某种结果。

2. 概率

频数是指在给定类(组)中，特定事件发生的次数或观测值的个数。频率即各组频数与总体单位总和之比，它反映了各组频数的大小对总体所起的作用的相对强度。在 n 次试验中，事件 A 出现 n_{A} 次，则称值 n_{A}/n 为事件 A 在这次试验中出现的频率，记以 $f_n(A)$，即：

$$f_n(\mathrm{A}) = n_{\mathrm{A}}/n \tag{10-1}$$

式中：n_{A} ——频数。

实践证明，当试验次数逐渐增大时，频率 $f_n(A)$ 在某一定值 P 附近摆动。这一性质为频率的稳定性。摆动中心 P 值的大小就是衡量事件 A 出现可能性大小的量。

由于频率的稳定性，因此可把频率的摆动中心 P 作为事件 A 的概率 $P(A)$ 的值。这种方法定义的概率称为统计概率。

根据事件 A 发生的不同情况，其概率的性质如下：

(1)由于频率总是介于 0 和 1 之间，故随机事件 A 的概率也总是介于 0 与 1 之间：0 <

$P(A) < 1$。

(2)必然事件的概率：$P(U) = 1$。

(3)不可能事件的概率：$P(V) = 0$。

(4)若事件 A 发生，事件 B 一定不发生；反之，事件 B 发生，事件 A 一定不发生，即 A、B 两事件不同时发生，称 A 与 B 不相容，也成为互斥事件。对于互斥事件 A 与 B，它们和的概率等于 A、B 两事件概率的和，即：

$$P(A+B) = P(A) + P(B) \tag{10-2}$$

(5)若事件 A 的发生不影响 B 的发生，则称事件 A 与 B 互相独立。

对于两个独立事件 A 与 B 之和的概率（同时发生的概率），等于 A、B 单独发生的概率的乘积，即：

$$P(AB) = P(A) \cdot P(B) \tag{10-3}$$

(6)小概率事件：如果某一事件的概率接近零，则这个事件在大量重试验中出现的频率很小，这种事件称为“小概率事件”。“小概率事件”在一次试验中发生的可能很小，所以通常认为，在一次试验中“小概率事件”几乎是不会发生的。

二、随机变量及其数字特征

1. 随机变量

定义：如果某一变量（例如测量结果）在一定条件下，取某一值或在某一范围内取值是一个随机事件，则这样的量叫做随机变量。

按照随机变量所取数值的分布情况不同，可分为两种：

(1)连续性随机变量。若随机变量 X 可在坐标轴上某一区间内取任一数值，即取值布满区间或整个实数轴，则称 X 为连续型随机变量。打靶命中点的可能值是充满整个靶面的，属于连续型随机变量。

(2)离散型随机变量。若随机变量 X 的取值可离散地排列为 $x_1, x_2, \cdots$，而且 X 以各种确定的概率取这些不同的值，即只取有限个或可数个实数值，则称 X 为离散型随机变量。

2. 分布函数

随机变量的特点是以一定的概率取值，但并不是所有的观测或试验都能以一定的概率取某一个固定值。例如：对某工件的直径，作为被测量最佳估计值的测量结果是随机变量，记作 X，它的真值是充满某一个区间的（并非某一个固定值）。此时，我们所关心的问题是：它落在该区间的概率是多少，即 $P(a \leqslant X \leqslant b) = ?$

根据概率加法定理有：

$$P(a \leqslant X \leqslant b) = P(X < b) - P(X < a) \tag{10-4}$$

显然，只要求出 $P(X < b)$ 及 $P(X < a)$ 即可，这要比 $P(a \leqslant X \leqslant b)$ 的计算简单许多，因为它们只依赖一个参数。

对于任何实数 x，事件（$X \leqslant x$）的概率当然是一个 x 的函数。令 $F(x) = P(X < x)$，这里 $F(x)$ 即为随机变量 X 的分布函数。分布函数 $F(x)$ 完全决定了事件（$a \leqslant X \leqslant b$）的概率，或者说，分布函数 $F(x)$ 完整地描述了随机变量 X 的统计特性。

3.随机变量的数字特征

利用分布函数或分布密度函数可以完全确定一个随机变量，但在实际问题中求分布函数或分布密度函数不仅十分困难，而且常常没有必要。例如：测量零件长度得到了一系列的观测值，人们往往只需要知道零件长度这个随机变量的一些特征量就够了。诸如长度的平均值(近似地代表长度的真值)及测量标准(偏)差(观测值对平均值的分散程度)。用一些数字来描述随机变量的主要特征，显然十分方便、直观、实用，在概率论和数理统计中就称他们为随机变量的数字特征。这些特征量有数学期望、方差、矩、协方差等。

(1)数学期望

随机变量 X 的数学期望记为 $E(X)$ 或简记 μ_x，用它可以表示随机变量本身的大小，说明 X 的取值中心或在数轴上的位置，也称为期望值。数学期望表征随机变量分布的中心位置，随机变量围绕着数学期望取值。数学期望的估计值，即为若干个测量结果或一系列观测值的算数平均值。也就是说，数学期望是一个平均的大约数值，随机变量的所有可能值围绕着它而变化。

①离散型随机变量的数学期望

设某机械加工车间有 M 台机床，它们有时工作，有时停顿(如为了调换刀具、零件和进行测量等)，为了精确估计车间的电力负荷，需要知道同时工作着的机床的台数。为此做了 N 次观察，记下诸独立事件(所有机床都工作，有 1 台工作，有 2 台工作，…，M 台都工作)的出现次数，其分别为 $m_0, m_1, \cdots, m_M$。显然，$m_0 + m_1 + \cdots + m_M = N$，则该车间同时工作的机床的平均数 $\bar{n}$ 为：

$$\bar{n} = \frac{\sum_{i=1}^{M} x_i m_i}{N} = \sum_{i=1}^{M} x_i \frac{m_i}{N} = \sum_{i=1}^{M} x_i w_i \tag{10-5}$$

式中：w_i——x_i 台机床同时工作的频率。

当 N 很大时，频率 w_i 趋于稳定而等于概率 p_i，故有：

$$\bar{n} = \sum_{i=1}^{M} x_i p_i \tag{10-6}$$

由上所述，本例中同时工作的机床台数 X 是一个随机变量，其可能值为 x_i，响应的概率为 p_i，其均值 $\sum_{i=1}^{M} x_i p_i$ 即称为随机变量的数学期望的估计值。它的一般形式为 $\mu_x = E(X) = \sum_{i=1}^{\infty} x_i p_i$，而级数 $\sum_{i=1}^{\infty} x_i p_i$ 应绝对收敛。

②连续型随机变量的数学期望

设连续型随机变量 X 具有概率密度 $f(x)$，若 $\int_{-\infty}^{+\infty} |x| f(x) \mathrm{d}x < +\infty$，则称积分值 $\int_{-\infty}^{+\infty} |x| f(x) \mathrm{d}x$ 为 X 的数学期望，简称期望或均值，记为 $E(x)$，即：

$$E(X) = \int_{-\infty}^{+\infty} x f(x) \mathrm{d}x \tag{10-7}$$

因此，数学期望是均值这一概念在随机变量上的推广，并不是简单的算数平均值，而是以概率为权的加权平均值。

(2)方差

数学期望是随机变量的一个重要数字特征，它表示随机变量取值水平或者说随机变量的中心位置，从一个角度描述了随机变量，但在许多问题中单用数学期望通常是不够的，往往还要涉及另一类数字特征，它刻化随机变量的取值与其中心位置的偏离程度这一特征，其中最重要的是方差。

①方差的概念

方差是指随机变量的中心化概率分布的二阶矩。即：设 X 为随机变量，若 $E[X-E(X)]^2$ 存在，则称 $E[X-E(X)]^2$ 为 X 的方差，记为 $V(X)$ 。

$$V(X)=E[X-E(X)]^2 \tag{10-8}$$

在应用中还引入随机变量 X 具有相同量纲的量 $\sqrt{V(X)}$，记为 σ，称为标准差。

②离散型随机变量方差

$$V(X)=\sum_{i=1}^{\infty}[x_i-E(X)]^2 p_i \tag{10-9}$$

其中，$P\{X=x_i\}=p_i, i=1,2,\cdots$ 为 X 的分布律。

③连续型随机变量的方差

$$V(X)=\int_{-\infty}^{+\infty}[x-E(X)]^2 f(x)\mathrm{d}x \tag{10-10}$$

计算方差时，更多的是用下面的公式：

$$V(X)=E(X^2)-[E(X)]^2$$

这个公式的证明如下：

$$\begin{aligned}V(X)&=E[X-E(X)]^2=E\{X^2-2XE(X)+[E(X)]^2\}\\&=E(X^2)-2E(X)\cdot E(X)+[E(X)]^2=E(X^2)-[E(X)]^2\end{aligned}$$

(3)矩

设 X、Y 为随机变量，若 $E(|X|^k)<\infty$，记 $a_k=E(x^k)$，称 a_k 为 X 的 k 阶原点矩，简称 k 阶矩。

若 $E|X-E(X)|^k<\infty$，记 $b_k=E|X-E(X)|^k$，称 b_k 为 X 的阶中心矩。

(4)协方差

在联合概率分布下，两个中心化随机变量乘积的均值为协方差。公式表示如下：若随机变量 X 和 Y 的二阶矩都存在，则称 $E[X-E(X)][Y-E(Y)]$ 为 X 与 Y 的协方差，记为 σ_{XY}。

$$\sigma_{XY}=E[X-E(X)][Y-E(Y)] \tag{10-11}$$

三、常见随机变量的概率分布

1. 均匀分布

均匀分布(图 10-1)指具有以下概率密度函数的连续分布，其中，$a\leqslant x\leqslant b$。

$$f(x)=\frac{1}{b-a} \tag{10-12}$$

2. 正态分布

正态分布(图 10-2)指具有如下概率密度函数的连续分布，其中 $-\infty<x<\infty$，且 $-\infty<$

$\mu<\infty,\sigma>0$。

$$f(x)=\frac{1}{\sigma\sqrt{2\pi}}\mathrm{e}^{-\frac{(x-\mu)^2}{2\sigma^2}} \tag{10-13}$$

式中：$f(x)$——概密度函数；

π——圆周率，$\pi=3.141\,59\cdots$；

e——自然对数的底，e=2.718 28…；

μ——其均值；

σ——其标准差。

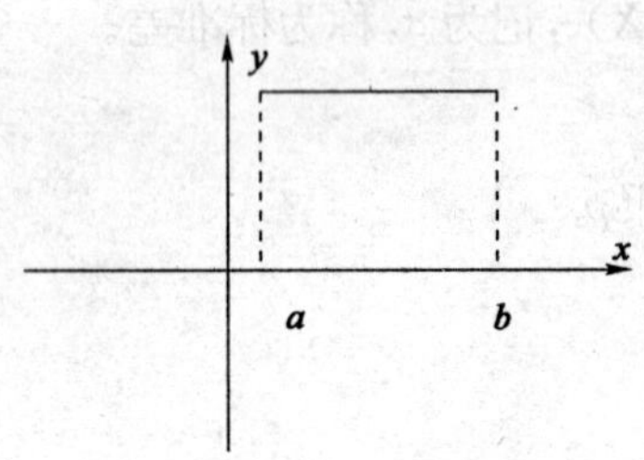

图 10-1 均匀分布图

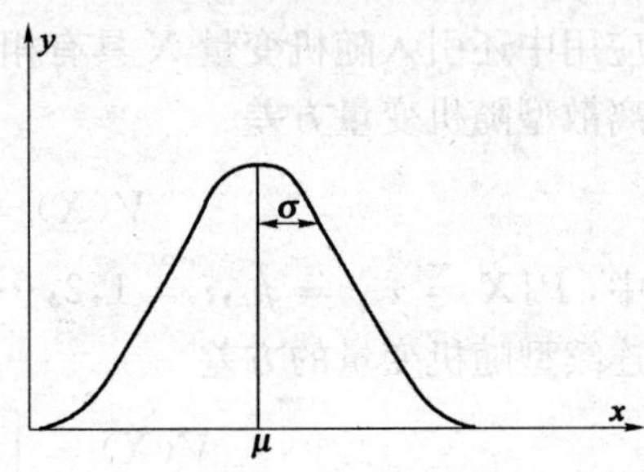

图 10-2 正态分布图

从图 10-2 以及简单的计算可知，正态分布图形具有下列性质：

(1) $f(x)$ 处处大于零，且具有各阶连续的导数。

(2) $f(x)$ 在$(-\infty,\mu)$ 区间严格上升，在 $x=\mu$ 处达到最大值 $1/(\sigma\sqrt{2\pi})$，且其大小只取决于标准差 σ。标准差越大，观测值落在 μ 附近的概率越小，意味着测定精度差，观察值也越分散；标准差越小，观测值落在 μ 附近的概率越大，表示观测的精度好，观测值集中；在 $(\mu,+\infty)$ 区间严格下降；在 $x=\mu$ 处有极值点。

(3) $f(x)$ 关于 $x=\mu$ 对称，即 $f(\mu+x)=f(\mu-x)$。

(4) $\int_{-\infty}^{+\infty}f(x)\mathrm{d}x=1$

当 $\mu=0,\sigma=1$ 时，称为标准正态分布，记为 $N(0,1)$ 其密度函数用 $\varphi(x)$ 表示，即有：

$$\varphi(x)=\frac{1}{\sqrt{2\pi}}\mathrm{e}^{-\frac{x^2}{2}} \tag{10-14}$$

3. t 分布

具有如下概率密度函数的连续分布：

$$f(t)=\frac{\Gamma[(v+1)/2]}{\sqrt{\pi v}\Gamma(v/2)}\times\left(1+\frac{t^2}{v}\right)^{-(v+1)^2} \tag{10-15}$$

四、统计概念

1. 总体、样本与样本空间

总体是指所考虑对象的全体。样本是指由一个或多个抽样单元组成的总体的子集。样本空间是指所有可能结果的集合。

2. 算术平均值

算术平均值是总体单位某一数量标志值之和除以总体单位总量。

对样本量为 n 的随机样本 $\{X_1, X_2, \cdots, X_n\}$，算术平均值为：

$$\overline{X} = \frac{1}{n}\sum_{i=1}^{n} X_i \tag{10-16}$$

式中： $\overline{X}$ ——算术平均值；

n——样本量；

$\{X_1, X_2, \cdots, X_n\}$ ——随机样本。

3. 相关系数

在联合概率分布下，两个标准化随机变量乘积的均值。

第二节 常用数理统计工具

一、调查表

在进行统计工作时，首先要收集数据，收集来的数据要规范化、表格化。统计分析用的调查表，是利用统计表对数据进行整理和初步分析原因的一种工具。

针对不同的需要，常用的格式有：

(1)不合格项目分类统计调查表。如混凝土施工可按配比、拌和、运输、浇筑、振捣逐一统计；也可统计不合格的频率及百分比，并可分析不合格的原因。

(2)工序质量特性分布统计分析调查表。可以对各种参数分别给予统计分析，找出产生问题的主要原因。

(3)调查缺陷位置的统计分析调查表。

二、分层法

分层法是将所有收集的数据按照数据来源、性质、使用目的和要求，分类加以归纳、总结和分析，然后再用其他统计分析方法将分类后的数据加工成图标。

分层法是数据分析的一项基础工作。分层的好坏直接影响着后期分析的结果。例如：作直方图分层不好时，就会出现峰型和平顺型；排列图分层不好时，矩形高度差不多，无法分清因素的主次。

三、因果图

因果图又称“特性要因图”，也有人根据其图形如鱼骨状或树枝状，称其为“鱼骨图”或“树枝图”。这是一种逐步深入研究和讨论质量问题的图示方法。它把对质量问题有影响的一些重要因素加以分析和分类，依照这些原因的大小次序在同一张图上分别用主干、大枝和小枝图形表示出来，即为因果图。有了因果图就可以对因果作出明确而系统的整理，从而可一目了然、系统地观察所产生质量问题的原因，有利于研究解决的办法。

在进行因果分析过程中，对那些认为比较重要的因素，要用特殊记号标注说明，然后根据查找出来的问题，从大到小，通过研究绘制对策表，针对查找出的影响质量的因素，制订对策，落实解决的办法。以混凝土强度不足为例，用因果图表示出来，如图 10-3 所示。

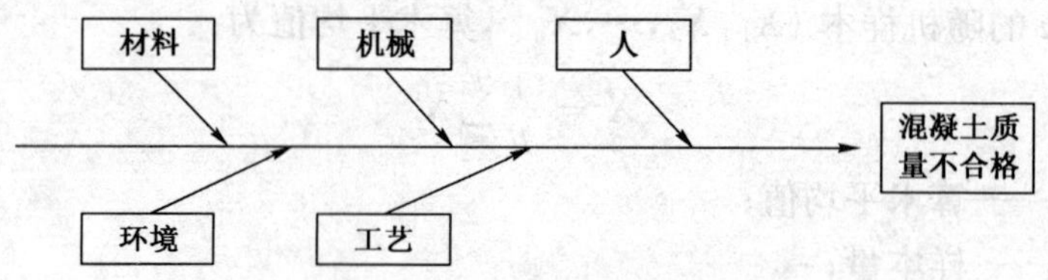

图 10-3 某工程混凝土质量不合格的因果分析图

四、直方图

直方图是通过对数据的加工处理，从而分析和掌握质量数据的分布和估算工序不合格品率的一种方法。直方图有频数直方图和频率直方图两种，其中以频数直方图使用较多。样本数据频数直方图，是指将样本观测值 X_1、X_2、…、X_n 进行适当的分组，然后计算各组中数据的个数。以样本取值范围为横坐标，以频数为纵坐标，将按样本序列划分的组及其频率的柱状图连续画在图中而得。

1. 直方图的作图方法

(1)做频数(或频率)分布表；

(2)画直方图；

(3)进行有关计算。

例 10-1 某沥青混凝土拌和场，连续拌和 100d，每天抽取一次油石比，将其计量列于表 10-1，设计油石比 6.0%，施工允许偏差±0.5%，作频数分布直方图，并计算有关特征值。

基础数据表 表 10-1

顺序	油石比数据									
1	6.12	6.35	5.84	5.90	5.95	6.14	6.05	6.03	5.81	5.86
2	5.78	6.22	5.94	5.80	5.90	5.86	5.99	6.16	6.18	5.79
3	5.67	6.22	5.88	5.71	5.82	5.94	5.91	5.84	5.68	5.91
4	6.03	6.00	5.95	5.96	5.88	5.74	6.06	5.81	5.76	5.82
5	5.89	5.88	5.64	6.00	6.12	6.07	6.25	5.74	6.16	5.66
6	5.58	5.73	5.81	5.57	5.93	5.96	6.04	6.09	6.01	6.04
7	6.11	5.82	6.26	5.54	6.26	6.01	5.98	5.85	6.06	6.01
8	5.86	5.88	5.97	5.99	5.84	6.03	5.91	5.95	5.82	5.88
9	5.85	9.32	5.92	5.98	5.90	5.94	6.00	6.20	6.14	6.07
10	6.08	5.86	5.96	5.53	6.24	6.19	6.21	6.43	6.05	5.97

解：(1)收集数据。一般应为 50～100 个数据，本例为 100 个。

(2)分析和整理数据。找全体数据中的最大值和最小值。本例中，最大值 $X_{max}=6.43$，最小值 $X_{min}=5.53$，极值 $R=X_{max}-X_{min}=0.9$。

(3)确定组数和组距。分组通常按组距相等原则进行。组数 k 和组距 h 与极差有一定的关系，其表达式为：$h=R/(k-1)$。

由于通常所取的数据总是有限的，且具有随机性，所以组数 k 的大小会影响频数图的分布，应合理选择 k 值，以便所作出的直方图尽量符合总体特性分布形状。根据经验，k 值的变化范围如表 10-2 所示。

组 数 表　　表 10-2

数据个数	50 以内	50～100	100～250	250 以上
分组数	5～7	6～11	7～15	10～30

本例取 $k=11$，组距 $h=0.9/10=0.09$。

(4)确定组界。为避免数据恰好落在组界上，组界值的数据要比原数据的精度高一位。计算第一组的上、下限时，以整批数据中的最小值为第一组的组中值，上、下界限值分别为：

第一组下限　$X_{min}-h/2=5.485$

第一组上限　$X_{min}+h/2=5.575$

第二组的下限等于第一组的上限，第二组的上限则等于第二组的下限加上组距 h 值，同时它又是第三组的下限，其他的以此类推，见频数分布表 10-3。

频数分布表　　表 10-3

序号	分组区间	频数	频率	序号	分组区间	频数	频率
1	5.348 5～5.575	3	0.03	7	6.025～6.115	14	0.14
2	5.575～5.665	4	0.04	8	6.115～6.205	9	0.09
3	5.665～5.755	6	0.06	9	6.205～6.295	6	0.06
4	5.755～5.845	14	0.14	10	6.295～6.385	2	0.02
5	5.845～5.935	21	0.21	11	6.385～6.475	1	0.01
6	5.935～6.025 3	20	0.20	12		1.0	

(5)画频数分布直方图，如图 10-4 所示。显然在直方图中，如果产品数量不断增加，分组越来越细，直方图就转化为一条光滑的曲线，这在数理统计上叫频率曲线。

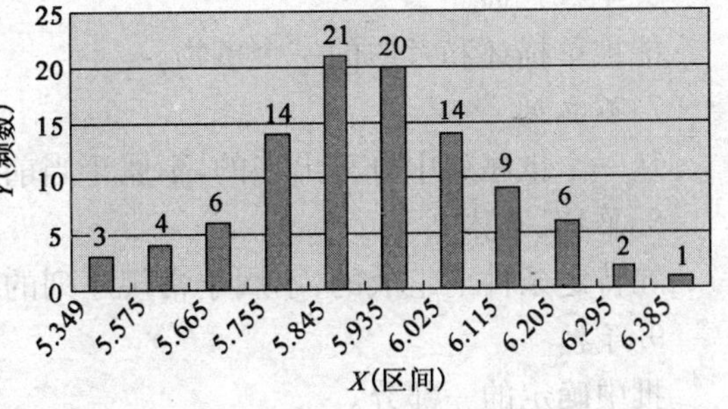

图 10-4　直方图

2. 判断质量分布状态

作完频数直方图后，可以从图形判断工程质量是否正常。直方图从分布类型上可以分为正常型和异常性。

正常型：中间高，两边低，左右对称，呈正态分布。异常型直方图有以下几种类型：

(1)孤岛型。直方图两边出现孤立小岛。造成原因如材料发生变化，测试有误差等。

(2)双峰型。直方图中出现两个峰，这主要是数据来自两个不同分布的总体，此时应加以分层。

(3)折齿形。直方图出现凹凸不平的形状。这主要是数据分组太多，测量仪器误差过大等造成，此时应重新收集和整理数据。

(4)陡壁行。直方图向一边倾斜，这是由收集数据不正常所至。

(5)偏态型。当受上、下限的限制时，多发生偏态型。下限受限制时，多发生左偏，上限受限制时，多发生右偏。

(6)平顶型。直方图没有突出的顶峰，呈平顶型，这可能是数据源于多个不同分布的总体；也可能是质量特性在某区间中均匀变化。

第三节 抽样技术及应用

一、抽样技术相关术语

1.抽样分布

抽样分布是指统计量的分布。

2.抽样方案

抽样方案是指所使用的样本量和有关批接受准则的组合。根据批量大小、接收质量限检验严格程度等因素定出样本大小和判定数组，有了这两个参数就可以对给定的批进行抽样和判定。

3.抽样程序

使用抽样方案判断批接收与否的过程。

4.批

批是指按照抽样的目的，在基本相同条件下组成总体的一个确定部分。

例如：抽样目的可以是判定批的可接受性，或是估计某特定特性的均值。

5.抽样框

关于抽样单元的完整名录。

6.单位产品

能被单描述和考虑的一个事物。

7.孤立批

从一个批序列中分离出来的，不属于当前序列的批。

8.单批、个体

在特定条件下组成的，不属于常规序列的批。

9.子批

批中确定的一部分。

10.批量

批中产品的数量。

二、抽样检验

检验是指通过测量、试验等质量检测方法，将工程产品与其质量要求相比较并作出质量评判的过程。工程质量检验是工程质量控制的一个重要环节，是保证工程质量的必要手段。

检验可分为全数检验和抽样检验两大类。全数检验是对一批产品中的每一个产品进行检验，从而判断该批产品质量状况；抽样检验是从一批产品中抽出少量的单个产品进行检验，从而推断该批产品质量状况。全数检验较抽样检验可靠性好，但检验工作量非常大，往往难以实现;抽样检验方法以数理统计学为理论依据,具有很强的科学性和经济性,工程中的大部分检测,只能采用抽样检验方法。

质量检验的目的在于准确判断工程质量状况,以促进工程质量的提高。其有效性取决于检验的可靠性,而检验的可靠性与以下因素有关:

(1)质量检验手段的可靠性;

(2)抽样检验方法的科学性;

(3)抽样检验方案的科学性。

在质检过程中,必须全面考虑上述3个因素,以提高质量检验的可靠性。

三、抽样检验的类型

抽样是从总体中抽取样本的过程,并通过样本了解总体。总的来说,抽样检验的类型如图10-5所示。

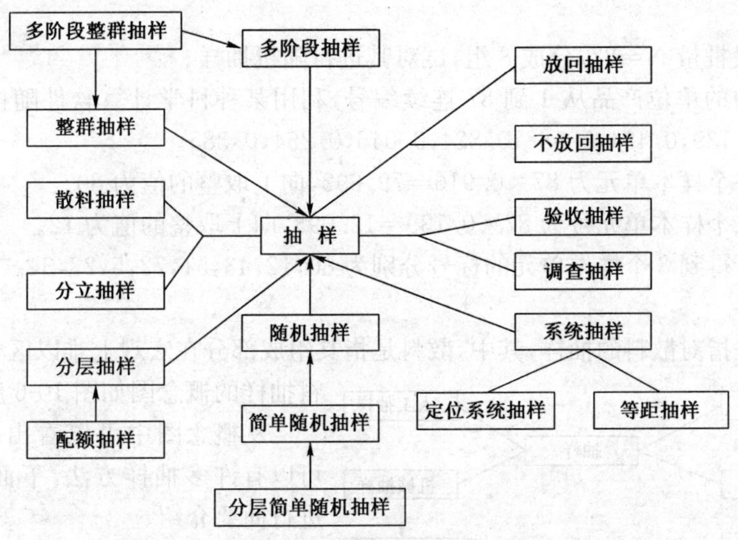

图10-5　抽样检验类型概念图

工程中试验检测常用的抽样方式有:简单随机抽样、散料抽样、系统抽样、整群抽样、多阶段抽样、分层抽样。下面就几种常用抽样方式加以介绍。

1.简单随机抽样

简单随机抽样也称纯随机抽样。对于大小为N的总体,抽样样本量为n的样本,若全部可能的样本被抽中的概率都相等,则称这样的抽样为简单随机抽样。具体抽样时,根据抽样单位是否放回可分为重复抽样和不重复抽样。

(1)重复抽样

重复抽样是每次从总体中随机抽取一个样本单位,经调查观测后,将该单位重新放回总体,然后再在总体中随机抽取下一个单位进行调查观察,依次重复这样的步骤,直到从总体中随机抽够n个样本单位为止。其特点是同一个单位有可能在同一个样本中重复出现。但考虑顺序与不考虑顺序之间有明显的区别:一是可能的样本个数不同;二是样本的概率分布不同,由此会导致估计量的概率分布不同。

(2)不重复抽样

不重复抽样是每次从总体中随机抽取一个样本单位，经调查观测后，不再将该单位放回总体中参加下一个抽样，然后再在剩下的总体单位中随机抽取下一个样本单位进行调查观测，依次重复这样的步骤，直到从总体中随机抽取 n 个样本单位为止。其特点是任何一个总体单位不可能在同一样本中重复出现，并且样本构造的估计量的概率分布相同。

(3)简单随机抽样的抽选方法

简单随机抽样的抽选，通常有两种方法：抽签法和随机数法。

①抽签法

当总体不大时，先将总体中每个单位都编上号，写在签上。将签充分混合均匀后，每次抽一个签，签上的号码表示样本中的一个单位。

②随机数法

当总体较大时，抽签法实施起来比较困难，这时可以利用随机数表、随机数色子等进行抽样。

例 10-2 设批量 $N=87$，分成 8 组，试对其进行随机抽样。

首先对批中的单位产品从 1 到 87 连续编号，利用某种科学计算软件随机产生一组随机数，如：0.916，0.139，0.494，0.583，0.824，0.046，0.254，0.385。

生成的第一个样本单元为 87×0.916＝79.692，向上取整的值为 80。

生成的第二个样本单元号为 87×0.139＝12.093，向上取整的值为 12。

以此类推可得到 8 个样本单元的标号分别为 80，12，43，51，72，5，23，34。

2. 散料抽样

散料抽样是指对散料的抽样，其中，散料是指其组成部分在宏观上难以区分的材料。其散料抽样的概念图如图 10-6 所示。

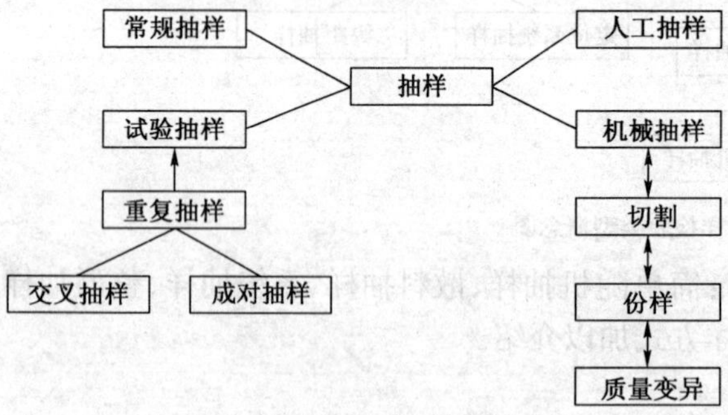

常规抽样 | 试验抽样 | 重复抽样 | 交叉抽样 | 成对抽样 | 抽样 | 人工抽样 | 机械抽样 | 切割 | 份样 | 质量变异

图 10-6 散料抽样概念图

从概念图中可以看出，进行散料抽样可以有许多抽样方法，下面将对各种方法进行简要介绍。

(1)常规抽样：散料为确定批质量特性的平均值而按指定标准中的规定程序进行的抽样。

(2)试验抽样：散料为考察抽样方差和(或)抽样偏倚来源，应用特定实验设计的非常规抽样。

(3)重复抽样：散料为组成多个集样，同时或相继抽取多份样品的实验抽样。

(4)交叉抽样：散料为考察批内或子批内方差，从几个批或子批中抽得若干个集样品的重复抽样。

(5)成对抽样：散料为组成两个集样，同时或相继抽取一对份样品的重复抽样。

(6)人工抽样：散料使用人力进行的份样品采集。

(7)机械抽样：散料借助机械手段进行份样品采集。

(8)切割：散料在机械抽样中，在传送带上使用样本切割器的一次截取。

(9)份样:散料用抽样装置一次抽取的一定量的散料。

(10)质量变异:对散料用批或子批的交叉抽样所得样本间的方差进行估计或根据对不同时间间隔抽得的份样品差异的变异图分析估计方差,所确定的初级份样质量特性的标准差。

散料样本的制备作为散料抽样中的重要组成部分,对其抽样效果起着重要作用。散料样本制备概念图如图 10-7 所示。

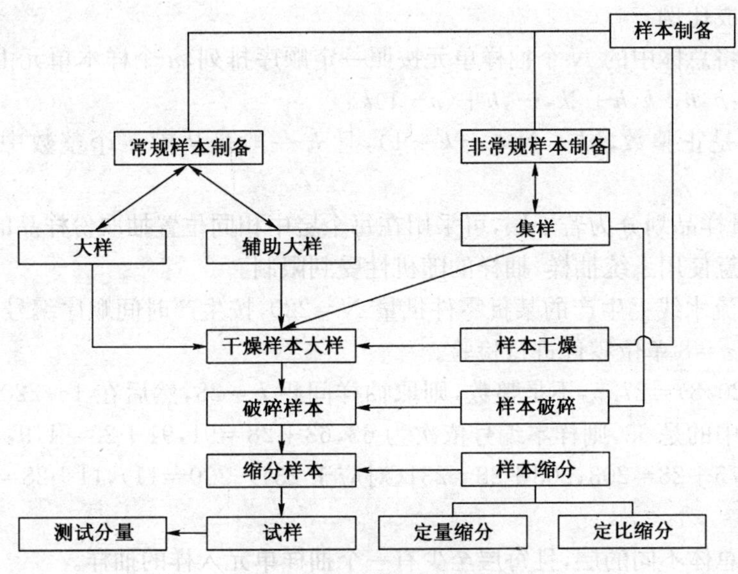

图 10-7　散料样本制备概念图

从散料样本制备的概念图可知,其划分的过程是多样的,因此,对其中重要概念的理解就非常有意义和必要。

(1)样本制备:将样本转化为试样的一组必要操作。

(2)常规样本制备:由散料确定该批质量特性平均值,而按指定标准中规定程序进行的样本制备。

(3)非常规样本制备:散料为实验抽样而进行的样本制备。

(4)集样:从批中按照实验抽样抽取的两个或以上份样品的集合。

(5)样本干燥:散料将样本进行适度烘干,使其含水率接近于进一步测试或样本制备要求的一种样本制备操作。

(6)样本破碎:散料用碾压、磨研或粉碎等方法以减小的一种制备样本操作。

(7)样本缩分:通过对散料搅拌、分割、四分法等手段将散料样本分成若干子样本,保留其中一个或几个子样本的样本储备操作。

(8)定比缩分:散料所保留的子样本为原样本的一个固定比例的样本缩分。

(9)定量缩分:散料无论原样本质量多少,固定所保留的子样本质量的样本缩分。

(10)辅助大样:散料为特定目的,按常规抽样程序,以质量多少为基准,在批或子批中系统抽取几个相继的初级(一级)份样品的集合。

3. 系统抽样

将总体中的抽样单元按一定顺序排列,在规定的范围内随机抽取一个或一组初始单元,然后按照一定规则确定其他样本单元的抽样叫系统抽样。系统抽样分为等距抽样和定位系统抽样。

定位系统抽样是指一个规定样本量的样本，取自于流水线中的某一规定位置或时间，认为它本身所处的环境具有代表性的系统抽样。例如，从流水线或传输装置中抽取散料样品时，系统抽样可按固定距离或固定时间间隔方式抽取样本，每个抽样单元或每份样品的质量应与抽样时的瞬时流量成比例。

等距抽样是将总体中的 N 个抽样单元按照一定顺序排列，n 个样本单元由满足以下关系的单元编号组成：$h,h+k,h+2k,\cdots,h+(n-1)k$。

其中 h 和 k 是正整数，$nk<N<n(k+1)$，且 h 一般是从前 k 个整数中随机抽取的系统抽样。

例如，将批量样品划分为若干层，可采用在每个层中相同位置抽取份样品的方法进行分层系统抽样。应注意使用系统抽样，抽样的随机性受到限制。

例 10-3 某流水线上生产的某批零件批量 $N=220$，按生产时间顺序编号，按系统抽样的方法抽取样本量 $n=8$ 单位零件进行检验。

$(N/n)=(220/8)=27.5$，不是整数，则取抽样间距 $k=28$，然后在 1～220 中随机抽取一个数字。假设抽中的是 63，则样本编号依次为 63，63+28=91，91+28=119，119+28=147，147+28=175，175+28=203，203+28=231（对应于 231−220=11），11+28=39。

4. 分层抽样

样本抽自于总体不同的层，且每层至少有一个抽样单元入样的抽样。

在某些场合下，事先规定样本在各层的比例。如果在抽样后进行分层，则事先不需规定此比例。每层中的抽样采用随机抽样。

5. 整群抽样

整群抽样又称为集团抽样，就是将总体各单位分成若干群，然后从其中随机抽取部分群，对中选群的所有单位进行全面调查的抽样组织方式。

在总体单位数很大而且又没有总体单位的原始资料时，如果直接从总体中抽取总体单位进行调查，有时是很难的。例如，要了解某地区的居民出行情况，若从所有的上百万居民中直接抽取样本单位，则有许多困难。可以采用整群抽样，以小区为抽样单位，从全部小区中抽出部分小区，对抽中的小区的所有居民进行调查，就极大地简化了抽样工作，并且节省经费开支。

6. 多阶段抽样

从总体中通过一次抽样过程就产生一个确定的样本，这种类型的抽样方式，可称为单阶段抽样或初阶段抽样。事实上，单阶段抽样可视为多阶段抽样的一个组成部分，或者说是多阶段抽样的一个特例。

假设总体中的每个单位——初级单位本身就很大，我们可以先在总体各单位（初级单位）中抽取样本单位，在抽中的初级单位中再抽取若干个第二级单位，在抽中的第二级单位中再抽取若干个第三级单位……直至从最后一级单位中抽取所要调查的基本单位的抽样组织形式，这就叫做多阶段抽样。

多阶段抽样的优点是便于组织抽样、可以使抽样方式更加灵活和多样化、能够提高估计精度、可以提高抽样的经济效益、可以为各级机构提供相应的信息。

第十一章

设备检定校准及结果的运用

第一节　设备检定校准

为保证检测数据的准确可靠，所用仪器设备应进行量值溯源。常见的溯源方式有检定、校准及验证三类。如何为每种设备选择合适的溯源方式，必须了解什么是检定、校准、验证及三种方式的适用范围和差异。

一、常见的溯源方式

1. 仪器检定（量值溯源）

仪器检定是指任何一个测量结果或计算标准的值，都能通过一条具有规定不确定度的比较链，与计量基准（国家基准或国际基准）联系起来，从而使准确性和一致性得到保证。

准确性：是指测量结果与被测真值的一致程度。

凡列入《中华人民共和国依法管理的计量器具目录》，直接用于贸易结算、安全防护、医疗卫生、环境检测方面的工作计量器具，必须定点、定期送检，如玻璃液体温度计、天平、流量计、压力表等实行强制检定，取得检定证书的设备均为合格设备。

《中华人民共和国计量法实施细则》规定：计量检定工作应符合经济合理、就地就近的原则，不受行政区划和部门管辖的限制。

2. 校准

在规定条件下，为确定测量仪器，或测量系统所指示的量值，或实物量具或参考物质所代表的量值，与对应的由标准所复现的量值之间的关系的一组操作，称为校准。

范围：对于未列入强检目录的仪器设备，可以检定，也可校准。

3. 验证

所谓验证是“通过提供客观在证据对规定要求已得到满足的认定”（ISO 90003.8.4）。仪器设备进行验证的基本条件是已知规定和使用要求，其次是获得是否满足要求的客观证据。在此基础上对所用仪器设备进行是否满足要求的认定。

可以通过验证方式进行溯源的仪器设备有以下几类：

（1）实验室使用未经定型的专用检测仪器设备，需要由相关技术单位提供客观证据进行验证；

（2）当实验室借用永久控制范围以外的仪器设备，实验室应当对该仪器设备是否符合规定要求进行验证；

（3）当检测所用仪器设备暂不能溯源到国家基准时，可以通过比对、能力验证等方式，对其

是否满足规定要求进行验证;

(4)在试验检测中那些影响检测工作质量又不需要检定校准、作为工具使用不传输数据的仪器设备,应进行功能和性能的验证,检查其功能是否正常;

(5)对实验室所选用的计算机软件应对软件是否满足要求、数据处理要求、检测标准要求、使用要求进行验算。

这类验证包括变换方法进行计算、与已证实的进行比较、进行试验和演示、文件发布前进行评审。实验室常用的试验检测软件有测量仪器设备本身自带的用于计算的软件、实验室根据需要自行开发的软件、管理部门推广使用的软件,无论何种软件都应进行验算确认,尤其是仪器设备自带的计算软件,由于对规范标准的理解偏差,导致计算结果的错误,如果是试验室自行开发的软件,应按软件产品设计开发的要求进行评审、验证、确认。

交通行业实验室常用仪器或试验检测的辅助工具如:脱模器、摇筛机、取芯机等属于功能性验证。验证功能正常者贴绿色标识。

玻璃器皿作为特殊器具,当被用做量具提供数据时,必须通过检定合格;当作为器具用做盛水等用途,不传输数据时,可不必检定。

考虑量筒、滴定管等有刻度的玻璃器皿易碎的特殊性,检定周期可采取首次检定终身使用。

4.特殊情况

(1)对于不能溯源的、非强检的仪器,评审机构可以进行自校准,但必须制定校验方法。

(2)对于没有国家或地方计量检定规程、尚不能溯源的仪器,可以采取实验室间仪器比对的方法。

二、检定和校准的区别

(1)校准不具法制性,是企业的自愿行为;检定具有法制性,属于计量管理范畴的执法行为。

(2)校准主要确定测量器具的示值误差;检定是对测量器具的计量特性及技术要求的全面评定。

(3)校准的依据是校准规范、校准方法,可作统一规定也可自行制定;检定的依据是检定规程。

(4)校准不判定测量器具合格与否,但当需要时,可确定测量器具的某一性能是否符合预期的要求;检定要对所检测量器具做出合格与否的结论。

(5)校准结果通常是发校准证书或校准报告;检定结果合格的发检定证书,不合格的发不合格通知书。

由以上校准、检定的差异不难看出,取得校准证书或测试报告的设备不一定就符合要求,必须经技术负责人或质量负责人对证书或报告的数据进行确认,判定有无偏差,并对偏差进行修正,只有这样,才可确保校准结果的正确使用,尤其目前各计量检定机构水平参差不齐,对交通专有设备的使用范围、所需校准参数不了解,往往提供的报告结果无法满足试验要求。

三、仪器设备标识管理

试验室内所有仪器设备不论是送检还是自校准,均应有状态标识。状态标识分为“合格”、

“准用”、“停用”三种，对应的颜色分别为绿、黄、红三色，除计量检定合格证以外，还应有资产标识卡，一般为蓝色。

1. 合格标志（绿色）

经计量检定或校准、验证合格，确认其符合检测/校准技术规范规定使用要求的。

2. 准用标志（黄色）

仪器设备存在部分缺陷，但在限定范围内可以使用的，包括多功能检测设备其某些功能丧失，但检测所用功能正常，且校准/检定合格者。

测试设备某一量程准确度不合格，但检测所用量程合格者，降等级后使用的仪器设备。

3. 停用标志（红色）

仪器设备目前状态不能使用，但经检定校准或修复后可以使用的，不是实验室不需要的废品杂物。停用包含：

(1)仪器设备损坏者；

(2)仪器设备经检定校准不合格者；

(3)仪器设备性能无法确定者；

(4)仪器设备超过周期未检定校准者；

(5)不符合检测/校准技术规范规定的使用要求者；

(6)不允许不明状态的仪器设备摆放在试验室。

4. 仪器状态合格证的格式内容（参考）

设备状态合格证；

检定日期；

检定单位；

设备自编号；

保管人。

5. 仪器设备管理卡的格式内容

见表 11-1。

仪器设备管理卡　　表 11-1

名　　称		型号/规格	
生产厂商		购置价格	
出厂编号		购置日期	
管理编号		启用日期	
存放地点		管理人	
（单位名称）____________ 检测中心			

6. 计量检定证书和校准报告的内容（首先检查检定/校准单位资格和业务范围）

(1)检定或校准的设备名称、型号；

(2)检定或校准的依据；

(3)检定或校准所用工具；

(4)所测定的参数及测量不确定度；

(5)测试环境温度、相对湿度；

(6)检定证书下结论、校准证书(测试报告)无结论。

注:检定周期一般为1年,也可根据使用频率自定。

7.仪器设备常见的标识错误

(1)误将路强仪标识贴在架子上。

路强仪常见的结构形式有两种,一种是测力架加应力环,另一种为测力架加传感器。当使用有应力环的路强仪时,标识应贴在应力环上,同时标识上应标明应力环的编号,避免不同量程应力环用错回归方程;使用直读式传感器路强仪时,可将标识贴在传感器上,使用时注意传感器的精度。

(2)将所有玻璃器皿均贴绿色标识。

常用的玻璃仪器有两种情况,一种是用来量取溶液体积需要读取数据的,如量筒、移液管、滴定管等,另一种用于盛溶液不需读取数据的,如烧杯、三角瓶等。当用作读取数据的量具时,必须通过检定加贴标识,用作盛装溶液的容器时,无需检定。由于玻璃器皿需要冲洗且标识易脱落,可采用先编号后将标识贴在相应墙面,做到标识与玻璃器具的编号一一对应即可。

(3)水泥混凝土试模多个试模共用一个标识。

由于水泥混凝土试模数量较多,且校准费用较高,许多实验室试模校准采用"抽样调查",校准报告中所有试模使用同一编号,无法确定所用试模是否符合要求。由于无编号,导致标识无法和试模一一对应。水泥混凝土强度直接受试件尺寸、相邻面间夹角的影响,而试件的尺寸及夹角取决于试模尺寸、夹角的影响,各实验室需要重视试模的校准质量。

(4)负压筛析仪校准不全,标识不全。

负压筛析仪由负压筒和筛子两部分组成,由于水泥细度试验规范中,对压力和筛孔尺寸都有要求,两部分应分别校准,分别贴标识。许多试验人员误将规范中筛余系数的修正当作筛孔尺寸的校准,往往忽略筛孔尺寸的校准。用标准粉修正,是对在筛孔尺寸符合要求的前提下,由于使用过程中筛子未清洗干净而产生的误差进行的修正。

(5)千分表、百分表标识贴在包装盒上,出现表编号和盒上编号不一致。

由于千分表、百分表属于精密设备,出厂编号是唯一的,使用后放回包装盒时会出现盒子和表不对应。将标识贴在千分表、百分表的背面,且标识标号、校准报告中设备编号、千分表百分表出厂编号三者应相一致。

8.试验检测机构在仪器设备量值溯源方面的常见问题

(1)无设备管理的总体计划或管理方式不正确,检定/校准/验证概念不清,出现溯源方式错误,将一些无需检定/校准的试验检测工具,如取芯机、脱模器等进行检定/校准。

(2)制定的检定校准周期不正确,设备检定/校准周期除按照检定规程规定进行检定/校准外,还应结合试验室实际使用情况确立合理的校准周期。

(3)实验室未能结合规范要求对仪器设备的检定校准报告结果确认。

(4)校准参数不全或检定、校准参数未覆盖所使用的范围,如沥青针入度试验所用针未能校准或校准参数不全,针入度仪连杆和针安装后的质量,马歇尔稳定度仪只有稳定度的校准而无流值的;常见烘箱、高温炉、低温恒温水浴,未能提供检测温度场的多个点检测数据。

(5)仪器设备的校准报告中提供的修正值或修正因子未使用。

(6)期间核查设备名称不明确,方法不正确。

(7)检定、校准报告依据错误。

(8)用于校准的标准器具量程未覆盖设备校准范围或使用错误器具。

(9)检定、校准报告中未提供检测参数,只有合格结论。

(10)压力机、万能机检定量程未按使用需要分档位检定。

(11)校准检定报告的仪器设备编号与实际编号无法对应。

四、设备使用中的注意事项

(1)根据测试参数和规范要求选择正确的仪器设备。

(2)选择正确的量程范围。按照检定或校准证书检定校准范围选用,尤其注意当使用小量程测试数据是否超出检定/校准范围。

(3)做到实验前、后均需查验设备是否正常,尤其是带到工地现场使用的仪器设备。

(4)认真填写使用记录,确保实验操作过程能够再现。

表 11-2 为仪器设备的使用记录格式,供参考。

仪器设备的使用记录格式　　表 11-2

序号	使用日期	迄止时间	使用前状态	使用后状态	试验项目及数量	使用人	备注

注:备注应填写需要说明的内容,如任务单编号、仪器出现的问题等信息,确保试验过程可追溯。

为了确保交通行业试验仪器设备检定、校准结果符合规范标准的要求,正确使用校准结果,试验室必须对仪器设备的校准/检定/验证建立总体要求,对每一类、每一台仪器设备通过何种方式实施溯源作出具体的规定,尤其是检定/校准的依据、实施的内容、结果确认的依据等;同时根据仪器设备的工作周期要求,制订对检定/校准有影响的仪器设备的周检计划。表 11-3、表 11-4 列出了仪器设备检定/校准(验证)、确认总体计划及仪器设备检定(校验)周期表的相关内容,以供参考。

仪器设备检定/校准(验证)、确认总体计划　　表 11-3

序号	检测仪器名称	技术性能			量值溯源			确认依据/要求	期间核查		使用		维护		控制措施
		检定/校准参数	量程	准确度等级/最小分度值	方式	周期(月)	机构		方法	周期(月)	条件(温度、湿度、防震)	是否授权	项目	周期(月)	
1															
2															
3															
4															

续上表

序号	检测仪器名称	技术性能			量值溯源			确认依据/要求	期间核查		使用		维护		控制措施
		检定/校准参数	量程	准确度等级/最小分度值	方式	周期(月)	机构		方法	周期(月)	条件(温度、湿度、防震)	是否授权	项目	周期(月)	
5															
6															
7															

仪器设备检定(校验)周期表 表 11-4

序号	仪器名称	型号/规格	出厂编号(管理编号)	检定(校验)周期	检定单位	下次检定(校验)日期	送检人	放置地点	保管人
1									
2									
3									
4									
5									
6									

第二节 校准结果的确认及运用

对检定/校准机构或实验室出具的校准证书、测试报告,实验室应进行符合性确认评定;评定的内容包括仪器设备的关键量或示值误差是否在该仪器设备允许的误差范围内;是否满足相关检测标准和/或客户的要求;被计量检定或校准的仪器设备是否可用于检测。

一、校准报告结果确认的几种情况

(1)校准证书、测试报告中未对被校准的仪器设备的主要特性进行评定时,为确保测量仪器设备出具测量数据的准确性,实验室在收到仪器设备的校准证书、测试报告时,应对其给出的结果进行符合性判定。

(2)由于校准证书、测试报告上只反映出被校准仪器设备的示值误差(有的是引用误差,有的是相对误差,有的是绝对误差),因此只能对测量仪器设备示值误差的符合性进行评定。

(3)仪器设备的使用说明书和相关标准对仪器设备的精度要求是评定的依据,应对示值误差是否符合某一最大允许误差(MPEV)作出符合性判定,如果各个点均不超出最大允许误差的要求,则得出被评定仪器设备整个范围符合要求。若仪器设备的示值误差在某一使用范围内不超出最大允许误差的要求,则得出被评定仪器设备可在该范围内准用的评定。

二、仪器设备示值误差符合性评定的基本方法

(1)对仪器设备特性进行符合性评定时,若评定值误差的不确定度与被评定仪器设备的最大允许误差的绝对值(MPEV)之比,小于或等于 1∶3,则可不考虑示值误差评定的测量不确定度的影响。

由于测试报告中未给出被测量值的不确定度，因此认定计量部门出示的测试报告中的测量示值的不确定度应满足如下要求：

如果被评定仪器设备的示值误差在其最大允许误差限内时，可判为合格，即为合格。如果被评定仪器设备的示值误差超出其最大允许误差时，可判为不合格，即为不合格。

如果示值误差的测量不确定度不符合要求，则按以下判据进行评定。

①合格判据：被评定仪器设备的示值误差的绝对值小于或等于其最大允许误差的绝对值(MPEV)与示值误差的扩展不确定度之差时，可判为合格，即为合格。

②不合格判据：被评定仪器设备的示值误差的绝对值大于或等于其最大允许误差的绝对值(MPEV)与示值误差的扩展不确定度之和时，可判为不合格，即为不合格。

③待定区：当被评定仪器设备的示值误差既不符合合格判据，又不符合不合格判据时，处于待定区，这时不能下合格或不合格的结论，即为待定区。

当仪器设备示值误差的评定处在不能作出符合性判定时，可以通过采用准确度更高的测量标准、改善环境条件、增加测量次数和改变测量方法等措施，以降低测量不确定度评定的不确定度，使其满足与最大允许误差绝对值 MPEV 之比小于或等于 1∶3 的要求，然后对仪器设备的示值误差重新进行评定。

(2)对于校准证书、测试报告上测量结果因系统误差造成不合格的情况，则在使用时需按理论值进行修正，具体可以根据实际情况采取曲线拟合方法、插入法等。对于校准证书、测试报告上测量结果离散性较大的，不属于系统误差的设备，则需维修或报废。维修后应重新校准/测试，并按上述方法再次进行评定。

三、结果运用

以上介绍了设备校准结果确认的原则，下面就几台交通试验检测仪器设备的校准结果确认举例说明。

1.烘箱(干燥箱)

用于试验样品烘干或加热的烘箱是每个试验室都拥有的，依据试验规程的规定，当用作土或集料的烘干用途时，试验常用的温度范围是 105～110℃；当用作无机结合料石灰的试验时，需要在 180℃的条件下烘无水碳酸钠 4h，允许偏差±2℃。

图 11-1 和图 11-2 分别为两台烘箱的校准报告结果。为了比较两台烘箱的温度性能，将图 11-1、图 11-2 的数据汇总如表 11-5 所示。

烘箱温度对照表　　表 11-5

设备编号	标称温度(℃)	温度偏差(℃)	最大值中的极值	最小值中的极值	温度波动度(℃)	均匀度(℃)
1号	110	−1.4	111.1	108.7	±0.9	0.6
	180	−1.3	183.1	180.1	±1.1	0.8
2号	105	−3.7	111.1	108.2	±1.1	0.7

由对照表不难发现，1 号烘箱标称温度值 110℃时，与标准值的偏差为−1.4℃，考虑修正值，设定值应为 110+1.4=111.4℃，才能达到实际温度 110℃；同理，要达到 180℃，设定值应为 180+1.3=181.3℃。

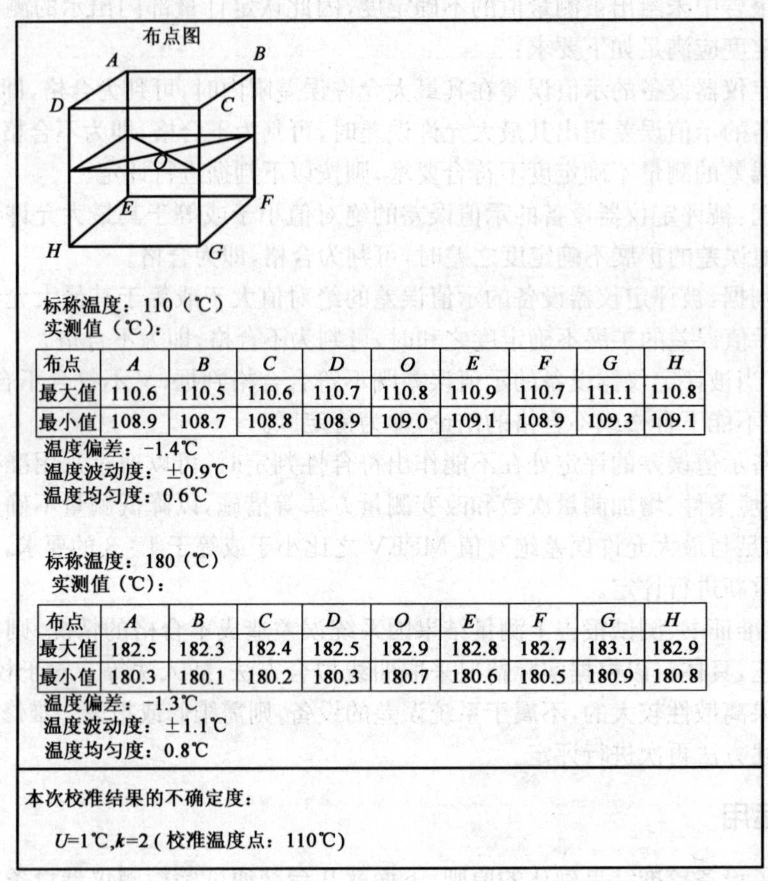

布点图

标称温度：110（℃）
实测值（℃）：

布点	*A*	*B*	*C*	*D*	*O*	*E*	*F*	*G*	*H*
最大值	110.6	110.5	110.6	110.7	110.8	110.9	110.7	111.1	110.8
最小值	108.9	108.7	108.8	108.9	109.0	109.1	108.9	109.3	109.1

温度偏差：-1.4℃
温度波动度：±0.9℃
温度均匀度：0.6℃

标称温度：180（℃）
实测值（℃）：

布点	*A*	*B*	*C*	*D*	*O*	*E*	*F*	*G*	*H*
最大值	182.5	182.3	182.4	182.5	182.9	182.8	182.7	183.1	182.9
最小值	180.3	180.1	180.2	180.3	180.7	180.6	180.5	180.9	180.8

温度偏差：-1.3℃
温度波动度：±1.1℃
温度均匀度：0.8℃

本次校准结果的不确定度：

U=1℃,k=2（校准温度点：110℃）

图 11-1 烘箱校准报告结果

当考虑设定温度的修正，将温度设定为 111.4℃时，由波动度可以计算烘箱中温度最高点 *G* 的温度为 111.1＋0.9＝112℃，温度最低点 *B* 的温度为 108.7－0.9＝107.8℃。

由于最高温度达 112℃，超出 110℃的使用条件，可适当降低设定温度 2℃，即设定温度为 109.4℃满足最高不超过 110℃使用范围，但同时要考虑，最低温度不得低于 105℃，最低温度点的偏差为 107.8－105＝2.8℃，设定温度最低不得低于 111.4－2.8＝108.6℃，方能满足要求。

同理，当标称温度为 180℃时，设定温度应为 181.3℃，由波动度可以计算烘箱中温度最高点 *G* 的温度为 183.1＋1.1＝184.1℃，温度最低点 *B* 的温度为 180.1－1.1＝179℃。

依据《公路工程无机结合料稳定材料试验规程》温度允许偏差±2℃的规定，即178～182℃的使用范围，要使最高点满足要求，设定温度应为 181.3－(184.1－182)＝179.2℃，此时最低点 *B* 的温度为 179－2.1＝176.9℃，小于 178℃，无法满足要求。因此在使用烘箱时，样品不宜放置在 *B* 点。

2 号烘箱标称温度 105℃与标准温度的偏差为－3.7℃，设定温度应修正为 105＋3.7＝108.7℃，考虑波动度后，温度最高点 *F* 达 111.1＋1.1＝112.2℃，温度最低点 *A* 达 108.2－1.1＝107.1℃。为满足使用范围 105～110℃，该设备温度设定值宜为 108.7－(107.1－105)＝106.6℃，而此时温度最高点为 112.2－2.1＝110.2℃，基本满足要求。

布点图

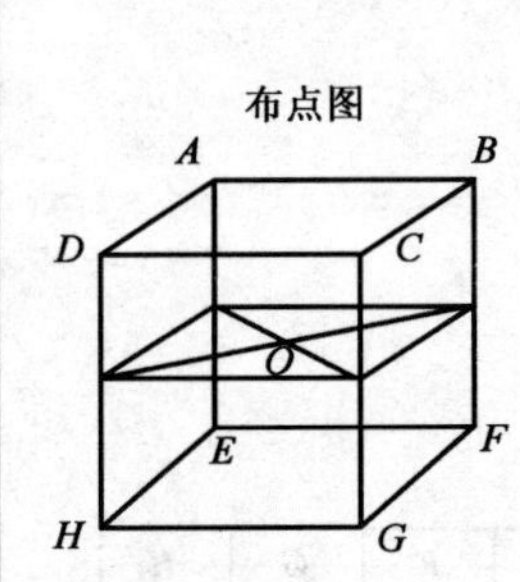

标称温度：105(℃)

实测值(℃)：

布点	A	B	C	D	O	E	F	G	H
最大值	110.4	110.7	110.5	110.6	110.8	110.9	111.1	110.7	110.6
最小值	108.2	108.5	108.3	108.3	108.6	108.7	108.9	108.5	108.4

温度偏差：-3.7℃

温度波动度：±1.1℃

温度均与度：0.7℃

本次校准结果的不确定度：

U=1℃, k=2（校准温度点：105℃）

图 11-2 烘箱校准报告结果

2 号烘箱的校准结论为：设定温度为 106.6℃，满足 105～110℃的要求。

该设备未校准 180℃时，不能用于要求 180℃的试验条件。当用于沥青混合料试验的烘箱，其校准温度还需符合沥青试验规定的加热温度条件。

由此可以看出，烘箱校准温度必须和试验规程的试验条件相结合，需校准的温度值由试验室根据使用情况提出，然后依据规程和校准报告提供的标称值温度偏差、波动范围、最高温度点、最低温度点对校准报告进行确认，判定设备能否使用。

2. 水泥混凝土养护箱

图 11-3 为水泥混凝土养护箱校准结果。

养护箱温度的确认同烘箱，不再重述，以下就湿度的确认方法进行说明。

图 11-3 中养护箱的标称湿度 92%时的偏差为 2.8%RH，修正后应为 90.8 % RH，依据规范要求，湿度属于单边控制，相对湿度≥90%，因此，只需考虑波动度后最低点的湿度值能否满足要求。湿度的波动值为±1.5% RH，最低点湿度为 88.2－1.5＝86.7% RH，为了满足相对湿度≥90%的要求，养护箱的湿度设定值应不小于 90.8＋(90－86.7)＝94.1 %RH，当满足相对湿度≥95%时，养护箱的湿度设定值应不小于 90.8＋(95－86.7)＝99.1% RH。

该养护箱的确认结论为：当使用湿度≥90%时，湿度设定为 94.1 %满足要求。

当使用湿度≥95%时，湿度设定为 99.1 %满足要求。

温度设定为 21℃时，可以满足 20±2℃的要求。

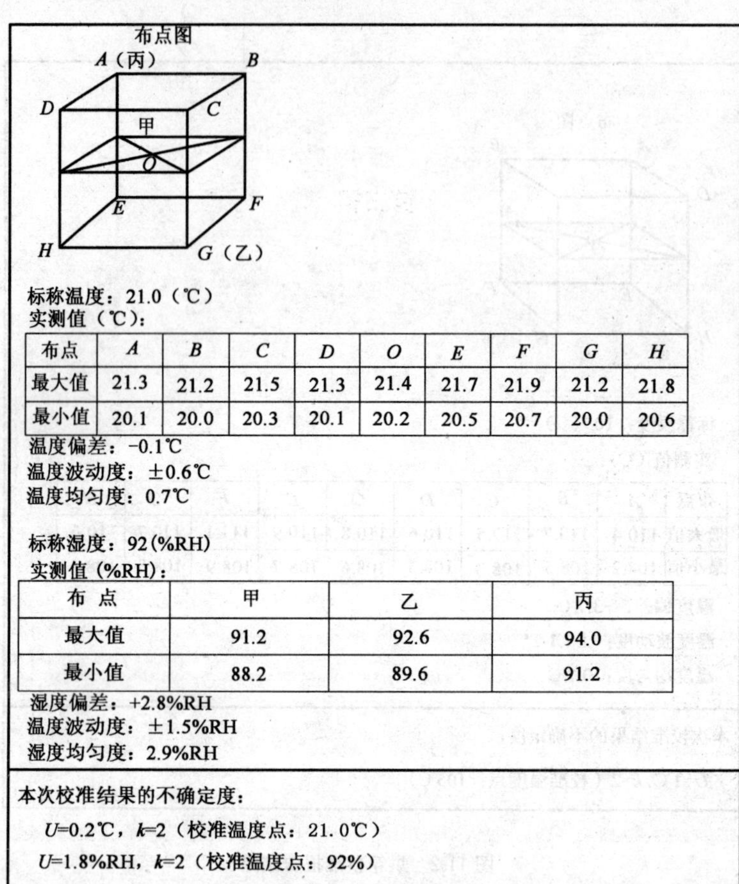

布点图

A（丙） B

D C

甲

O

E F

H G（乙）

标称温度：21.0（℃）

实测值（℃）：

布点	A	B	C	D	O	E	F	G	H
最大值	21.3	21.2	21.5	21.3	21.4	21.7	21.9	21.2	21.8
最小值	20.1	20.0	20.3	20.1	20.2	20.5	20.7	20.0	20.6

温度偏差：-0.1℃

温度波动度：±0.6℃

温度均匀度：0.7℃

标称湿度：92（%RH）

实测值（%RH）：

布 点	甲	乙	丙
最大值	91.2	92.6	94.0
最小值	88.2	89.6	91.2

湿度偏差：+2.8%RH

温度波动度：±1.5%RH

湿度均匀度：2.9%RH

本次校准结果的不确定度：

U=0.2℃，k=2（校准温度点：21.0℃）

U=1.8%RH，k=2（校准温度点：92%）

图 11-3 水泥混凝土养护箱校准结果

3. 水泥抗折抗压试验机

水泥抗折抗压试验机的检定数据如表 11-6 所示。

水泥抗折抗压试验机（型号 SYE-300）检定数据 表 11-6

最大试验力（kN）	试验力（kN）	示值相对误差（%）	重复性（%）
300	60	0.5	0.3
	120	0.4	0.3
	180	0.7	0.2
	240	0.9	0.2
	300	0.9	0.2

按照设备量程的精度要求，一般仪器设备使用范围宜在 20%～80%的量程。从表 11-6 中可以看出，设备检定的量程范围在总量程的 20%～100%，在 60～300kN 范围，示值相对误差小于 1%，符合一级精度要求，但当量程到 240kN 之后，精度下降，240kN 时产生的荷载偏差为 2.16kN。因此使用时应考虑由于设备误差产生的产品不合格，尤其是数据介于合格与不合格的临界状态时。除此以外，在下次检定后要关注该设备精度是否还能满足要求。

校准报告中未提供低于 60kN 的相对误差，当测试的力值低于 60kN 时，需校准 60kN 以下量程，尤其是低强度水泥 3d 强度测试值会出现低于 60kN 的情况。

该设备检定结论符合一级精度要求，但不得超检定量程范围使用。

设备的校准报告必须由专业人员对其内容进行确认，并对能否使用、使用中的修正值或注意事项提出意见和要求。试验室在进行设备校准之前及对校准后的报告确认应注意的事项有：

(1)试验室根据规范、标准、使用需要等对仪器设备提出校准的参数及范围，如针入度试验，除对针入度仪校准，还应对针的角度、质量、粗糙度等提出要求。

(2)校准后对照规范标准的要求对校准结果逐一确认，并提出试验时的注意事项或要求。这一点往往对确认人员的技术能力要求较高。

(3)当校准产生一组数据时，需要依据规范标准确认自变量与应变量是否关联，建立自变量与应变量回归方程和相应的曲线(具体内容见下节)。

(4)检查校准报告中使用的依据，所用的计量标准含校准所用设备名称、测量范围、计量标准证书编号、测量不确定度等是否满足要求；尤其需要关注交通行业中专用设备的校准报告。

(5)校准结果的确认不能流于形式，要有确认结论。

第三节　校准数据的线性回归

当两个变量 x 与 y 之间存在一定的关系，利用数理统计中的回归分析，来确定两种变数间相互依赖的定量关系，这种统计分析方法即为回归分析。回归分析可分为线性回归分析和非线性回归分析。如果在回归分析中，只包括一个自变量和一个因变量，且二者的关系可用一条直线近似表示，这种回归分析称为一元线性回归分析。如果回归分析中包括两个或两个以上的自变量，且因变量和自变量之间是线性关系，则称为多元线性回归分析。一元线性回归分析在交通行业的试验检测中运用十分广泛。试验检测仪器设备进行检定校准后会出现成对成组的校准数据，如测力环等，对这一系列的数据需要建立线性回归关系，方便实验室进行计算时使用。下面就介绍一元线性回归的有关内容。

1.一元线性回归拟合方程

当两个变量 x 与 y 之间用若干组数据表明其关联，每组数据在平面坐标系中，大致分布在一条线附近时，说明 x 与 y 之间存在线性关系，用直线方程表示 x 与 y 的关系：

$$y = bx + a \tag{11-1}$$

式中：a、b ——回归系数。

按照最小二乘法的基本原理，当所有测量数据的偏差平方和最小时，所拟合的直线最优。其原理可表示为：

$$Q=\sum_{i=1}^{n}(y_i-Y_i)^2=\sum_{i=1}^{n}(y_i-a-bx_i)^2=\text{最小} \tag{11-2}$$

根据极值原理，要使 Q 最小，只需将上式分别对 a 和 b 求偏导数，并令其等于零，即：

$$\frac{\partial Q}{\partial a}=\sum_{i=1}^{n}[-2(y_i-a-bx_i)]=0 \tag{11-3}$$

$$\frac{\partial Q}{\partial b}=\sum_{i=1}^{n}[-2(x_i-a-bx_i)]=0 \tag{11-4}$$

根据上述两式,可以求得:

$$b=\frac{L_{xy}}{L_{xx}} \tag{11-5}$$

$$a=\overline{y}-b\overline{x} \tag{11-6}$$

式中:

$$L_{xy}=\sum_{i=1}^{n}(x_i-\overline{x})(y_i-\overline{y})=\sum_{i=1}^{n}x_iy_i-\frac{1}{n}(\sum_{i=1}^{n}x_i)(\sum_{i=1}^{n}y_i)$$

$$L_{xx}=\sum_{i=1}^{n}(x_i-\overline{x})^2\sum_{i=1}^{n}x_i^2-\frac{1}{n}(\sum_{i=1}^{n}x_i)^2$$

2. 相关系数 r_{xy}

当两个变量 x 与 y 之间存在一定的关系,可以建立回归方程,假如两变量 x、y 之间根本不存在线性关系,那么,所建立的回归方程就毫无实际意义。因此,需要引入一个数量指标来衡量其相关程度,这个指标就是相关系数,用 r_{xy} 表示。

$$r_{xy}=\frac{L_{xy}}{\sqrt{L_{xx}L_{yy}}}=\frac{\sum_{i=1}^{n}(X_i-\overline{X})(Y_i-\overline{Y})}{\sqrt{\sum_{i=1}^{n}(X_i-\overline{X})^2\sum_{i=1}^{n}(Y_i-\overline{Y})^2}} \tag{11-7}$$

式中:

$$L_{xy}=\sum_{i=1}^{n}(x_i-\overline{x})(y_i-\overline{y})=\sum_{i=1}^{n}x_iy_i-\frac{1}{n}(\sum_{i=1}^{n}x_i)(\sum_{i=1}^{n}y_i)$$

$$L_{xx}=\sum_{i=1}^{n}(x_i-\overline{x})^2\sum_{i=1}^{n}x_i^2-\frac{1}{n}(\sum_{i=1}^{n}x_i)^2$$

$$L_{yy}=\sum_{i=1}^{n}(y_i-\overline{y})^2\sum_{i=1}^{n}y_i^2-\frac{1}{n}(\sum_{i=1}^{n}y_i)^2$$

r_{xy} 是反映 x、y 两个变量的关联程度,是描述回归方程线性相关的密切程度,取值范围为 $[-1,1]$,r_{xy} 的绝对值越接近 1,x、y 的线性关系越好,当 $r_{xy}=\pm1$ 时,x、y 之间符合直线函数关系,称 x 与 y 完全相关。如果 r_{xy} 趋近于 0,则 x 与 y 之间没有线性关系。

对于一个具体问题,只有当相关系数 r_{xy} 的绝对值大于临界值 r_β 时,才可用直线近似表示 x 与 y 之间的关系,其中临界值 r_β 与测量数据的个数 n 和显著性水平 β 有关。

例如:某千斤顶校准检测数据整理后得到,$y=1.123x+0.9856$,显著性水平 $\beta=0.05$,$n=10$,$r_{xy}=0.9074$,查表可得,相关系数的临界值 $r_{0.05}=0.632$,$r_{xy}>r_{0.05}$ 说明该检测数据建立的回归方程属于线性相关,相关系数检验表参见附录 13。

3. 线性回归计算运用

目前,线性回归一般采用 Origin 和数学中常见的 MATLAB、Excel 等软件进行计算,具体人工计算过程已经得以简化。本书中将以 Excel 软件进行示例,讲述其建立回归方程的操作步骤。下面将以 50kN 应力环校准产生的一组数据为例进行说明(表 11-7)。

50kN 应力环校准数据表　　　　表 11-7

最大试验力(kN)	试验力(kN)	显示值(mm)	重复性(%)
50	0	1	0.0
	10	1.784	0.1
	20	2.573	0.1
	30	3.380	0.1
	40	4.183	0.1
	50	4.990	0.1

应力与应变符合线性关系：

$$y = bx + \alpha$$

其中：y——表示试验力，kN；

x——表示显示值，mm；

α、b——回归系数。

利用 Excel 软件拟合曲线，计算回归方程方便快捷。其操作步骤如下：

(1) 打开 Excel，将校准数据输入 Excel 中，如图 11-4 所示。

Microsoft Excel - 新建 Microsoft Excel 工作表.xls

文件(F)　编辑(E)　视图(V)　插入(I)　格式(O)　工具(T)　数据(D)　窗口(W)　帮助(H)

A2　f_x 0

	A	B
1	试验力（kN）	显示值（mm）
2	0	1
3	10	1.784
4	20	2.573
5	30	3.38
6	40	4.183
7	50	4.99

图 11-4　数据表

(2) 点击菜单栏中“插入”菜单，并从下拉菜单中选择“图表”选项，如图 11-5 所示。

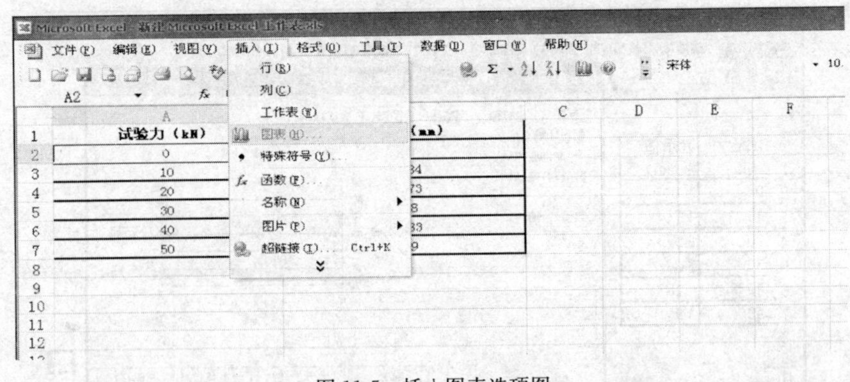

图 11-5　插入图表选项图

(3)在点击“图表”菜单后，进入“图表向导”中，点击类型为 “XY 散点图”，选项如图 11-6 所示。

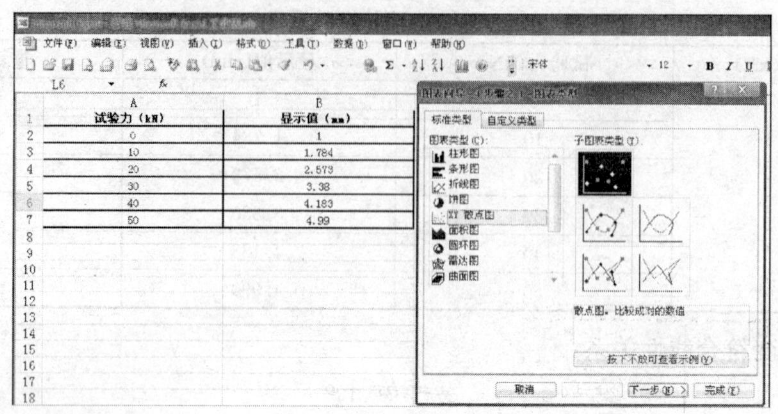

图 11-6　图表向导

(4)进入如图 11-7 所示的界面，点击系列将百分表示值 X 产生在 B2B7 区域，力值 Y 产生在 A2A7 区域。

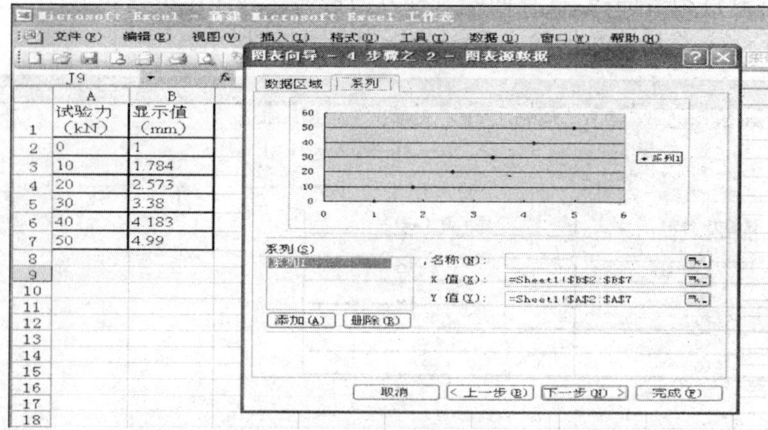

图 11-7　XY 散点图选项

(5)点击“下一步”，对图表进行坐标轴、标题的添加，如图 11-8 所示。

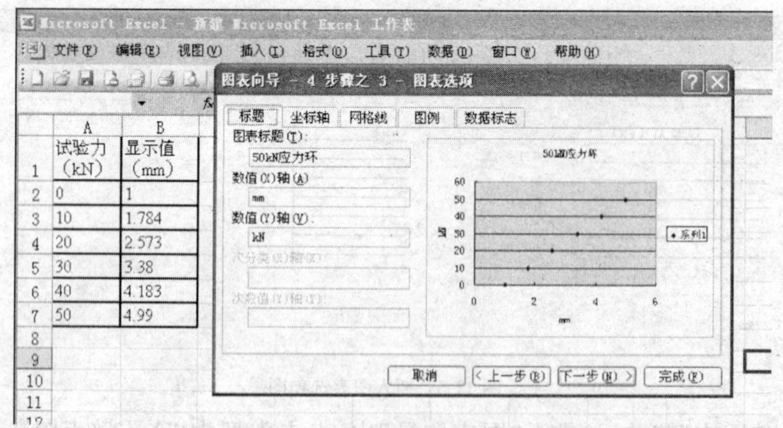

图 11-8　标题图

(6)点击“下一步”,进入图表确认界面,如图 11-9 所示。

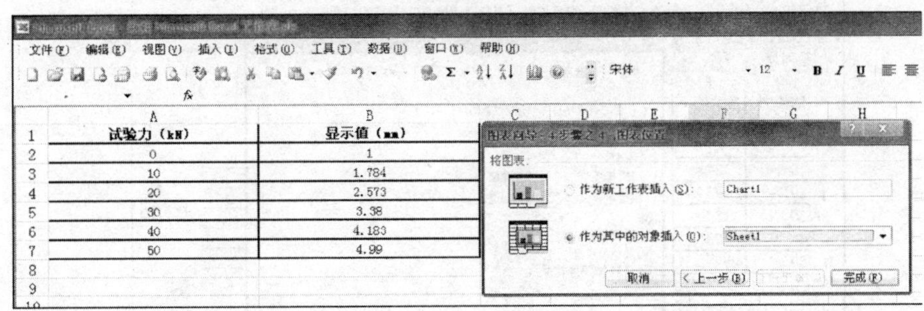

图 11-9　确认插入工作表图

(7)点击“完成”按钮,图表绘制完成,如图 11-10 所示。

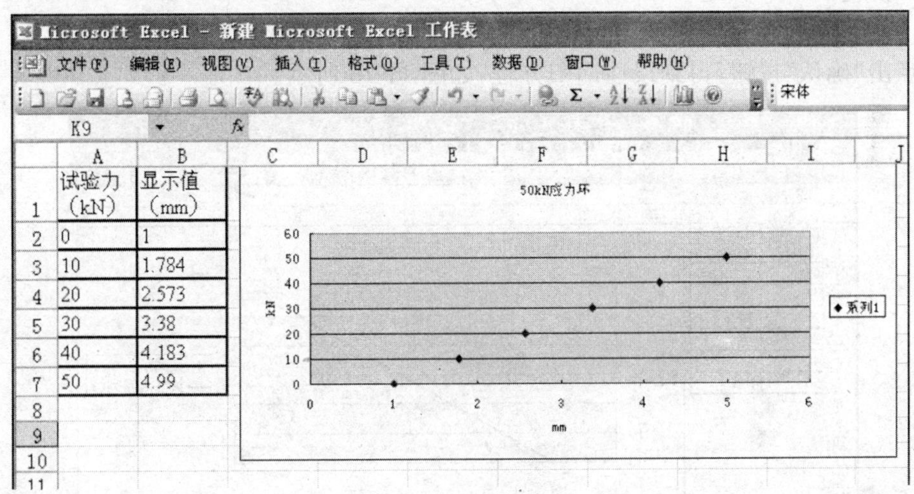

图 11-10　数据曲线图

(8)用鼠标点在数据“点”上,点击右键出现图中的菜单,点添加“趋势线”,然后点击“选项”,选择“显示公示”、“显示 R2 值”,点击确定完成线性回归方程,如图 11-11、图 11-12 所示。

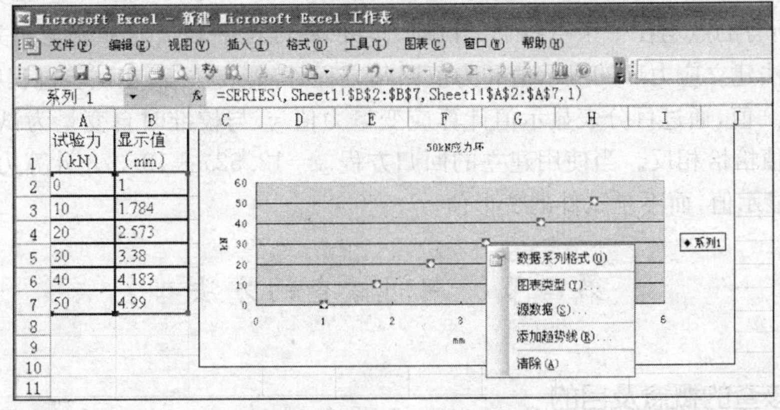

图 11-11　添加趋势线图

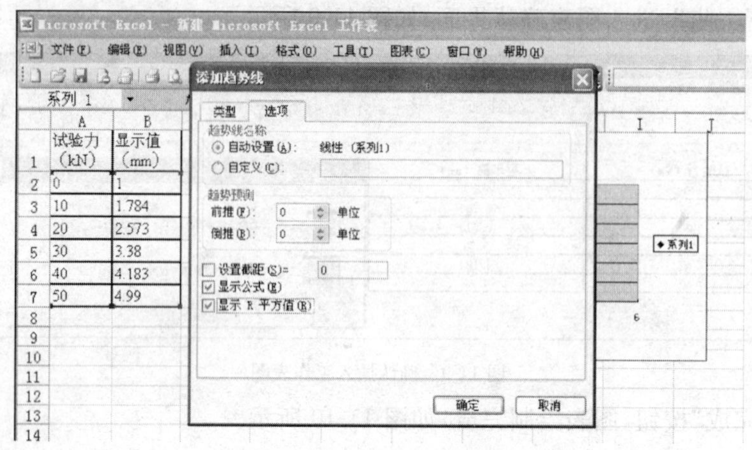

图 11-12 公式、R 平方值显示图

(9)点击"确认"按钮,得到线性回归方程,如图 11-13 所示。

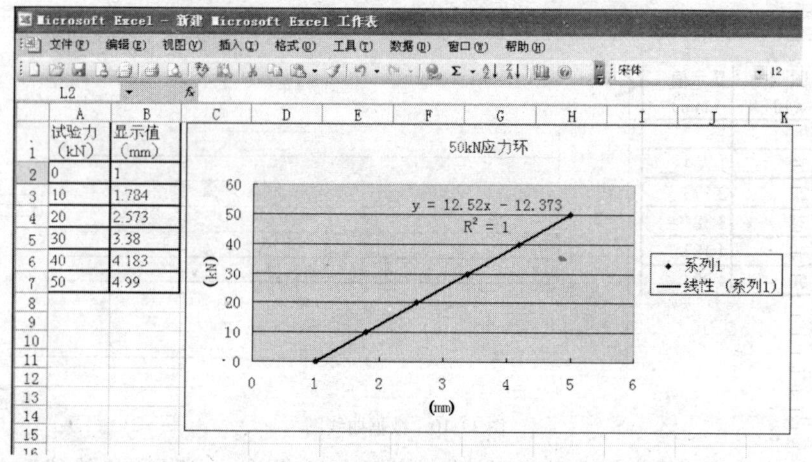

图 11-13 回归方程图

由图表中可以得知,该应力环形成的回归方程为 $y = 12.52x - 12.373$,相关系数的平方 $r_{xy}^2 = 1$。图中所有的点均在一条直线上。该应力环回归方程中的 x 与 y 完全相关。

采用该方法建立应力环的显示值和力值回归方程时,需要注意,在试验过程中百分表的显示值为自变量 x 值,通过百分表显示值计算应变量力值 y,与校准时自变量为试验力、应变量为百分表显示值恰恰相反。当使用建立的回归方程 $y = 12.52x - 12.373$ 计算力值(强度)时,x 为百分表的显示值,而不是试件的变形值。

第四节 期间核查的方法

一、期间核查的概念及目的

测量设备性能的准确性,直接影响实验室检定、校准、检测结果的准确性和可靠性。为保证测量设备性能满足预期的使用要求,保证其量值的溯源性,须定期对其进行校准或检定。然而,由于测量设备固有特性的变化或漂移,在每次检定或校准后并不能保证其量值始终得到维持,因此,在日常工作中需要经常对测量设备的性能进行核查,及时识别可能发生超出预期范围的情况,以便确认其性能是否得到有效维持或是否满足其使用要求,而不会使测量设备得到非预期的使用。

因此,期间核查的概念可以表述为:在测量设备相邻两次校准或检定期间,采用可信的方法对其使用功能及测量性能进行的一种核查,验证其是否得到有效维持,旨在确认测量设备校准状态的可信程度。

二、期间核查的对象

不同实验室的测量设备期间核查要求是不尽相同的。按照《检测和校准实验室认可准则》(ISO/IEC 17025)和《法定计量检定机构考核规范》(JJF 1069—2007)的要求,校准实验室和法定计量检定机构必须对其计量标准和标准物质进行期间核查。

期间核查不是一般的功能检查,更不是缩短检定校准周期,其目的是在两次校准/检定的间隔期间防止使用不符合技术规范要求的设备。检测机构应在期间核查程序中列出期间核查设备的名称、方法、周期等内容。

期间核查的重点测量设备有:

(1)仪器设备性能不稳定,漂移率大的;

(2)使用非常频繁的;

(3)经常携带到现场检测的;

(4)在恶劣环境下使用的仪器设备;

(5)曾经过载或怀疑有质量问题的等。

不是所有的设备都要进行期间核查,对无法寻找核查标准(物质)(如破坏性试验)的设备就无法进行期间核查。

三、期间核查的方法及其判定原则

期间核查的方法有多种,可根据实验室及其检定、校准、检测样品的特点,从测量设备的特性以及经济性、实用性、可靠性、可行性等方面综合考虑。

首先要有一个核查标准,用以对测量设备进行期间核查。核查标准的性能必须稳定,它可以是上一等级、下一等级或同等级计量标准、标准物质,也可以是准确度等级更高或较低的同类测量设备、实物样品等。

期间核查的方法基本上采用等精度核查方式进行,常用方法有仪器间的比对、标准物质验证、方法比对、加标回收、单点自校等。下面就几种方法的内容进行介绍。

1. 仪器间的比对

(1)传递测量法

当对计量标准进行核查时,如果实验室内具备高一等级的计量标准,则可方便地对用其被核查计量标准的功能和范围进行检查,当结果表明被核查的相关特性符合其技术指标时,可认为核查通过。如利用高精度的万分之一电子天平检查其他较低精度的天平,将万分之一电子天平称量的物质放在低精度天平称量,看其是否满足相应天平精度的要求。

当对其他测量设备进行核查时，如果实验室具备更高准确度等级的同类测量设备或可以测量同类参数的设备，当这类设备的测量不确定度不超过被核查设备不确定度的1/3时，则可以用其对被核查设备进行检查，当结果表明被核查的相关特性符合其技术指标时，认为核查通过。当测量设备属于标准信号源时，也可以采用此方法。

(2)多台(套)设备比对法

当实验室没有高一等级的计量标准或其他测量设备，但具有多台(套)同类的具有相同准确度等级的计量标准或测量设备时，可以采用这一方法。

首先，用被核查的测量设备对核查标准进行测量，得到的测量值为 y_1；然后，用其他几台设备分别对核查标准进行测量，得到的测量值分别为 y_1、y_2、y_3、…、y_n，计算 y_1、y_2、y_3、…、y_n 的平均值为 $\bar{y}$，则当 $|y_1-\bar{y}|\leqslant\sqrt{\frac{n-1}{n}}U$ 时，认为核查结果满意(式中 U 为用被核查设备对核查标准进行测量时的扩展不确定度)。

(3)两台(套)设备比对法

当实验室只有两台(套)同类测量设备时，可用它们对核查标准进行测量，得到的测量值分别为 y_1、y_2。假如它们的测量不确定度分别为 U_1、U_2，则当满足 $|y_1-y_2|\leqslant\sqrt{U_1^2-U_2^2}$ 时，认为核查结果满意。如试验室用于钢筋试验的万能试验机间可采用上述方法进行比对，但选择的钢筋一定是在同一根上截取的。

若这两台(套)设备是溯源到同一计量标准，它们之间具有相关性，在评定不确定度时应予以考虑。

当对标准物质进行核查时，也可用此法。这时标准物质为被核查的测量设备，选取性能稳定、具有满足标准物质量值分辨力的测量设备作为核查标准，分别用两个同类的、性能指标相同的标准物质对核查标准进行测量，得到两个结果。按上述判别准则进行判定。由于被核查的标准物质类型相同、技术指标相同，因此两次测量具有相同的不确定度。同时，由于两次测量在同一台测量设备上进行，因此其判别准则为：

$$|y_1-y_2|\leqslant\sqrt{2}U \tag{11-8}$$

式中：U——扣除由系统效应引起的标准不确定度分量后的扩展不确定度。

2. 标准物质法

当实验室具有被核查设备的标准物质时，可用标准物质作为核查标准。若用标准物质去检查被核查设备的参数，得到的测量值为 y，判别准则为：

$$\left|\frac{y-Y}{\Delta}\right|\leqslant 1 \tag{11-9}$$

式中：y——测量值；

Y——标准物质代表的值；

Δ——与被核查设备准确度等级对应的允差限。

用于期间核查的标准物质应能溯源至SI，或是在有效期内的有证标准物质。

当无标准物质时，可用已经过定值的标准溶液对测量设备进行核查。如pH计、离子计、电导仪等可用定值溶液进行核查。

3. 留样再测法

留样再测法又可称做稳定性实验法、重复测量法。

当测量设备经检定或校准得到其性能数据后，立即用其对核查标准进行测量，把得到的测量值 y_1 作为参考值。这时的核查标准可以是测量设备，也可以是实物样品。然后在规定条件下保存好该核查标准，并尽可能不作他用。在规定或计划的核查频次上，用测量设备分别对该核查标准进行测量，得到测量值 y_1、y_2、y_3、…、y_n 。判别准则为：

$$|y_1-y_2|\leqslant\sqrt{2}U$$

$$|y_1-y_3|\leqslant\sqrt{2}U$$

$$\vdots$$

$$|y_1-y_n|\leqslant\sqrt{2}U$$

式中：U——扣除由系统效应引起的标准不确定度分量后的扩展不确定度。

用于钢筋试验的万能试验机可按照上述方法进行期间核查。在同一根钢筋上截取的样品分阶段进行试验，看其结果的变化。

4. 实物样件检查法

某些测量设备是用于测量限值的，当测量值超过限定值时即自动报警。对于这类设备可用本方法进行期间核查。

首先，根据被核查设备的工作原理以及被核查参数的性质，设计、制作或购买相应的实物样件。然后，设定该参数的限定值，将实物样件施加于测量设备上，操作设备并调节到规定的输出量，观察测量设备是否具有相应的响应。

例如，对准确度等级为 5 级、输出电压为 1 500V、设置的泄漏电流为 5mA 的耐压测试仪进行期间核查时，可以用 300kΩ 的电阻作为核查标准。将其接入耐压测试仪的两测试棒中，调节输出电压在(1 500±5%)V 时应报警，此时认为耐压测试仪的性能正常。

5. 自带标样核查法

有些测量设备自带标准样块，有的还带有自动校准系统，这时可将标准样块作为核查标准，按照制造商提供的方法进行核查。例如，电子天平往往自带一个标准工作砝码、射线监测仪自带标准膜片并能自动校准，这时可将标准工作砝码、标准膜片作为核查标准，按照设备说明书上规定的方法进行核查。

6. 直接测量法

当测量设备属于标准信号源时，若实验室具备计量标准，可直接用方法 1；若不具备计量标准，则可使用本方法。

首先确定需要核查的功能以及测量点，然后选取具有相应功能的测量设备作核查标准，在相应测量点上对核查标准的性能进行校准，得到相应的修正值，再用核查标准来测量被核查设备的性能，对核查结果进行修正后，观察是否符合其相应的技术要求。

例如，对标准电压源进行核查时，首先应根据需要确定核查的测量点(如 5V)，这时可以选取数字多用表作为核查标准。对数字多用表直流电压挡上的 5V 测量点的示值进行校准，得到的修正值为 e；再用数字多用表去测量标准电压源 5V 输出时的实际值，得到的结果为 V，则 $(V+e)$ 为核查结果。根据标准信号源的技术要求，即可判定其是否满意。

(1)实验室间比对法

当实验室条件无法满足以上方法时,可用实验室间比对法来进行核查。当确定被核查设备所在实验室为比对的主导实验室时,判别原则按方法3;当没有确定主导实验室时,判别原则按方法2。

当参加比对实验室的测量设备均溯源到同一校准实验室的同一计量标准时,在评定不确定度时应考虑相关性的影响。

(2)方法比对法

可以采用不同的方法对测量设备进行核查。当利用同一台被核查测量设备对核查标准进行测量时,核查结果的判别原则可按方法5。当两种方法的两次测量是在不同测量设备上进行的,可按方法3进行判别。

四、核查结果处理及核查频次

实验室进行期间核查后,应对数据进行分析和评价,其判定原则如下。

当通过期间核查发现测量设备性能超出预期使用要求时,首先,应立即停止使用并进行维修,在重新检定或校准表明其性能满足要求后,方可投入使用;其次,应立即采取适当的方法或措施,对上次核查后开展的检定、校准、检测工作进行追溯,以尽可能减少和降低由于设备失准而造成的风险。

检定、校准、检测工作的追溯是需要成本的,如果仪器设备失准会给实验室和顾客带来风险,从而损害实验室和顾客的利益。因此,实验室应从自身资源、技术能力、测量设备的重要程度,以及追溯成本和可能产生的风险等因素综合考虑,确定仪器设备期间核查的频次。

附　录

附录 1

建设工程质量管理条例

（2000 年 1 月 30 日　国务院令第 279 号）

第一章　总　　则

第一条　为了加强对建设工程质量的管理，保证建设工程质量，保护人民生命和财产安全，根据《中华人民共和国建筑法》，制定本条例。

第二条　凡在中华人民共和国境内从事建设工程的新建、扩建、改建等有关活动及实施对建设工程质量监督管理的，必须遵守本条例。

本条例所称建设工程，是指土木工程、建筑工程、线路管道和设备安装工程及装修工程。

第三条　建设单位、勘察单位、设计单位、施工单位、工程监理单位依法对建设工程质量负责。

第四条　县级以上人民政府建设行政主管部门和其他有关部门应当加强对建设工程质量的监督管理。

第五条　从事建设工程活动，必须严格执行基本建设程序，坚持先勘察、后设计、再施工的原则。

县级以上人民政府及其有关部门不得超越权限审批建设项目或者擅自简化基本建设程序。

第六条　国家鼓励采用先进的科学技术和管理方法，提高建设工程质量。

第二章　建设单位的质量责任和义务

第七条　建设单位应当将工程发包给具有相应资质等级的单位。

建设单位不得将建设工程肢解发包。

第八条　建设单位应当依法对工程建设项目的勘察、设计、施工、监理以及与工程建设有关的重要设备、材料等的采购进行招标。

第九条　建设单位必须向有关的勘察、设计、施工、工程监理等单位提供与建设工程有关的原始资料。

原始资料必须真实、准确、齐全。

第十条　建设工程发包单位不得迫使承包方以低于成本的价格竞标，不得任意压缩合理工期。

建设单位不得明示或者暗示设计单位或者施工单位违反工程建设强制性标准，降低建设工程质量。

第十一条　建设单位应当将施工图设计文件报县级以上人民政府建设行政主管部门或者

其他有关部门审查。施工图设计文件审查的具体办法，由国务院建设行政主管部门会同国务院其他有关部门制定。

施工图设计文件未经审查批准的，不得使用。

第十二条 实行监理的建设工程，建设单位应当委托具有相应资质等级的工程监理单位进行监理，也可以委托具有工程监理相应资质等级并与被监理工程的施工承包单位没有隶属关系或者其他利害关系的该工程的设计单位进行监理。

下列建设工程必须实行监理：

(一)国家重点建设工程；

(二)大中型公用事业工程；

(三)成片开发建设的住宅小区工程；

(四)利用外国政府或者国际组织贷款、援助资金的工程；

(五)国家规定必须实行监理的其他工程。

第十三条 建设单位在领取施工许可证或者开工报告前，应当按照国家有关规定办理工程质量监督手续。

第十四条 按照合同约定，由建设单位采购建筑材料、建筑构配件和设备的，建设单位应当保证建筑材料、建筑构配件和设备符合设计文件和合同要求。

建设单位不得明示或者暗示施工单位使用不合格的建筑材料、建筑构配件和设备。

第十五条 涉及建筑主体和承重结构变动的装修工程，建设单位应当在施工前委托原设计单位或者具有相应资质等级的设计单位提出设计方案；没有设计方案的，不得施工。

房屋建筑使用者在装修过程中，不得擅自变动房屋建筑主体和承重结构。

第十六条 建设单位收到建设工程竣工报告后，应当组织设计、施工、工程监理等有关单位进行竣工验收。

建设工程竣工验收应当具备下列条件：

(一)完成建设工程设计和合同约定的各项内容；

(二)有完整的技术档案和施工管理资料；

(三)有工程使用的主要建筑材料、建筑构配件和设备的进场试验报告；

(四)有勘察、设计、施工、工程监理等单位分别签署的质量合格文件；

(五)有施工单位签署的工程保修书。

建设工程经验收合格的，方可交付使用。

第十七条 建设单位应当严格按照国家有关档案管理的规定，及时收集、整理建设项目各环节的文件资料，建立、健全建设项目档案，并在建设工程竣工验收后，及时向建设行政主管部门或者其他有关部门移交建设项目档案。

第三章 勘察、设计单位的质量责任和义务

第十八条 从事建设工程勘察、设计的单位应当依法取得相应等级的资质证书，并在其资质等级许可的范围内承揽工程。

禁止勘察、设计单位超越其资质等级许可的范围或者以其他勘察、设计单位的名义承揽工程。禁止勘察、设计单位允许其他单位或者个人以本单位的名义承揽工程。

勘察、设计单位不得转包或者违法分包所承揽的工程。

第十九条 勘察、设计单位必须按照工程建设强制性标准进行勘察、设计，并对其勘察、设计的质量负责。

注册建筑师、注册结构工程师等注册执业人员应当在设计文件上签字，对设计文件负责。

第二十条 勘察单位提供的地质、测量、水文等勘察成果必须真实、准确。

第二十一条 设计单位应当根据勘察成果文件进行建设工程设计。

设计文件应当符合国家规定的设计深度要求，注明工程合理使用年限。

第二十二条 设计单位在设计文件中选用的建筑材料、建筑构配件和设备，应当注明规格、型号、性能等技术指标，其质量要求必须符合国家规定的标准。

除有特殊要求的建筑材料、专用设备、工艺生产线等外，设计单位不得指定生产厂、供应商。

第二十三条 设计单位应当就审查合格的施工图设计文件向施工单位作出详细说明。

第二十四条 设计单位应当参与建设工程质量事故分析，并对因设计造成的质量事故，提出相应的技术处理方案。

第四章 施工单位的质量责任和义务

第二十五条 施工单位应当依法取得相应等级的资质证书，并在其资质等级许可的范围内承揽工程。

禁止施工单位超越本单位资质等级许可的业务范围或者以其他施工单位的名义承揽工程。禁止施工单位允许其他单位或者个人以本单位的名义承揽工程。

施工单位不得转包或者违法分包工程。

第二十六条 施工单位对建设工程的施工质量负责。

施工单位应当建立质量责任制，确定工程项目的项目经理、技术负责人和施工管理负责人。

建设工程实行总承包的，总承包单位应当对全部建设工程质量负责；建设工程勘察、设计、施工、设备采购的一项或者多项实行总承包的，总承包单位应当对其承包的建设工程或者采购的设备的质量负责。

第二十七条 总承包单位依法将建设工程分包给其他单位的，分包单位应当按照分包合同的约定对其分包工程的质量向总承包单位负责，总承包单位与分包单位对分包工程的质量承担连带责任。

第二十八条 施工单位必须按照工程设计图纸和施工技术标准施工，不得擅自修改工程设计，不得偷工减料。

施工单位在施工过程中发现设计文件和图纸有差错的，应当及时提出意见和建议。

第二十九条 施工单位必须按照工程设计要求、施工技术标准和合同约定，对建筑材料、建筑构配件、设备和商品混凝土进行检验，检验应当有书面记录和专人签字；未经检验或者检验不合格的，不得使用。

第三十条 施工单位必须建立、健全施工质量的检验制度，严格工序管理，作好隐蔽工程的质量检查和记录。隐蔽工程在隐蔽前，施工单位应当通知建设单位和建设工程质量监督机构。

第三十一条 施工人员对涉及结构安全的试块、试件以及有关材料,应当在建设单位或者工程监理单位监督下现场取样,并送具有相应资质等级的质量检测单位进行检测。

第三十二条 施工单位对施工中出现质量问题的建设工程或者竣工验收不合格的建设工程,应当负责返修。

第三十三条 施工单位应当建立、健全教育培训制度,加强对职工的教育培训;未经教育培训或者考核不合格的人员,不得上岗作业。

第五章 工程监理单位的质量责任和义务

第三十四条 工程监理单位应当依法取得相应等级的资质证书,并在其资质等级许可的范围内承担工程监理业务。

禁止工程监理单位超越本单位资质等级许可的范围或者以其他工程监理单位的名义承担工程监理业务。禁止工程监理单位允许其他单位或者个人以本单位的名义承担工程监理业务。

工程监理单位不得转让工程监理业务。

第三十五条 工程监理单位与被监理工程的施工承包单位以及建筑材料、建筑构配件和设备供应单位有隶属关系或者其他利害关系的,不得承担该项建设工程的监理业务。

第三十六条 工程监理单位应当依照法律、法规以及有关技术标准、设计文件和建设工程承包合同,代表建设单位对施工质量实施监理,并对施工质量承担监理责任。

第三十七条 工程监理单位应当选派具备相应资格的总监理工程师和监理工程师进驻施工现场。

未经监理工程师签字,建筑材料、建筑构配件和设备不得在工程上使用或者安装,施工单位不得进行下一道工序的施工。未经总监理工程师签字,建设单位不拨付工程款,不进行竣工验收。

第三十八条 监理工程师应当按照工程监理规范的要求,采取旁站、巡视和平行检验等形式,对建设工程实施监理。

第六章 建设工程质量保修

第三十九条 建设工程实行质量保修制度。

建设工程承包单位在向建设单位提交工程竣工验收报告时,应当向建设单位出具质量保修书。质量保修书中应当明确建设工程的保修范围、保修期限和保修责任等。

第四十条 在正常使用条件下,建设工程的最低保修期限为:

(一)基础设施工程、房屋建筑的地基基础工程和主体结构工程,为设计文件规定的该工程的合理使用年限;

(二)屋面防水工程、有防水要求的卫生间、房间和外墙面的防渗漏,为5年;

(三)供热与供冷系统,为2个采暖期、供冷期;

(四)电气管线、给排水管道、设备安装和装修工程,为2年。

其他项目的保修期限由发包方与承包方约定。

建设工程的保修期,自竣工验收合格之日起计算。

第四十一条 建设工程在保修范围和保修期限内发生质量问题的,施工单位应当履行保修义务，并对造成的损失承担赔偿责任。

第四十二条 建设工程在超过合理使用年限后需要继续使用的，产权所有人应当委托具有相应资质等级的勘察、设计单位鉴定，并根据鉴定结果采取加固、维修等措施，重新界定使用期。

第七章 监督管理

第四十三条 国家实行建设工程质量监督管理制度。

国务院建设行政主管部门对全国的建设工程质量实施统一监督管理。国务院铁路、交通、水利等有关部门按照国务院规定的职责分工，负责对全国的有关专业建设工程质量的监督管理。

县级以上地方人民政府建设行政主管部门对本行政区域内的建设工程质量实施监督管理。县级以上地方人民政府交通、水利等有关部门在各自的职责范围内，负责对本行政区域内的专业建设工程质量的监督管理。

第四十四条 国务院建设行政主管部门和国务院铁路、交通、水利等有关部门应当加强对有关建设工程质量的法律、法规和强制性标准执行情况的监督检查。

第四十五条 国务院发展计划部门按照国务院规定的职责，组织稽察特派员，对国家出资的重大建设项目实施监督检查。

国务院经济贸易主管部门按照国务院规定的职责，对国家重大技术改造项目实施监督检查。

第四十六条 建设工程质量监督管理，可以由建设行政主管部门或者其他有关部门委托的建设工程质量监督机构具体实施。

从事房屋建筑工程和市政基础设施工程质量监督的机构，必须按照国家有关规定经国务院建设行政主管部门或者省、自治区、直辖市人民政府建设行政主管部门考核；从事专业建设工程质量监督的机构，必须按照国家有关规定经国务院有关部门或者省、自治区、直辖市人民政府有关部门考核。经考核合格后，方可实施质量监督。

第四十七条 县级以上地方人民政府建设行政主管部门和其他有关部门应当加强对有关建设工程质量的法律、法规和强制性标准执行情况的监督检查。

第四十八条 县级以上人民政府建设行政主管部门和其他有关部门履行监督检查职责时，有权采取下列措施：

(一)要求被检查的单位提供有关工程质量的文件和资料；

(二)进入被检查单位的施工现场进行检查；

(三)发现有影响工程质量的问题时，责令改正。

第四十九条 建设单位应当自建设工程竣工验收合格之日起15日内，将建设工程竣工验收报告和规划、公安消防、环保等部门出具的认可文件或者准许使用文件报建设行政主管部门或者其他有关部门备案。

建设行政主管部门或者其他有关部门发现建设单位在竣工验收过程中有违反国家有关建设工程质量管理规定行为的，责令停止使用，重新组织竣工验收。

第五十条 有关单位和个人对县级以上人民政府建设行政主管部门和其他有关部门进行的监督检查应当支持与配合，不得拒绝或者阻碍建设工程质量监督检查人员依法执行职务。

第五十一条 供水、供电、供气、公安消防等部门或者单位不得明示或者暗示建设单位、施工单位购买其指定的生产供应单位的建筑材料、建筑构配件和设备。

第五十二条 建设工程发生质量事故，有关单位应当在24小时内向当地建设行政主管部门和其他有关部门报告。对重大质量事故，事故发生地的建设行政主管部门和其他有关部门应当按照事故类别和等级向当地人民政府和上级建设行政主管部门和其他有关部门报告。

特别重大质量事故的调查程序按照国务院有关规定办理。

第五十三条 任何单位和个人对建设工程的质量事故、质量缺陷都有权检举、控告、投诉。

第八章 罚 则

第五十四条 违反本条例规定，建设单位将建设工程发包给不具有相应资质等级的勘察、设计、施工单位或者委托给不具有相应资质等级的工程监理单位的，责令改正，处50万元以上100万元以下的罚款。

第五十五条 违反本条例规定，建设单位将建设工程肢解发包的，责令改正，处工程合同价款百分之零点五以上百分之一以下的罚款；对全部或者部分使用国有资金的项目，并可以暂停项目执行或者暂停资金拨付。

第五十六条 违反本条例规定，建设单位有下列行为之一的，责令改正，处20万元以上50万元以下的罚款：

（一）迫使承包方以低于成本的价格竞标的；

（二）任意压缩合理工期的；

（三）明示或者暗示设计单位或者施工单位违反工程建设强制性标准，降低工程质量的；

（四）施工图设计文件未经审查或者审查不合格，擅自施工的；

（五）建设项目必须实行工程监理而未实行工程监理的；

（六）未按照国家规定办理工程质量监督手续的；

（七）明示或者暗示施工单位使用不合格的建筑材料、建筑构配件和设备的；

（八）未按照国家规定将竣工验收报告、有关认可文件或者准许使用文件报送备案的。

第五十七条 违反本条例规定，建设单位未取得施工许可证或者开工报告未经批准，擅自施工的，责令停止施工，限期改正，处工程合同价款百分之一以上，百分之二以下的罚款。

第五十八条 违反本条例规定，建设单位有下列行为之一的，责令改正，处工程合同价款百分之二以上百分之四以下的罚款；造成损失的，依法承担赔偿责任：

（一）未组织竣工验收，擅自交付使用的；

（二）验收不合格，擅自交付使用的；

（三）对不合格的建设工程按照合格工程验收的。

第五十九条 违反本条例规定，建设工程竣工验收后，建设单位未向建设行政主管部门或者其他有关部门移交建设项目档案的，责令改正，处1万元以上10万元以下的罚款。

第六十条 违反本条例规定，勘察、设计、施工、工程监理单位超越本单位资质等级承揽工程的，责令停止违法行为，对勘察、设计单位或者工程监理单位处合同约定的勘察费、设计费或者监理酬金1倍以上2倍以下的罚款；对施工单位处工程合同价款百分之二以上百分之四以下的罚款，可以责令停业整顿，降低资质等级；情节严重的，吊销资质证书；有违法所得的，予以没收。

未取得资质证书承揽工程的，予以取缔，依照前款规定处以罚款；有违法所得的，予以没收。

以欺骗手段取得资质证书承揽工程的，吊销资质证书，依照本条第一款规定处以罚款；有违法所得的，予以没收。

第六十一条 违反本条例规定，勘察、设计、施工、工程监理单位允许其他单位或者个人以本单位名义承揽工程的，责令改正，没收违法所得，对勘察、设计单位和工程监理单位处合同约定的勘察费、设计费和监理酬金1倍以上2倍以下的罚款；对施工单位处工程合同价款百分之二以上百分之四以下的罚款；可以责令停业整顿，降低资质等级；情节严重的，吊销资质证书。

第六十二条 违反本条例规定，承包单位将承包的工程转包或者违法分包的，责令改正，没收违法所得，对勘察、设计单位处合同约定的勘察费、设计费百分之二十五以上百分之五十以下的罚款；对施工单位处工程合同价款百分之零点五以上百分之一以下的罚款；可以责令停业整顿，降低资质等级；情节严重的，吊销资质证书。

工程监理单位转让工程监理业务的，责令改正，没收违法所得，处合同约定的监理酬金百分之二十五以上百分之五十以下的罚款；可以责令停业整顿，降低资质等级；情节严重的，吊销资质证书。

第六十三条 违反本条例规定，有下列行为之一的，责令改正，处10万元以上30万元以下的罚款：

（一）勘察单位未按照工程建设强制性标准进行勘察的；

（二）设计单位未根据勘察成果文件进行工程设计的；

（三）设计单位指定建筑材料、建筑构配件的生产厂、供应商的；

（四）设计单位未按照工程建设强制性标准进行设计的。

有前款所列行为，造成工程质量事故的，责令停业整顿，降低资质等级；情节严重的，吊销资质证书；造成损失的，依法承担赔偿责任。

第六十四条 违反本条例规定，施工单位在施工中偷工减料的，使用不合格的建筑材料、建筑构配件和设备的，或者有不按照工程设计图纸或者施工技术标准施工的其他行为的，责令改正，处工程合同价款百分之二以上百分之四以下的罚款；造成建设工程质量不符合规定的质量标准的，负责返工、修理，并赔偿因此造成的损失；情节严重的，责令停业整顿，降低资质等级或者吊销资质证书。

第六十五条 违反本条例规定，施工单位未对建筑材料、建筑构配件、设备和商品混凝土进行检验，或者未对涉及结构安全的试块、试件以及有关材料取样检测的，责令改正，处10万元以上20万元以下的罚款；情节严重的，责令停业整顿，降低资质等级或者吊销资质证书；造成损失的，依法承担赔偿责任。

第六十六条 违反本条例规定，施工单位不履行保修义务或者拖延履行保修义务的，责令改正，处10万元以上20万元以下的罚款，并对在保修期内因质量缺陷造成的损失承担赔偿责任。

第六十七条 工程监理单位有下列行为之一的，责令改正，处50万元以上100万元以下的罚款，降低资质等级或者吊销资质证书；有违法所得的，予以没收；造成损失的，承担连带赔偿责任：

（一）与建设单位或者施工单位串通，弄虚作假、降低工程质量的；

（二）将不合格的建设工程、建筑材料、建筑构配件和设备按照合格签字的。

第六十八条 违反本条例规定，工程监理单位与被监理工程的施工承包单位以及建筑材料、建筑构配件和设备供应单位有隶属关系或者其他利害关系承担该项建设工程的监理业务的，责令改正，处5万元以上10万元以下的罚款，降低资质等级或者吊销资质证书；有违法所得的，予以没收。

第六十九条 违反本条例规定，涉及建筑主体或者承重结构变动的装修工程，没有设计方案擅自施工的，责令改正，处50万元以上100万元以下的罚款；房屋建筑使用者在装修过程中擅自变动房屋建筑主体和承重结构的，责令改正，处5万元以上10万元以下的罚款。

有前款所列行为，造成损失的，依法承担赔偿责任。

第七十条 发生重大工程质量事故隐瞒不报、谎报或者拖延报告期限的，对直接负责的主管人员和其他责任人员依法给予行政处分。

第七十一条 违反本条例规定，供水、供电、供气、公安消防等部门或者单位明示或者暗示建设单位或者施工单位购买其指定的生产供应单位的建筑材料、建筑构配件和设备的，责令改正。

第七十二条 违反本条例规定，注册建筑师、注册结构工程师、监理工程师等注册执业人员因过错造成质量事故的，责令停止执业1年；造成重大质量事故的，吊销执业资格证书，5年以内不予注册；情节特别恶劣的，终身不予注册。

第七十三条 依照本条例规定，给予单位罚款处罚的，对单位直接负责的主管人员和其他直接责任人员处单位罚款数额百分之五以上百分之十以下的罚款。

第七十四条 建设单位、设计单位、施工单位、工程监理单位违反国家规定，降低工程质量标准，造成重大安全事故，构成犯罪的，对直接责任人员依法追究刑事责任。

第七十五条 本条例规定的责令停业整顿，降低资质等级和吊销资质证书的行政处罚，由颁发资质证书的机关决定；其他行政处罚，由建设行政主管部门或者其他有关部门依照法定职权决定。

依照本条例规定被吊销资质证书的，由工商行政管理部门吊销其营业执照。

第七十六条 国家机关工作人员在建设工程质量监督管理工作中玩忽职守、滥用职权、徇私舞弊，构成犯罪的，依法追究刑事责任；尚不构成犯罪的，依法给予行政处分。

第七十七条 建设、勘察、设计、施工、工程监理单位的工作人员因调动工作、退休等原因离开该单位后，被发现在该单位工作期间违反国家有关建设工程质量管理规定，造成重大工程质量事故的，仍应当依法追究法律责任。

第九章 附 则

第七十八条 本条例所称肢解发包，是指建设单位将应当由一个承包单位完成的建设工程分解成若干部分发包给不同的承包单位的行为。

本条例所称违法分包，是指下列行为：

（一）总承包单位将建设工程分包给不具备相应资质条件的单位的；

（二）建设工程总承包合同中未有约定，又未经建设单位认可，承包单位将其承包的部分建设工程交由其他单位完成的；

（三）施工总承包单位将建设工程主体结构的施工分包给其他单位的；

（四）分包单位将其承包的建设工程再分包的。

本条例所称转包，是指承包单位承包建设工程后，不履行合同约定的责任和义务，将其承包的全部建设工程转给他人或者将其承包的全部建设工程肢解以后以分包的名义分别转给其他单位承包的行为。

第七十九条　本条例规定的罚款和没收的违法所得，必须全部上缴国库。

第八十条　抢险救灾及其他临时性房屋建筑和农民自建低层住宅的建设活动，不适用本条例。

第八十一条　军事建设工程的管理，按照中央军事委员会的有关规定执行。

第八十二条　本条例自发布之日起施行。

附录 2

公路水运工程试验检测管理办法

（2005 年 10 月 19 日　交通部令第 12 号）

第一章　总　　则

第一条　为规范公路水运工程试验检测活动，保证公路水运工程质量及人民生命和财产安全，根据《建设工程质量管理条例》，制定本办法。

第二条　从事公路水运工程试验检测活动，应当遵守本办法。

第三条　本办法所称公路水运工程试验检测，是指根据国家有关法律、法规的规定，依据工程建设技术标准、规范、规程，对公路水运工程所用材料、构件、工程制品、工程实体的质量和技术指标等进行的试验检测活动。

本办法所称公路水运工程试验检测机构（以下简称检测机构），是指承担公路水运工程试验检测业务并对试验检测结果承担责任的机构。

本办法所称公路水运工程试验检测人员（以下简称检测人员），是指经考试合格，具备相应公路水运工程试验检测知识、能力，并承担相应公路水运工程试验检测业务的专业技术人员。

第四条　公路水运工程试验检测活动应当遵循科学、客观、严谨、公正的原则。

第五条　国务院交通主管部门负责公路水运工程试验检测活动的统一监督管理。交通部基本建设质量监督总站（以下简称质监总站）具体实施公路水运工程试验检测活动的监督管理。

省级人民政府交通主管部门负责本行政区域内公路水运工程试验检测活动的监督管理。省级交通质量监督机构（以下简称省站）具体实施本行政区域内公路水运工程试验检测活动的监督管理。

质监总站和省站以下称质监机构。

第二章　检测机构等级评定

第六条　检测机构等级，是依据检测机构的公路水运工程试验检测水平、主要试验检测仪器设备及检测人员的配备情况、试验检测环境等基本条件对检测机构进行的能力划分。

检测机构等级，分为公路工程和水运工程专业。

公路工程专业分为综合类和专项类。公路工程综合类设甲、乙、丙 3 个等级。公路工程专项类分为交通工程和桥梁隧道工程。

水运工程专业分为材料类和结构类。水运工程材料类设甲、乙、丙 3 个等级。水运工程结构类设甲、乙2个等级。

检测机构等级标准由质监总站另行制定。

第七条 质监总站负责公路工程综合类甲级、公路工程专项类和水运工程材料类及结构类甲级的等级评定工作。

省站负责公路工程综合类乙、丙级和水运工程材料类乙、丙级、水运工程结构类乙级的等级评定工作。

第八条 检测机构可以同时申请不同专业、不同类别的等级。

检测机构被评为丙级、乙级后须满1年且具有相应的试验检测业绩方可申报上一等级的评定。

第九条 申请公路水运工程试验检测机构等级评定，应向所在地省站提交以下材料：

(一)《公路水运工程试验检测机构等级评定申请书》；

(二)申请人法人证书原件及复印件；

(三)通过计量认证的，应当提交计量认证证书副本的原件及复印件；

(四)检测人员考试合格证书和聘(任)用关系证明文件原件及复印件；

(五)所申报试验检测项目的典型报告(包括模拟报告)及业绩证明；

(六)质量保证体系文件。

第十条 公路水运工程试验检测机构等级评定工作分为受理、初审、现场评审3个阶段。

第十一条 省站认为所提交的申请材料齐备、规范、符合规定要求的，应当予以受理；材料不符合规定要求的，应当及时退还申请人，并说明理由。

所申请的等级属于质监总站评定范围的，省站核查后出具核查意见并转送质监总站。

所申请的等级属于省站评定范围，但申报的试验检测项目有属于质监总站评定范围的，对该项目的评审省站应当报请质监总站同意，评审专家从质监总站专家库中抽取，质监总站对该项目的评审进行监督抽查。

第十二条 初审主要包括以下内容：

(一)试验检测水平、人员及检测环境等条件是否与所申请的等级标准相符；

(二)申报的试验检测项目范围及设备配备与所申请的等级是否相符；

(三)采用的试验检测标准、规范和规程是否合法有效；

(四)检定和校准是否按规定进行；

(五)质量保证体系是否具有可操作性；

(六)是否具有良好的试验检测业绩。

第十三条 初审合格的进入现场评审阶段；初审认为有需要补正的，质监机构应当通知申请人予以补正直至合格；初审不合格的，质监机构应当及时退还申请材料，并说明理由。

第十四条 现场评审是通过对申请人完成试验检测项目的实际能力、检测机构申报材料与实际状况的符合性、质量保证体系和运转等情况的全面核查。

现场评审所抽查的试验检测项目，原则上应当覆盖申请人所申请的试验检测各大项目。抽取的具体参数应当通过抽签方式确定。

第十五条 现场评审由专家评审组进行。

专家评审组由质监机构组建，3 人以上单数组成（含 3 人）。评审专家从质监机构建立的试验检测专家库中选取，与申请人有利害关系的不得进入专家评审组。

专家评审组应当独立、公正地开展评审工作。专家评审组成员应当客观、公正地履行职责，遵守职业道德，并对所提出的评审意见承担个人责任。

第十六条 专家评审组应当向质监机构出具《现场评审报告》，主要内容包括：

（一）现场考核评审意见；

（二）公路水运工程试验检测机构等级评分表；

（三）现场操作考核项目一览表；

（四）两份典型试验检测报告。

第十七条 质监机构依据《现场评审报告》及检测机构等级标准对申请人进行等级评定。

质监机构的评定结果，应当通过交通主管部门指定的报刊、信息网络等媒体向社会公示，公示期不得少于 7 天。

公示期内，任何单位和个人有权就评定结果向质监机构提出异议，质监机构应当及时受理、核实和处理。

公示期满无异议或者经核实异议不成立的，由质监机构根据评定结果向申请人颁发《公路水运工程试验检测机构等级证书》（以下简称《等级证书》）；经核实异议成立的，应当书面通知申请人，并说明理由，同时应当为异议人保密。

省站颁发证书的同时应当报质监总站备案。

第十八条 《公路水运工程试验检测机构等级评定申请书》和《等级证书》由质监总站统一规定格式。

《等级证书》应当注明检测机构从事公路水运工程试验检测的专业、类别、等级和项目范围。

第十九条 《等级证书》有效期为 5 年。

《等级证书》期满后拟继续开展公路水运工程试验检测业务的，检测机构应提前 3 个月向原发证机构提出换证申请。

第二十条 换证的申请、复核程序按照本办法规定的等级评定程序进行，并可以适当简化。在申请等级评定时已经提交过且未发生变化的材料可以不再重复提交。

第二十一条 换证复核以书面审查为主。必要时，可以组织专家进行现场评审。

换证复核的重点是核查检测机构人员、仪器设备、试验检测项目、场所的变动情况，试验检测工作的开展情况，质量保证体系文件的执行情况，违规与投诉情况等。

第二十二条 换证复核合格的，予以换发新的《等级证书》。不合格的，质监机构应当责令其在 6 个月内进行整改，整改期内不得承担质量评定和工程验收的试验检测业务。整改期满仍不能达到规定条件的，质监机构根据实际达到的试验检测能力条件重新作出评定，或者注销《等级证书》。

换证复核结果应当向社会公布。

第二十三条 检测机构取得《等级证书》后，可以向原发证质监机构申请增加试验检测项目。

经评审具备拟新增加项目的试验检测水平、人员、设备配备和检测环境等条件的，质监机构应当予以增加试验检测项目，并在《等级证书》上予以注明。

第二十四条 检测机构名称、地址、法定代表人或者机构负责人、技术负责人等发生变更的，应当自变更之日起30日内到原发证质监机构办理变更登记手续。

第二十五条 检测机构停业时，应当自停业之日起15日内向原发证质监机构办理《等级证书》注销手续。

第二十六条 质监机构依照本办法发放《等级证书》可以收取工本费。工本费的具体收费标准依据省、自治区、直辖市人民政府财政部门、价格主管部门会同同级交通主管部门核定的标准执行。

第二十七条 《等级证书》遗失或者污损的，可以向原发证质监机构申请补发。

第二十八条 任何单位和个人不得伪造、涂改、转让、租借《等级证书》。

第三章 试验检测活动

第二十九条 取得《等级证书》，同时按照《计量法》的要求经过计量行政部门考核合格，通过计量认证的检测机构，可向社会提供试验检测服务。

取得《等级证书》的检测机构在《等级证书》注明的项目范围内出具的试验检测报告，可以作为公路水运工程质量评定和工程验收的依据。

第三十条 公路水运工程质量事故鉴定、大型水运工程项目和高速公路项目验收的质量鉴定检测，质监机构应当委托通过计量认证并具有甲级或者相应专项能力等级的检测机构承担。

第三十一条 取得《等级证书》的检测机构，可设立工地临时试验室，承担相应公路水运工程的试验检测业务，并对其试验检测结果承担责任。

工程所在地省站应当对工地临时试验室进行监督。

第三十二条 检测机构应当严格按照现行有效的国家和行业标准、规范和规程独立开展检测工作，不受任何干扰和影响，保证试验检测数据客观、公正、准确。

第三十三条 检测机构应当建立严密、完善、运行有效的质量保证体系。应当按照有关规定对仪器设备进行正常维护，定期检定与校准。

第三十四条 检测机构应当建立样品管理制度，提倡盲样管理。

第三十五条 检测机构应当重视科技进步，及时更新试验检测仪器设备，不断提高业务水平。

第三十六条 检测机构应当建立健全档案制度，保证档案齐备，原始记录和试验检测报告内容必须清晰、完整、规范。

第三十七条 检测机构在同一公路水运工程项目标段中不得同时接受业主、监理、施工等多方的试验检测委托。

第三十八条 检测机构依据合同承担公路水运工程试验检测业务，不得转包、违规分包。

第三十九条 检测人员应当通过公路水运工程试验检测业务考试。

检测人员考试的组织、实施由质监总站统一管理。

第四十条 检测人员分为试验检测工程师和试验检测员。

检测机构的技术负责人应当由试验检测工程师担任。

试验检测报告应当由试验检测工程师审核、签发。

第四十一条 检测人员应当重视知识更新，不断提高试验检测业务水平。

第四十二条 检测人员应当严守职业道德和工作程序，独立开展检测工作，保证试验检测数据科学、客观、公正，并对试验检测结果承担法律责任。

第四十三条 检测人员不得同时受聘于两家以上检测机构，不得借工作之便推销建设材料、构配件和设备。

第四章 监督检查

第四十四条 质监机构应当建立健全公路水运工程试验检测活动监督检查制度，对检测机构进行定期或不定期的监督检查，及时纠正、查处违反本规定的行为。

第四十五条 公路水运工程试验检测监督检查，主要包括下列内容：

(一)《等级证书》使用的规范性，有无转包、违规分包、超范围承揽业务和涂改、租借《等级证书》的行为；

(二)检测机构能力变化与评定的能力等级的符合性；

(三)原始记录、试验检测报告的真实性、规范性和完整性；

(四)采用的技术标准、规范和规程是否合法有效，样品的管理是否符合要求；

(五)仪器设备的运行、检定和校准情况；

(六)质量保证体系运行的有效性；

(七)检测机构和检测人员试验检测活动的规范性、合法性和真实性；

(八)依据职责应当监督检查的其他内容。

第四十六条 质监机构实施监督检查时，有权采取以下措施：

(一)查阅、记录、录音、录像、照相和复制与检查相关的事项和资料；

(二)进入检测机构的工作场地(包括施工现场)进行抽查；

(三)发现有不符合国家有关标准、规范、规程和本办法规定的试验检测行为时，责令即时改正或限期整改。

第四十七条 质监机构应当组织比对试验，验证检测机构的能力。

质监总站不定期开展全国检测机构的比对试验。各省站每年年初应当制定本行政区域检测机构年度比对试验计划，报质监总站备案，并于年末将比对试验的实施情况报质监总站。

检测机构应当予以配合，如实说明情况和提供相关资料。

第四十八条 任何单位和个人都有权向质监机构投诉或举报违法违规的试验检测行为。

质监机构的监督检查活动，应当接受交通主管部门和社会公众的监督。

第四十九条 质监机构在监督检查中发现检测机构有违反本规定行为的，应当予以警告、限期整改，情节严重的列入违规记录并予以公示，质监机构不再委托其承担检测业务。

实际能力已达不到《等级证书》能力等级的检测机构，质监机构应当给予整改期限。整改期满仍达不到规定条件的，质监机构应当视情况注销《等级证书》或者重新评定检测机构等级。重新评定的等级低于原来评定等级的，检测机构 1 年内不得申报升级。被注销等级的检测机构，2 年内不得再次申报。

质监机构应当及时向社会公布监督检查的结果。

第五十条 质监机构在监督检查中发现检测人员违反本办法的规定，出具虚假试验检测数据或报告的，应当给予警告，情节严重的列入违规记录并予以公示，直至注销考试合格证书。因违反本办法规定被注销考试合格证书的检测人员2年内不得再次参加考试。

第五十一条 质监机构工作人员在试验检测管理活动中，玩忽职守、徇私舞弊、滥用职权的，应当依法给予行政处分。

第五章 附 则

第五十二条 本办法施行前检测机构和人员通过的资质评审，期满复核时应当按照本办法的规定进行《等级证书》的评定和人员考试。

第五十三条 本办法自2005年12月1日起施行。交通部1997年12月10日公布的《水运工程试验检测暂行规定》(交基发〔1997〕803号)和2002年6月26日公布的《交通部水运工程试验检测机构资质管理办法》(交通部令2002年第4号)同时废止。

附录3

关于公布《公路水运工程试验检测机构等级标准》及《公路水运试验检测机构等级评定程序》的通知

（交质监发[2008]274号）

为适应公路水运工程建设的发展和技术进步，提高检测工作质量，进一步规范试验检测机构等级评定工作，我部对《公路水运工程试验检测管理办法》（交通部令2005第12号）中的《公路水运工程试验检测机构等级标准》及《公路水运工程试验检测机构等级评定程序》进行了修订。现将修订后的《公路水运工程试验检测机构等级标准》及《公路水运试验检测机构等级评定程序》予以公布，自2008年11月1日起执行。原《公路水运工程试验检测机构等级标准》及《公路水运工程试验检测机构等级评定程序》同时废止。在此之前申报的试验检测机构仍按原标准和程序进行评定。

二〇〇八年八月二十一日

公路水运工程试验检测机构等级标准

一、公路工程试验检测机构等级标准

公路工程试验检测人员配备　　表1

项　目	综合甲级	综合乙级	综合丙级	交通工程专项	桥梁隧道工程专项
持试验检测人员证书总人数	≥32人	≥16人	≥7人	≥22人	≥25人
持试验检测工程师证书人数	≥12人	≥6人	≥3人	≥10人	≥12人
持证工程师专业配置	材料、公路专业分别≥3人，桥梁、隧道、交安专业分别≥2人	材料专业≥3人，公路专业≥2人，桥梁专业≥1人	材料、公路、桥梁专业分别≥1人	机电工程专业≥6人，安全设施专业≥4人	材料专业≥2人、桥梁、隧道专业分别≥5人
相关专业高级职称人数	≥6人	≥1人	—	≥4人	≥6人

续上表

项　目	综合甲级	综合乙级	综合丙级	交通工程专项	桥梁隧道工程专项
技术负责人	**1. 相关专业高级职称；** **2. 持试验检测工程师证书；** 3. 8年以上试验检测工作经历	**1. 相关专业高级职称；** **2. 持试验检测工程师证书；** 3. 5年以上试验检测工作经历	**1. 相关专业中级职称；** **2. 持试验检测工程师证书；** 3. 5年以上试验检测工作经历	**1. 相关专业高级职称；** **2. 持试验检测工程师证书；** 3. 8年以上试验检测工作经历	**1. 相关专业高级职称；** **2. 持试验检测工程师证书；** 3. 8年以上试验检测工作经历
质量负责人	**1. 相关专业高级职称；** **2. 持试验检测工程师证书；** 3. 8年以上试验检测工作经历	**1. 相关专业中级职称；** **2. 持试验检测工程师证书；** 3. 5年以上试验检测工作经历	**1. 相关专业中级职称；** **2. 持试验检测工程师证书；** 3. 5年以上试验检测工作经历	**1. 相关专业高级职称；** **2. 持试验检测工程师证书；** 3. 8年以上试验检测工作经历	**1. 相关专业高级职称；** **2. 持试验检测工程师证书；** 3. 8年以上试验检测工作经历

注：表中黑体字为强制性要求，一项不满足视为不通过。

公路工程试验检测能力基本要求及主要仪器设备　　表2

等级	序号	项目	主要试验检测参数	设备配置
综合甲级	1	土	**颗粒级配，界限含水率，最大干密度，最佳含水率，CBR，比重，天然稠度，**回弹模量，粗粒土最大干密度，凝聚力，内摩擦角，自由膨胀率，烧失量，有机质含量	**标准筛，摇筛机，密度计，电子天平，烘箱，光电液塑限联合测定仪，自动击实仪，脱模器，CBR试验装置（路面材料强度仪或其他荷载装置），比重瓶，**杠杆压力仪，承载板及测力装置，表面振动压实仪，三轴仪，自由膨胀率测定装置、高温炉，分析天平
	2	集料	**颗粒级配，针片状颗粒含量，压碎值，磨耗值，磨光值，集料含泥量，砂当量，吸水率，密度，坚固性，**碱活性，软弱颗粒含量，细集料棱角性，含水率，泥块含量，有机质含量，亚甲篮值MBV，矿粉亲水系数，	**标准筛（砂、石筛），摇筛机，烘箱，电子天平，规准仪，游标卡尺，压碎值试验仪，压力机，洛杉矶磨耗机，加速磨光机，摆式摩擦系数测定仪，砂当量仪，**李氏比重瓶，细集料棱角性测定仪，叶轮搅拌机，测长仪及配件，应力环及测试装置
	3	岩石	**单轴抗压强度，**抗冻性，含水率，密度，毛体积密度，吸水率	**压力机，电动切石机，游标卡尺，砂轮磨平机，**低温试验箱，电子天平，烘箱，抽气设备
	4	水泥	**密度，比表面积，标准稠度用水量，凝结时间，安定性，胶砂强度，**胶砂流动度，烧失量，SO_3含量，MgO含量	**电子天平，Blaine透气仪，透气比表面积仪，水泥净浆搅拌机，标准法维卡仪，沸煮箱，雷氏夹，胶砂搅拌机，振实台，标准恒温恒湿养护箱，电动抗折试验机，恒应力压力机，凝结时间测定仪，**水泥胶砂流动度测试仪，高温炉，滴定装置
	5	水泥混凝土、砂浆	**抗压强度，抗折强度，抗压弹性模量，配合比设计，坍落度，含气量，混凝土凝结时间，抗渗性，表观密度，**泌水率，劈裂抗拉强度，抗折弹性模量，抗冻性，耐磨性，砂浆稠度，分层度，干缩率	**标准养护室，水泥混凝土搅拌机，振动台，压力机（材料试验机），抗折试验夹具，千分表，坍落度筒，含气量测定仪，混凝土贯入阻力仪，混凝土渗透仪，容量筒，**劈裂试验夹具，冻融试验机，混凝土动弹性模量测定仪，混凝土磨耗试验机，水泥砂浆搅拌机，水泥砂浆稠度仪，水泥砂浆分层度仪，干缩养护箱，比长仪

续上表

等级	序号	项目	主要试验检测参数	设备配置
综合甲级	6	水、外加剂	pH值，氯离子含量，减水率，泌水率比，抗压强度比，不溶物含量，可溶物含量，硫酸盐及硫化物含量，含气量，凝结时间差，外加剂的钢筋锈蚀，匀质性	酸度计，分析天平，滴定设备，烘箱，压力机，混凝土贯入阻力仪，含气量测定仪，阳极极化仪或钢筋锈蚀测量仪
	7	无机结合料稳定材料	最大干密度，最佳含水率，无侧限抗压强度，水泥或石灰剂量，石灰有效钙镁含量，粉煤灰细度，粉煤灰烧失量，粉煤灰比表面积，SiO_2、Al_2O_3、Fe_3O_4 含量	自动击实仪，压力机，路面材料强度仪，脱模器，标准养护室，滴定设备，电子天平，负压筛析仪，烘箱，电炉，分析天平，高温炉，Blaine透气仪
	8	沥青	密度，针入度，针入度指数，延度，软化点，薄膜加热试验，旋转薄膜加热试验，闪点，蜡含量，黏附性，动力黏度，布氏旋转黏度，改性沥青弹性恢复率，改性沥青的离析性，沥青化学组分，运动黏度，恩格拉黏度，黏韧性，乳化沥青蒸发残留物含量，乳化沥青筛上残留物含量，乳化沥青微粒粒子电荷，乳化沥青储存稳定性，乳化沥青破乳速度	比重瓶，分析天平，自动针入度仪，恒温水槽，烘箱，低温延度仪，软化点仪，闪点仪，薄膜烘箱，电子天平，旋转薄膜烘箱，蜡含量测定仪，真空减压毛细管黏度计，秒表，布氏旋转黏度仪，毛细管黏度计，真空泵，恩格拉黏度计，黏韧性试验仪，滤筛(1.18mm)，电极板，沥青乳液稳定性试验管，标准筛，电炉，冰箱
	9	沥青混合料	配合比设计，密度，马歇尔稳定度，空隙率，矿料间隙率，流值，最大理论密度，动稳定度，沥青用量，矿料级配，抗弯拉强度，冻融劈裂强度比，沥青析漏损失，飞散损失	沥青混合料拌和机，浸水天平，电子天平，烘箱，马歇尔自动击实仪，马歇尔稳定度仪，恒温水槽，脱模器，真空负压装置，轮碾成型机，车辙试验机，沥青抽提仪(或燃烧炉)，标准筛，摇筛机，路面材料强度仪，恒温冰箱
	10	钢筋(含接头)	抗拉强度，屈服强度，伸长率，冷弯	万能材料试验机，弯曲装置，游标卡尺，标距打点机
	11	锚具、钢绞线	最大力，规定非比例延伸力，最大力总伸长率，锚固效率系数，总应变，洛氏硬度，弹性模量，松弛率，组装件疲劳试验，周期荷载试验，辅助性试验	大行程万能试验机，引伸仪，锚具试验系统，洛氏硬度计，松弛试验机，疲劳试验机
	12	板式橡胶支座	抗压弹性模量，抗剪弹性模量，极限抗压强度，抗剪黏结性能，抗剪老化	压力机(≥5 000kN)，剪切侧向加载系统，老化箱，游标卡尺，变形测量装置
	13	土工合成材料	拉伸强度，延伸率，梯形撕裂强度，顶破强度，厚度，单位面积质量，垂直渗透系数	材料试验机，各种专用夹具，厚度测定仪，电子天平，钢尺，渗透系数测定仪
	14	路基路面	厚度，压实度，平整度，土基回弹模量，弯沉，构造深度，摩擦系数，渗水系数，车辙、几何尺寸	路面雷达测试系统，环刀，灌砂筒，天平，取芯机，激光平整度仪，承载板，贝克曼梁，自动弯沉仪(落锤或连续式)，激光构造深度测试仪，摩擦系数测试设备(横向力或制动力式)，摆式仪，路面渗水仪，车辙自动测定仪，全站仪(或经纬仪、测距仪)、水准仪、钢尺、核子密度仪或无核密度仪

续上表

等级	序号	项目	主要试验检测参数	设备配置
综合甲级	15	地基基础、基桩	地基承载力，地表沉降，基桩完整性，基桩承载力，深层水平位移，成孔质量	承载板及测试装置，水准仪，基桩动测仪，超声波检测仪，千斤顶加载装置，位移测试装置，静动力触探仪，测斜仪，百米钻机（配标准贯入设备，泥浆泵，岩芯管钻头，取样器等），成孔质量检测装置
	16	结构混凝土	强度，混凝土碳化深度，钢筋位置及保护层厚度，表观及内部缺陷，钢筋锈蚀电位，氯离子含量，混凝土电阻率	回弹仪，取芯机，压力机，非金属超声波检测仪，碳化深度测量装置，钢筋保护层测定仪，裂缝测量装置，钢筋锈蚀测量仪，氯离子含量测定仪或化学滴定装置，混凝土电阻率测量仪
	17	桥梁结构、构件	静态、动态应变（应力），变形（位移），模态参数（频率、振型、阻尼比），承载能力	静态应变测量与采集设备（至少两种原理设备，测点总数不少于100），动态应变测量、采集与分析设备（不少于16通道），全站仪，变形测量装置，精密水准仪，测振传感器，裂缝测量装置，钢筋锈蚀测量仪，氯离子含量测定仪或化学滴定装置，桥梁检查车（平台）
	18	隧道	断面尺寸，锚杆拉拔力，支护（衬砌）背后的空洞，衬砌厚度，地质观察，周边位移，拱顶下沉，CO浓度，烟雾浓度，照度，噪声	激光断面仪，锚杆拉拔仪，地质雷达，收敛计，精密水准仪，CO浓度检测仪，光透过率仪，照度计，精密声级计
	19	交通安全设施（标志，标线，护栏，隔离栅等）	外观及几何尺寸，反光标志逆反射系数，反光标线逆反射系数，标线涂层厚度，标线抗滑性能，突起路标发光强度系数，色度性能（表面色），金属构件防腐层性能，立柱（支撑）竖直度，拼接螺栓抗拉荷载，反光膜抗拉荷载，反光膜附着性能，玻璃珠含量，涂料抗压强度，涂料耐磨耗性能，突起路标抗压荷载，突起路标抗冲击性能	几何测量量（刃）具，反光标志逆反射系数测试仪，反光标线逆反射系数测试仪，标线涂层厚度测试仪，摆式摩擦系数测定仪，突起路标发光强度系数测试仪，色彩色差仪（表面色），磁性涂层测厚仪，超声波测厚仪，电涡流涂层测厚仪，分析天平，电子天平，气流式盐雾腐蚀试验箱，1.0级电子万能材料试验机（量程不小于200kN），0.5级电子万能材料试验机，反光膜附着性能测定仪，玻璃珠筛分器，恒温恒湿环境试验箱（均匀性不超过±1℃），漆膜磨耗仪，突起路标抗冲击试验装置或落球冲击试验机
综合乙级	1	土集料	颗粒级配，界限含水率，最大干密度，最佳含水率，CBR，天然稠度，比重，回弹模量，有机质含量，烧失量	标准筛，摇筛机，密度计，电子天平，烘箱，光电液塑限联合测定仪，自动击实仪，脱模器，CBR试验装置（路面材料强度试验仪或其他荷载装置），比重瓶，杠杆压力仪，承载板及测力装置，分析天平，高温炉
	2	集料	颗粒级配，针片状颗粒含量，压碎值，磨耗值，集料含泥量，砂当量，磨光值、坚固性，密度，吸水率，软弱颗粒含量，细集料棱角性，含水率，泥块含量，有机质含量，亚甲篮值MBV，矿粉亲水系数	标准筛（砂、石筛），摇筛机，烘箱，电子天平，规准仪，游标卡尺，压碎值试验仪，压力机，洛杉矶磨耗机，加速磨光机，摆式摩擦系数测定仪，砂当量仪，李氏比重瓶，细集料棱角性测定仪，叶轮搅拌机，测长仪及配件，应力环及测试装置
	3	岩石	单轴抗压强度，抗冻性，含水率，密度，毛体积密度，吸水率	压力机，游标卡尺，电动切石机，砂轮磨平机，低温试验箱，电子天平，烘箱，抽气设备

续上表

等级	序号	项目	主要试验检测参数	设备配置
综合乙级	4	水泥	密度,比表面积,凝结时间,安定性,胶砂强度,标准稠度用水量,烧失量,胶砂流动度	电子天平,透气比表面积仪,水泥净浆搅拌机,标准法维卡仪,雷氏夹,沸煮箱,胶砂搅拌机,振实台,标准恒温恒湿养护箱,电动抗折试验机,恒应力压力机,凝结时间测定仪,水泥胶砂流动度测试仪,高温炉
	5	水泥混凝土、砂浆	抗压强度,抗折强度,配合比设计,坍落度,含气量,混凝土凝结时间,抗渗性,表观密度,抗压弹性模量,泌水率,劈裂抗拉强度,抗折弹性模量,砂浆稠度,分层度 ,干缩率	标准养护室,水泥混凝土搅拌机,振动台,材料试验机,抗折试验夹具,千分表,坍落度筒,含气量测定仪,混凝土贯入阻力仪,混凝土渗透仪,容量筒,劈裂试验夹具,水泥砂浆搅拌机,水泥砂浆稠度仪,水泥砂浆分层度仪,干缩养护箱,比长仪
	6	水,外加剂	pH 值,氯离子含量,减水率,抗压强度比,泌水率比,不溶物含量,可溶物含量,硫酸盐及硫化物含量,含气量,凝结时间差,外加剂的钢筋锈蚀试验	酸度计,分析天平,滴定设备,烘箱,压力机,混凝土贯入阻力仪,含气量测定仪,阳极极化仪或钢筋锈蚀测量仪
	7	无机结合料稳定材料	最大干密度,最佳含水率,无侧限抗压强度,水泥或石灰剂量,石灰有效钙镁含量,粉煤灰细度,粉煤灰烧失量,粉煤灰比表面积	自动击实仪,压力机,路面材料强度仪,脱模器,标准养护室,滴定设备,电子天平,烘箱,电炉,分析天平,负压筛析仪,高温炉, Blaine 透气仪
	8	沥青	针入度,延度,软化点,闪点,黏附性,薄膜加热试验,密度,动力黏度,改性沥青弹性恢复率,改性沥青的离析性,乳化沥青储存稳定性,乳化沥青破乳速度,乳化沥青微粒粒子电荷,乳化沥青筛上残留物含量	自动针入度仪,烘箱,恒温水槽,低温延度仪,软化点仪,闪点仪,薄膜烘箱,电子天平,比重瓶,分析天平,真空减压毛细管黏度计,滤筛(1.18mm),沥青乳液稳定性试验管,电极板,标准筛,电炉,冰箱
	9	沥青混合料	马歇尔稳定度,流值,空隙率,矿料间隙率,沥青用量,矿料级配,动稳定度,最大理论密度	沥青混合料拌和机,马歇尔自动击实仪,马歇尔稳定度仪,烘箱,恒温水槽,脱模器,沥青抽提仪(或燃烧炉),电子天平,标准筛,摇筛机,轮碾成型机,车辙试验机,最大理论密度测定仪,真空负压装置,路面材料强度测试仪
	10	钢筋(含接头)	抗拉强度,屈服强度,伸长率,冷弯	万能材料试验机,弯曲装置,游标卡尺,标距打点机
	11	路基路面	厚度,压实度,平整度,弯沉,构造深度,摩擦系数,渗水系数,几何尺寸,土基回弹模量	环刀,灌砂筒,天平,取芯机,弯沉测试设备,平整度测试设备,摩擦系数测试设备,构造深度测试仪,路面渗水仪,全站仪(或经纬仪,测距仪),水准仪,钢尺,承载板
	12	地基基础、基桩	地基承载力,地表沉降,基桩完整性	承载板及测试装置,水准仪,静力触探仪,动力触探仪,压力机,基桩动测仪,超声波检测仪
	13	结构混凝土	强度,混凝土碳化深度,钢筋位置及保护层厚度,表观及内部缺陷	回弹仪,取芯机,压力机,碳化深度测量装置,钢筋位置及保护层测定仪,非金属超声波检测仪,裂缝测量装置

续上表

等级	序号	项目	主要试验检测参数	设备配置
综合丙级	1	土	颗粒级配，界限含水率，最大干密度，最佳含水率，天然稠度，有机质含量，比重	标准筛，摇筛机，密度计，电子天平，烘箱，光电液塑限联合测定仪，自动击实仪，脱模器，分析天平，比重瓶
	2	集料	颗粒级配，压碎值，针片状颗粒含量，密度，含水率，泥块含量，矿粉亲水系数	标准筛，摇筛机，压碎值测定仪，压力机，针片状规准仪，游标卡尺，李氏比重瓶
	3	水泥	凝结时间，安定性，胶砂强度，标准稠度用水量	水泥净浆搅拌机，标准法维卡仪，雷氏夹，沸煮箱，胶砂搅拌机，振实台，标准恒温恒湿养护箱，电动抗折试验机，恒应力压力机，凝结时间测定仪
	4	水泥混凝土、砂浆	抗压强度，抗折强度，配合比设计，坍落度，含气量，砂浆稠度，分层度	标准养护室，水泥混凝土搅拌机，标准振动台，材料试验机，抗折试验夹具，坍落度筒，水泥砂浆搅拌机，水泥砂浆稠度仪，水泥砂浆分层度仪、含气量测定仪
	5	外加剂	减水率，抗压强度比，泌水率比，凝结时间差，含气量，外加剂的钢筋锈蚀试验	压力机、混凝土贯入阻力仪，含气量测定仪、钢筋锈蚀测量仪
	6	无机结合料稳定材料	最大干密度，最佳含水率，无侧限抗压强度，水泥或石灰剂量，石灰有效钙镁含量	标准电动击实仪，压力机，路面材料强度试验仪，烘箱，恒温恒湿养护室（箱），脱模器，电子天平，滴定设备，分析天平
	7	沥青	针入度，延度，软化点，粘附性，沥青密度	针入度仪，恒温水槽，烘箱，低温延度仪，软化点仪，电炉，比重瓶，分析天平
	8	沥青混合料	马歇尔稳定度，流值，空隙率，矿料间隙率，沥青用量，矿料级配	沥青混合料拌和机，马歇尔自动击实仪，烘箱，马歇尔稳定度仪，恒温水槽，脱模器，沥青抽提仪（或燃烧炉），电子天平，标准筛
	9	钢筋（含接头）	抗拉强度，屈服强度，伸长率，冷弯	万能材料试验机，弯曲装置，游标卡尺，标距打点机
	10	路基路面	厚度，压实度，弯沉，平整度，摩擦系数，构造深度	环刀，灌砂筒，天平，取芯机，贝克曼梁，3m 直尺，摆式摩擦系数测定仪，人工铺砂仪
	11	结构混凝土	强度，表观缺陷，混凝土碳化深度	回弹仪，取芯机，压力机，碳化深度测量装置，裂缝观测装置
交通工程专项	1	例行试验	环境温度试验，环境湿度试验，一般盐雾试验，耐化学溶剂腐蚀试验，振动试验，冲击试验，循环盐雾腐蚀试验，人工加速耐候性试验	步入式环境试验箱（不小于 $12m^3$），气流式盐雾腐蚀试验箱，化学试验器皿，分析天平（感量 0.1 毫克），架盘天平，电子天平（感量 0.01 克），电磁震动试验台（不小于 3t 推力），循环盐雾腐蚀试验箱，6500W 水冷氙弧灯老化试验箱，紫外光老化试验箱
	2	电性能检测	电压，电流，电阻，接地电阻，视频传输性能，数据传输性能，电气绝缘强度，IP 防护等级	数字万用表，钳形电流表，接地电阻表，视频信号发生器，视频测量仪，低速数据测试仪（50bit/s～10Mbit/s），通信性能综合分析仪（速率不小于 2.5G），兆欧表，耐电压测试仪，密封防尘试验箱（不小于 $8m^3$），喷淋试验装置

续上表

等级	序号	项目	主要试验检测参数	设备配置
交通工程专项	3	光学量检测	发光强度,照度,亮度,表面色,逆反射色,绝对法测发光强度系数,绝对法测逆反射系数	光强计,照度计,非接触型亮度色度计,色彩色差仪,标准A光源,暗室(箱)(有效空间不小于20×2×2m³),标准逆反射测试系统(30.48m)
	4	原材料性能	耐环境应力开裂性能,非金属材料硬度,金属材料力学性能,非金属材料力学性能,耐热应力开裂,维卡软化点,热变形温度,氧指数,熔体流动速率,粉末涂层光泽度,高分子材料官能团分析,金属材料化学成分分析,循环盐雾腐蚀试验,人工加速耐候性试验	耐环境应力开裂试验装置,邵式硬度计,巴氏硬度计,1.0级电子万能材料试验机(量程不小于200kN),0.5级电子万能材料试验机(分辨力1N),耐热应力开裂试验装置,维卡软化点测定仪,热变形温度测量仪,氧指数测定仪,熔体流动速率测定仪,光泽度仪,红外光谱分析仪,光谱直读分析仪,循环盐雾腐蚀试验箱,6500W水冷氙弧灯老化试验箱,紫外光老化试验箱
	5	防腐层质量	金属涂层对金属基底的附着性能,附着量,平均厚度,均匀性,高分子涂层附着性能,抗弯曲性能,耐冲击性能,耐湿热性能,耐盐雾腐蚀性能,耐化学溶剂腐蚀性能,耐低温脆化性能,循环盐雾腐蚀试验,人工加速耐候性试验	涂层附着力测定锤,化学试验器皿,分析天平(感量0.1mg),架盘天平,电子天平(感量0.01g),游标卡尺,板厚千分尺,磁性涂层测厚仪,超声波测厚仪,漆膜弯曲试验装置,漆膜耐冲击测定器,小型恒温恒湿环境试验箱(均匀性不超过±1℃),电热恒温干燥箱,气流式盐雾腐蚀试验箱,脆化温度试验箱,电涡流涂层测厚仪,循环盐雾腐蚀试验箱,6500W水冷氙弧灯老化试验箱,紫外光老化试验箱
	6	交通安全设施	波形梁钢护栏安装质量及性能测试,反光膜性能测试,交通标志板安装质量及性能测试,热熔型路面标线涂料性能测试,道路交通标线施工质量及性能测试,路面标线用玻璃微珠性能测试,突起路标安装质量及性能测试,轮廓标安装质量及性能测试,隔离设施安装质量及性能测试,防眩设施安装质量及性能测试,混凝土护栏安装质量及性能测试,缆索安装质量及性能测试,金属材料化学成分分析,耐候性,热熔型路面标线涂料密度、不粘胎干燥时间、耐水性、耐碱性、加热残留份、流动度,路面标线用玻璃微珠折射率、密度、耐水性	几何测量量具刃具,反光标志逆反射系数测试仪,反光膜附着性能测定装置,反光膜抗冲击性能测试仪,恒温恒湿环境试验箱,反光标线逆反射系数测试仪,漆膜磨耗仪,标线涂层厚度测试装置,摆式摩擦系数测试仪,玻璃珠筛分器,标准筛,放大镜(不小于100倍)加标准液,突起路标发光强度系数测试仪,突起路标抗冲击试验装置或落球冲击试验机,轮廓标发光强度系数测试仪(或标准逆反射测试系统),轮廓标耐密封测量装置,压力机(不小于600kN)、测力计,光谱直读分析仪,6500W水冷氙弧灯老化试验箱,紫外光老化试验箱,不粘胎时间测定仪,流动度测定杯
	7	通信管道与基础	外观质量,外形尺寸,材料力学性能,塑料通信管内壁摩擦系数,塑料管道耐压爆破性能,管道密封性能,耐落锤冲击性能,塑料管弯曲半径,管道基础压实度,人(手)孔防水,高程	几何测量量(刃)具,1.0级电子万能材料试验机(量程不小于100kN),0.5级电子万能材料试验机(含引伸计),分析天平,电子天平,化学器皿,塑料通信管内壁摩擦系数测定仪,微机控制管材耐压爆破试验机,落锤式冲击仪,弯曲半径试验装置,灌砂筒,全站仪或水准仪

续上表

等级	序号	项目	主要试验检测参数	设备配置
交通工程专项	8	监控设施	车辆检测器安装质量及性能测试，气象检测器安装质量及性能测试，闭路电视监视系统安装质量及性能测试，可变标志安装质量及性能测试，监控(分)中心设备安装及软件调测，大屏幕投影系统性能，计算机监控软件与网络性能测试，光电缆线路安装质量及性能测试，地图板安装质量及性能测试	几何测量量(刃)具，测速雷达，低速数据测试仪，兆欧表，耐电压测试仪，全站仪，风速风向计，视频信号发生器，视频测量仪，亮度计，数字式万用表，接地电阻测试仪，温(湿)度计，照度计，数字存储示波器(不小于500MHz)，网络线缆认证测试仪，网络性能分析仪，网络协议分析仪，目测及功能现场测试，OTDR，光源，光功率计，电缆故障综合测试仪
	9	通信设施	通信管道(含双壁波纹管，高密度聚乙烯硅芯管，玻璃纤维增强塑料管道及电缆管箱)与光电缆线路的技术参数及安装质量，光纤数字传输设备安装质量及系统测试，数字程控交换设备安装质量及系统测试，紧急电话设备安装质量及系统测试，通信电源性能，无线移动通信系统测试	几何测量量(刃)具，OTDR，电缆故障综合测试仪，话缆串扰测试仪，通信性能综合分析仪(速率不小于2.5G)，光源，光功率计，可变光衰减器，时基铷钟，市话模拟呼叫器，声级计，通用信号发生器，数字式万用表，钳形电流表，接地电阻测试仪，兆欧表，耐电压测试仪，数字存储示波器，杂波表，话路传输分析仪，场强计，功率计，频谱分析仪，高压测试系统
	10	收费设施	入口车道设备性能及安装质量，出口车道设备性能及安装质量，收费站设备性能及软件测试，IC卡及发卡编码系统测试，内部有线对讲及紧急报警系统测试，收费系统计算机网络性能测试，收费中心设备及软件测试，收费站内光电缆及塑料管道参数及安装质量	亮度计，照度计，数字式万用表，接地电阻测量仪，兆欧表，耐电压测试仪，数字存储示波器(不小于500MHz)，视频信号发生器，视频测量仪，网络线缆认证测试仪，电缆故障综合测试仪，目测及功能现场测试，几何测量量具，OTDR，光源，光功率计，电缆故障综合测试仪
	11	低压配电设施	中心(站)内低压配电设备性能及安装质量，外场设备电力电缆线路参数及安装质量	数字式万用表，接地电阻测试仪，兆欧表，耐电压测试仪，电力谐波表，相位表，电缆故障综合测试仪，高压测试系统
	12	照明设施	照度及均匀度，灯杆基础尺寸，法兰和地脚几何尺寸，灯杆壁厚，灯杆垂直度，灯杆横纵向偏差，金属灯杆防腐涂层厚度，避雷针或接闪器高度	几何测量量(刃)具，照度计，亮度计，超声波测厚仪，全站仪(或测距仪加经纬仪)，磁性涂层测厚仪，超声波测厚仪，电涡流涂层测厚仪
	13	隧道机电设施	环境检测设备性能及安装质量，报警与诱导设施性能及安装质量，通风设施性能及安装质量，照明设施性能及安装质量，本地控制器性能及安装质量，隧道监控中心计算机控制系统测试，消防设施性能及安装质量，隧道监控中心计算机网络测试	CO测试仪，烟雾传感器，能见度仪，几何测量量(刃)具，全站仪，风速风向计，测速雷达，低速数据测试仪，兆欧表，耐电压测试仪，视频信号发生器，视频测量仪，亮度计，数字式万用表，接地电阻测试仪，温湿度计，照度计，数字存储示波器(不小于500MHz)，网络线缆认证测试仪，网络性能分析仪，网络协议分析仪，电缆故障综合测试仪，OTDR，光源，光功率计，电力谐波表，相位表，高压测试系统

续上表

等级	序号	项目	主要试验检测参数	设备配置
桥梁隧道工程专项	1	结构混凝土	强度，混凝土碳化深度，钢筋位置及保护层厚度，表观及内部缺陷，钢筋锈蚀电位，氯离子含量，混凝土电阻率	回弹仪，取芯机，压力机，碳化深度测量装置，钢筋位置及保护层测定仪，非金属超声波检测仪，裂缝测量装置，钢筋锈蚀测量仪，混凝土电阻率测量仪，氯离子含量测定仪或化学滴定装置
	2	桥梁结构检测与监测	静态、动态应变(应力)，变形，位移，模态参数(频率，振型，阻尼比)，索力，承载能力，桥梁线形，温度，加速度，速度，风速	静态应变测量与采集设备(至少要有两种原理设备，测点总数不少于 200 点)，动态应变测量，采集与分析设备(测点数不少于 16 通道)，全站仪，变形测量装置，水准仪，测振传感器，温度测量装置，索力测量装置，GPS 测量系统，风速仪，桥梁检查车(平台)
	3	地基基础、基桩	地基承载力，地表沉降，深层水平位移，基桩完整性，基桩承载力，特殊地基处理性能，成孔质量	承载板及测试装置，水准仪，测斜仪，静力触探仪、动力触探仪，压力机，超声波检测仪，低应变仪，承载力测试装置，千斤顶加载装置，位移测试装置，高应变仪，百米钻机(配标准贯入设备，泥浆泵，岩芯管钻头，取样器等)，成孔质量检测装置
	4	钢筋(含接头)	抗拉强度，屈服强度，伸长率，冷弯	万能材料试验机，游标卡尺，标距打点机
	5	锚具、钢绞线	最大力，规定非比例延伸力，最大力总伸长率，弹性模量，静载锚固性能(锚固效率系数，总应变)，洛氏硬度，周期荷载试验，组装件疲劳试验，辅助性试验、松弛率	大行程万能试验机，松弛试验机，引伸仪，锚具试验系统，洛氏硬度计，疲劳试验机
	6	桥梁支座	外观及内在质量，竖向压缩变形，抗压弹性模量，抗剪弹性模量，极限抗压强度，抗剪粘结性能，抗剪老化，盆环径向变形，支座摩擦系数，支座转动力矩	压力机(≥5 000kN)，剪切侧向加载系统，老化箱，游标卡尺，厚度塞尺、变形测量装置
	7	伸缩缝	外形尺寸，外观质量，组装质量，防水性能，拉伸压缩时最大水平摩阻力，拉伸压缩时变位均匀性	钢直尺，游标卡尺，厚度塞尺，力学性能试验装置
	8	波纹管	外观质量，外形尺寸，环刚度，局部横向载荷，柔韧性，抗冲击性	钢直尺，游标卡尺，小型电子万能试验机(带加载工装)，柔韧性专用工装，落锤冲击试验机，低温装置
	9	钢结构	几何尺寸，防护涂装，高强螺栓扭矩，钢材及焊缝无损探伤	全站仪(或经纬仪和测距仪)，水准仪，钢尺，涂层厚度仪，扭力板手，金属超声波探伤仪，射线探伤仪，磁粉探伤仪，超声测力计
	10	隧道结构	断面尺寸，锚杆拉拔力，支护(衬砌)背后的空洞，衬砌厚度	隧道激光断面仪，锚杆拉拔仪，地质雷达，电钻或地质雷达

续上表

等级	序号	项目	主要试验检测参数	设备配置
桥梁隧道工程专项	11	隧道围岩稳定性及支护监控量测	**周边位移，拱顶下沉**，锚杆轴力，**地表下沉**，围岩内部位移，围岩压力及两层支护间压力，钢支撑内力	**收敛计，精密水准仪**，钢筋应力计及测量装置，多点位移计及测量装置，压力盒，表面应变计
	12	隧道环境检测	**照度，噪声，一氧化碳浓度**、风速，烟雾浓度	**照度计，精密声级计，CO浓度检测仪**，风速计，光透过率仪
	13	隧道施工超前地质预报	**前方地质的变化情况，灾害体的分布及性质**	**超前地质预报仪（地震探测仪或地质雷达探测仪）**

注①所列设备功能、准确度均应符合所测参数现行规范的要求。

②表中黑体字标注的参数和仪器为强制性要求，少一项视为不通过。

③申请交通工程专项中6增项的应同时增加第3、第4、第5三项。

④申请交通工程专项8～13增项的应同时增加第1、第2两项，申请第9项的还应增加第7项。

⑤交通工程专项中第6项交通安全设施部分强制性测试项目中含有的非强制性参数列于该项后面。

公路工程试验检测环境 表3

项　目	综合甲级	综合乙级	综合丙级	交通工程专项	桥梁隧道工程专项
试验检测用房使用面积（不含办公面积）（m^2）	≥1000	≥600	≥300	≥600	≥800
	检测试验环境应满足所开展的检测项目要求，且布局合理、干净整洁				

注：此表为强制性要求。

二、水运工程试验检测机构等级标准

水运工程试验检测人员配备 表1

项　目	材料甲级	材料乙级	材料丙级	结构甲级	结构乙级
持试验检测人员证书总人数	≥20人	≥8人	≥5人	≥20人	≥8人
持试验检测工程师证书人数	≥8人	≥3人	≥1人	≥8人	≥3人
持工程师专业配置	水运材料专业≥8人	水运材料专业≥3人	水运材料专业≥1人	水运结构专业≥5，水运地基与基础专业≥3人	水运结构专业≥2，水运地基与基础专业≥1人
相关专业高级职称人数	≥4人	≥1人	—	≥4人	≥1人

续上表

项目	材料甲级	材料乙级	材料丙级	结构甲级	结构乙级
技术负责人	**1. 相关专业高级职称；** **2. 试验检测工程师；** 3. 8年以上试验检测工作经历	**1. 相关专业高级职称；** **2. 试验检测工程师；** 3. 5年以上试验检测工作经历	**1. 相关专业中级职称；** **2. 试验检测工程师；** 3. 5年以上试验检测工作经历	**1. 相关专业高级职称；** **2. 试验检测工程师；** 3. 8年以上试验检测工作经历	**1. 相关专业高级职称；** **2. 试验检测工程师；** 3. 5年以上试验检测工作经历
质量负责人	**1. 相关专业高级职称；** **2. 试验检测工程师；** 3. 8年以上试验检测工作经历	**1. 相关专业中级职称；** **2. 试验检测工程师；** 3. 5年以上试验检测工作经历	**1. 相关专业中级职称；** **2. 试验检测工程师；** 3. 5年以上试验检测工作经历	**1. 相关专业高级职称；** **2. 试验检测工程师；** 3. 8年以上试验检测工作经历	**1. 相关专业中级职称；** **2. 试验检测工程师；** 3. 5年以上试验检测工作经历

注：表中黑体字为强制性要求，一项不满足视为不通过。

水运工程试验检测能力基本要求及主要仪器设备 表2

等级	序号	项目	主要试验检测参数	设备配置
材料甲级	1	水泥	**胶砂强度、安定性、细度、凝结时间、标准稠度用水量、比表面积、化学分析、胶砂流动度、强度快速测定、水化热、密度、氯离子含量**	**水泥胶砂搅拌机、水泥胶砂振实台、水泥净浆搅拌机、电子天平、分析天平、烘箱、标准恒温恒湿养护箱、维卡仪、雷氏夹膨胀值测定仪、沸煮箱、负压筛析仪、压力机、电动抗折试验机、高温炉、比表面积测定仪、火焰光度计（原子吸收分光光度计）、秒表、比重瓶、水泥水化热测定设备、胶砂流动度测定仪、水泥蒸压设备、量水器**
	2	粗、细集料	**颗粒级配、含泥量、泥块含量、氯离子含量（细）、针片状颗粒含量（粗）、岩石抗压强度（粗）、压碎指标（粗）、表观密度、堆积密度、碱集料反应、坚固性、云母含量（细）、石粉含量（粗）、吸水率、硫酸盐及硫化物含量、轻物质及有机物含量**	**砂筛全套、石筛全套、摇筛机、台秤、电子天平、分析天平、容量筒、烘箱、滴定设备、比长仪、压力机、针片状规准仪、压碎指标值测定仪、浸水天平、干燥器**
	3	水、外加剂	**pH值、氯离子含量、细度、水泥净浆流动度、水泥砂浆工作性、减水率、凝结时间差、抗压强度比、泌水率比、含气量、收缩率、钢筋锈蚀试验、固体含量（含水量）、密度、碱含量测定、不溶物含量、可溶物含量、硫酸盐及硫化物含量**	**酸度计、分析天平、滴定设备、比重计、试验筛、含气量测定仪、贯入阻力仪、比长仪、胶砂流动度测定仪、电位测定仪、电极、酸度计、压力机、烘箱、阳极极化仪、试剂、滴定设备**
	4	掺和料	**细度、烧失量、需水量比、三氧化硫、含水量、比表面积、流动度比、活性指数**	**负压筛析仪、烘箱、高温炉、电子天平、分析天平、水泥胶砂试验设备、胶砂流动度测定仪、压力机、比表面积测定仪**

续上表

等级	序号	项目	主要试验检测参数	设备配置
材料甲级	5	砖	外观质量、尺寸偏差、抗压强度、抗折强度、含水率、吸水率	压力机、抗折夹具、烘箱、卡尺、沸煮箱、台秤
	6	土工合成材料	塑料排水板纵向通水量、塑料排水板滤膜渗透系数、塑料排水板滤膜等效孔径、塑料排水板滤膜抗拉强度、塑料排水板复合体抗拉强度、单位面积质量、厚度、拉伸强度、延伸率、塑料排水板外形尺寸、梯形撕裂强度、顶破强度、刺破强度、动态穿刺强度、孔径、垂直渗透系数、老化性能试验	电子拉力机、渗透仪、纵向通水量试验仪、标准筛、电子天平、无侧限测厚仪、专用电子拉力机、垂直渗透仪、落锤穿透仪、老化试验箱
	7	砂浆	配合比设计、稠度、分层度、密度、含气量、泌水率、立方体抗压强度、劈裂抗拉强度、抗冻性及动弹性模量(北方地区)	砂浆稠度仪、砂浆分层度测定仪、容量筒、砂浆搅拌机、振动台、电子天平、压力机
	8	水泥混凝土	配合比设计、稠度、密度、泌水率、含气量、凝结时间、立方体抗压强度、抗折强度、轴心抗压强度、混凝土与钢筋握裹力、静力弹性模量、收缩率、抗渗性、钢筋在新拌(硬化)砂浆中阳极极化性能、混凝土中砂浆氯离子总含量、游离氯离子含量、电通量、氯离子扩散系数、抗冻性及动弹性模量(北方地区)、劈裂抗拉强度、混凝土防腐(耐碱性试验、黏结力试验)	混凝土搅拌机、标准振动台、标准养护室、维勃稠度仪、贯入阻力仪、坍落度筒、含气量测定仪、容量筒、压力机、比长仪、千分表、混凝土与钢筋握裹力测定仪、抗渗仪、冷冻设备(北方地区)、阳极极化仪、甘汞电极、烘箱、分析天平、滴定设备、动弹性模量测定仪(北方地区)、电通量测定仪、氯离子扩散系数测定仪、涂层湿膜厚度规、显微镜式测厚仪、拉脱式涂层黏结力测试仪
	9	无机结合料稳定材料	无侧限抗压强度、水泥或石灰剂量、石灰有效钙镁含量、粉煤灰细度、粉煤灰烧失量、粉煤灰比表面积	压力机、直读式测钙仪、分析天平、滴定设备、负压筛析仪、高温炉、电子天平、透气比表面积仪
	10	钢筋(含接头)	屈服强度、抗拉强度、伸长率、弯曲、化学分析、硬度、反向弯曲	万能材料试验机、冷弯冲头、分析天平、游标卡尺、钢化设备、电动反向弯曲机、洛式硬度计
	11	钢绞线	抗拉强度、伸长率、松弛、弹性模量	万能材料试验机、松弛试验机、引伸仪
	12	沥青	软化点、延度、针入度	软化点仪、延度仪、针入度仪
	13	粘结材料	抗压强度、抗拉强度、砂浆粘结抗拉强度、混凝土黏结劈裂抗拉强度、抗折强度、冲击强度、粘结面层热相容性、混凝土粘结抗剪强度、粘度、有效收缩性	万能材料试验机、压力机、恒温箱、黏度计、冲击试验机、冷冻箱
	14	土	含水率、密度、击实试验、颗粒级配、无侧限抗压强度、界限含水率、比重、渗透系数、压缩系数、固结系数、承载比、三轴试验、直剪试验	环刀、灌砂筒、烘箱、电子天平、台秤、标准筛、液塑限联合测定仪、击实仪、压力机、无侧限抗压强度测定仪、渗透仪、固结仪、三轴仪、直剪仪、比重计
	15	结构混凝土	强度(回弹法、超声回弹法、取芯法)、混凝土缺陷(超声法)、钢筋位置和保护层厚度、钢筋锈蚀状况	回弹仪、非金属超声波检测仪、取芯机、钢筋保护层测定仪、钢筋锈蚀仪
	16	钢结构防腐	自然腐蚀电位、保护电位、涂层厚度、钢材厚度、表面粗糙度、涂膜附着力	参比电极、电压表、磁性测厚仪、超声波测厚仪、粗糙度仪、涂膜附着力测试仪

续上表

等级	序号	项目	主要试验检测参数	设备配置
材料乙级	1	水泥	胶砂强度、安定性、细度、凝结时间、标准稠度用水量、比表面积、化学分析、胶砂流动度、强度快速测定、水化热、密度、氯离子含量	水泥胶砂搅拌机、水泥胶砂振实台、水泥净浆搅拌机、电子天平、分析天平、烘箱、标准恒温恒湿养护箱、维卡仪、雷氏夹膨胀值测定仪、沸煮箱、负压筛析仪、压力机、电动抗折试验机、高温炉、胶砂流动度测定仪、比表面积测定仪、秒表、比重瓶、水泥水化热测定设备
	2	粗、细集料	颗粒级配、含泥量、泥块含量、表观密度、堆积密度、氯离子含量(细)、针片状颗粒含量(粗)、压碎指标(粗)、坚固性、云母含量(细)、岩石抗压强度(粗)、石粉含量(粗)、吸水率、碱集料反应、硫酸盐及硫化物含量、轻物质及有机物含量	砂筛全套、石筛全套、摇筛机、台称、电子天平、分析天平、容量筒、滴定设备、烘箱、压力机、针片状规准仪、压碎指标值测定仪、浸水天平、干燥器、比长仪
	3	水	pH 值、氯离子含量、不溶物含量、硫酸盐及硫化物含量	酸度计、分析天平、试剂、滴定设备
	4	掺和料	细度、烧失量、需水量比、含水量、流动度比、活性指数、三氧化硫	负压筛析仪、烘箱、高温炉、电子天平、分析天平、水泥胶砂试验设备、胶砂流动度测定仪、压力机
	5	砖	外观质量、尺寸偏差、抗压强度、抗折强度、含水率、吸水率	压力机、抗折夹具、烘箱、卡尺、沸煮箱、台秤
	6	砂浆	配合比设计、稠度、泌水率、立方体抗压强度、密度、劈裂抗拉强度	砂浆稠度仪、砂浆搅拌机、振动台、电子天平、压力机、容量筒
	7	水泥混凝土	配合比设计、稠度、密度、泌水率、含气量、凝结时间、立方体抗压强度、抗折强度、抗渗性、轴心抗压强度、抗冻性及动弹性模量(北方地区)、劈裂抗拉强度、静力弹性模量、混凝土与钢筋握裹力	混凝土搅拌机、标准振动台、标准养护室、维勃稠度仪、贯入阻力仪、坍落度筒、含气量测定仪、容量筒、压力机、抗渗仪、千分表、混凝土与钢筋握裹力测定仪、冷冻设备、动弹性模量测定仪
	8	无机结合料稳定材料	无侧限抗压强度、粉煤灰细度、水泥或石灰剂量、石灰有效钙镁含量、粉煤灰烧失量	压力机、负压筛析仪、电子天平、直读式测钙仪
	9	钢筋(含接头)	屈服强度、抗拉强度、伸长率、曲弯、反向弯曲	万能材料试验机、冷弯冲头、游标卡尺、电动反向弯曲机
	10	土	含水率、密度、击实试验、颗粒级配、界限含水率、无侧限抗压强度、比重	环刀、灌砂筒、烘箱、电子天平、台秤、标准筛、击实仪、压力机、液塑限联合测定仪、比重计
	11	结构混凝土	强度(回弹法、超声回弹法、取芯法)、质量(超声法)、钢筋位置和保护层厚度	回弹仪、非金属超声波检测仪、取芯机、钢筋保护层测定仪

续上表

等级	序号	项目	主要试验检测参数	设备配置
材料丙级	1	水泥	胶砂强度、安定性、细度、凝结时间、标准稠度用水量、比表面积、胶砂流动度、密度	水泥胶砂搅拌机、水泥胶砂振实台、水泥净浆搅拌机、电子天平、标准恒温恒湿养护箱、维卡仪、雷氏夹膨胀值测定仪、沸煮箱、负压筛析仪、压力机、电动抗折试验机、比表面积测定仪、秒表、比重瓶、胶砂流动度测定
	2	粗、细集料	颗粒级配、含泥量、泥块含量、表观密度、堆积密度、针片状颗粒含量(粗)、压碎指标(粗)、氯离子含量(细)、坚固性	砂筛全套、石筛全套、摇筛机、台秤、电子天平、烘箱、针片状规准仪、压碎指标值测定仪、浸水天平、容量筒、分析天平、滴定设备
	3	砂浆	稠度、立方体抗压强度、配合比设计、密度、泌水率、劈裂抗拉强度	砂浆稠度仪、电子天平、压力机、砂浆搅拌机、振动台、容量筒
	4	水泥混凝土	稠度、立方体抗压强度、配合比设计、密度、泌水率、抗折强度	混凝土搅拌机、标准振动台、标准养护室、维勃稠度仪、坍落度筒、压力机、台称、容量筒
	5	土	含水率、密度、击实试验、颗粒分析、界限含水率、无侧限抗压强度	环刀、灌砂筒、烘箱、电子天平、台称、标准筛、击实仪、比重计、压力机、液塑限联合测定仪
	6	结构混凝土	强度(回弹法)	回弹仪
结构甲级	1	结构混凝土	强度(回弹法、超声回弹法、取芯法)、混凝土缺陷(超声法)、钢筋位置和保护层厚度、钢筋锈蚀状况	回弹仪、非金属超声波检测仪、取芯机、压力机、塞尺或裂缝宽度测试仪,钢筋保护层测定仪、钢筋锈蚀仪
	2	钢结构防腐	自然腐蚀电位、保护电位、涂层厚度、钢材厚度、表面粗糙度、涂膜附着力	参比电极、电压表、磁性测厚仪、超声波测厚仪、粗糙度仪、涂膜附着力测试仪
	3	结构及构件	承载能力、静应力(应变)、静位移、静挠度、动应力(应变)、动位移、动挠度、振动频率、振型、振幅、大体积混凝土温度	千斤顶、反力架、油泵、千分表、百分表、静(动)态电阻应变仪、激光挠度仪、位移计、传感器、经纬仪、水准仪、测温仪
	4	基桩	基桩承载力(抗压—静载、高应变,抗拔与水平—静载,桩身内力—应力应变)、无侧限抗压强度(钻芯法)、基桩完整性(低应变反射波法、声波透射法、钻芯法)、钻孔灌注桩成孔质量(超声波法、机械触摸法)、地下连续墙成槽质量(超声波法)	千斤顶、反力架、油泵、位移计、千分表、百分表、静载试验仪、静态电阻应变仪、基桩高应变仪、基桩低应变仪、非金属超声波检测仪、力传感器、加速度传感器、钻机、压力机、井径仪(超声波成孔成槽质量检测仪)
	5	地基	地基承载力(静载试验、标准贯入、静力触探、动力触探)、表层及深层水平位移、表层及分层沉降、孔隙水压力、水位、土压力、不排水抗剪强度(十字板剪切试验)、桩身无侧限抗压强度与桩身完整性(钻芯法或动测法)	承载板、反力架、千斤顶、油泵、位移计、百分表、千分表、水准仪、经纬仪、测斜仪、孔隙水压力计、土压力计、弦式接收仪、分层沉降仪、水位计、标准贯入仪、钻机、压力机、十字板剪切仪、静动力触探仪

续上表

等级	序号	项目	主要试验检测参数	设备配置
结构乙级	1	结构混凝土	**强度(回弹法、超声回弹法、取芯法)、混凝土缺陷(超声法)、钢筋位置和保护层厚度、钢筋锈蚀状况**	**回弹仪、非金属超声波检测仪、取芯机、钢筋保护层测定仪、钢筋锈蚀仪**
	2	钢结构防腐	**自然腐蚀电位、保护电位、涂层厚度、钢材厚度**、表面粗糙度、涂膜附着力	**参比电极、电压表、磁性测厚仪、超声波测厚仪、**粗糙度仪、涂膜附着力测试仪
	3	结构及构件	**承载能力、静应力(应变)、静位移、静挠度、**动应力(应变)、动位移、动挠度	**千斤顶、反力架、油泵、千分表、百分表、静态电阻应变仪、激光挠度仪、位移计、传感器、经纬仪、水准仪**、动态电阻应变仪
	4	基桩	**基桩完整性(低应变反射波法)**、钻孔灌注桩成孔质量(超声波法、电阻率法)、地下连续墙成槽质量(超声波法)	**基桩低应变仪、非金属超声波检测仪**、井径仪或孔壁垂直度测定仪
	5	地基	**地基承载力(静载试验、动力触探)**、桩身无侧限抗压强度与桩身完整性(钻芯法或动测法)	**承载板、反力架、千斤顶、油泵、百分表、千分表、**钻机、压力机、动力触探仪

注:①所列设备功能、准确度均应符合所测参数现行规范的要求。

②表中黑体字标注的参数和仪器为强制性要求,少一项视为不通过。

公路水运工程试验检测机构等级评定程序

第一章 受理和初审

一、公路水运工程试验检测机构申请公路水运工程试验检测机构等级评定,应填报《公路水运工程试验检测机构等级评定申请书》(附件I),并按《公路水运工程试验检测管理办法》(交通部令2005第12号)(以下简称《办法》)第九条规定,向省级交通质量监督机构(以下简称省质监机构)提交申请材料1份。

二、省质监机构收到申请材料后,应按照《办法》第十一条要求进行认真核查,及时作出书面受理或不受理的决定。

所申请的等级属于部质监总站负责评定范围的,省质监机构应在10个工作日内完成核查工作。对于受理的,退回申请材料中相关材料的原件,出具核查意见,并将申请材料转报部质监总站。

三、部质监总站或省质监机构(以下简称质监机构)对受理的申请材料应按照《办法》第十二条要求进行初审。初审发现问题需要澄清的,质监机构应当通知申请人予以澄清,并出具“公路水运工程试验检测机构等级评定申请补正通知书”;初审不合格的,质监机构应当及时书面说明理由;初审合格的进入现场评审阶段。

四、增项申请

(一)增项申请应填报《公路水运工程试验检测机构等级评定申请书》中增项相关内容。

(二)增项申请必须以检测项目为单位,不得申请单个或多个参数的增项。

(三)增项原则上应是试验检测机构等级标准范围内的检测项目,特殊情况下可对试验检测机构等级标准范围外但在现行交通行业标准、规范内规定的检测项目申请增项。

(四)增项数量应不超过本等级检测项目数量的50%,增项检测项目对人员、环境等对应条件的要求应在申报材料中体现。

五、同一检测机构申请多项等级

(一)同一人所持的多个专业检测资格证书,可在不同的检测等级申报中使用,但不得超过2次。

(二)除行政、技术、质量负责人外,其他持单一专业检测资格证书的人员不得重复使用。

(三)不同等级的专业重叠部分检测用房可共用,不重叠部分检测用房必须独立分别满足要求,以保证试验检测工作的正常开展。

(四)不同等级专业重叠部分的仪器设备可交叉使用,但对用量大的仪器设备应有数量规模要求,省质监机构初审时可视具体情况掌握。

第二章 现场评审

第一节 现场评审准备

一、现场评审时间一般为2天,现场评审专家组人数一般为3～5人。如申请人申请多个资质或申请1个资质另加增项检测项目,评审组人数可适当增加。现场评审专家组设组长1名,负责主持现场评审工作。现场评审过程中,质监机构可派员进行过程监督。

二、现场评审5个工作日前质监机构应向申请人发出“公路水运工程试验检测机构等级评定现场评审通知书”,属于部质监总站评定范围的增项申请,由部质监总站向申请单位所在的省质监机构发出“试验检测项目评审任务书”。

三、现场评审专家组由质监机构在其所建的公路水运工程试验检测专家库中随机抽取。被选专家与被评定的检测机构有利害关系的,在现场评审前应主动向部质监总站提出回避。

第二节 现场评审程序及内容

一、预备会议

在首次会议前,评审组长应组织预备会议,明确现场评审计划及专家分工,提请专家现场评审应注意的有关事项。

参加人员:评审组、监督人员

二、首次会议

(一)介绍评审任务和依据。

任务:按照《公路水运工程试验检测等级评定现场评审通知书》或《试验检测项目评审任务书》,对被评审检测机构做出公平、公正、公开、科学的现场评审,提出现场评审意见。

依据:《办法》和《公路水运工程工程试验检测等级标准》。

(二)介绍评审组成员组成,宣布现场评审计划考核内容和人员分工。

(三)对检测机构提出评审工作要求。

(四)检测机构随机抽取现场操作项目,并随机指定操作人员。

(五)检测机构负责人介绍机构总体情况。

参加人员:评审组、监督人员、被评审检测机构主要人员。

评审组需填写完成《现场评审会议签到表》和《现场试验项目委托单》(由机构准备)。

三、现场总体考察

现场总体考察的目的是从宏观上评价检测机构总体状况,评审组可按试验检测工作流程,重点考察:

(一)试验室面积、总体布局、环境、设备管理状况等情况。

(二)可能存在的薄弱环节。

(三)对环境、安全防护等有特殊要求的项目。

四、分组专项考核

按现场评审计划及分工,评审组成员分档案材料组、硬件环境组和技术考核组分别进行专项考核。3个小组在现场评审过程中既有分工又有合作,应相互协调、配合,对发现的问题及时沟通,确保现场评审客观、全面、准确。

(一)档案材料组。

通过对档案和内业资料的查阅考核申请人的业绩、检测能力、管理的规范性和人员资格等情况。内容包括:

1.查验试验检测人员的职称证书、检测资格证书是否真实有效,检查技术负责人和质量负责人的资格以及试验检测人员的专业配置是否满足要求,试验检测报告的审核、签发人是否具备试验检测工程师资格。

2.检测机构是否为所有持证试验检测人员签订劳动合同且办理三险。

3.所有强制性试验检测项目的原始记录和试验检测报告或模拟检测报告是否齐全,抽查不少于10%的强制性项目和5%的非强制性项目检测报告的正确性、科学性、规范性。对于有模拟报告而无业绩的项目,检测机构应提交比对试验报告,或由现场评审专家组织比对试验进行确认。

4.试验检测项目适用的标准、规范和规程是否齐全且现行有效。

5.质量保证体系文件是否齐全、合理,运转有效。

6.收样、留样和盲样运转记录是否齐全、合理。

评审组需填写完成《检测机构试验检测人员审查表》、《检测机构检测报告核查缺陷表》。

(二)硬件环境组。

通过现场符合性检查,考核检测机构硬件实际状况是否与所申请材料的内容一致,是否满足等级标准的要求。检查的主要内容:

1.试验检测场地的面积是否满足要求,检查被评审检测机构用房的产权,若是租赁,租赁合同是否长期有效(租期≥5年为长期)。

2.逐项核查仪器设备的数量和运行使用状况,与申请材料是否符合。强制性设备不得缺少;非强制性设备配置率应不低于80%,低于此比例的按每缺1台(套)扣0.5分。

3.仪器设备管理状况,逐一核查仪器设备的使用记录、维修记录、检定/校准证书。重点核查有疑问仪器设备的购货凭证(购货发票和合同原件)。所有仪器设备必须具有所有权,不得租赁。

4.试验检测场所是否便于集中有效管理；试验环境是否满足要求。

5.样品的管理条件是否符合要求。

评审组需填写完成《试验检测仪器设备现场检查表》。

（三）技术考核组。

通过现场操作考核，检查试验检测人员能否完整、规范、熟练地完成试验检测项目，从而评定申请人所具有的实际试验检测能力。

现场操作考核工作要点：

1.提问考核技术负责人和质量负责人的业务和质量管理的相关知识。

2.检查操作人员的检测证书，确定是否为所申报的人员，避免替换。

3.观察检测人员的实际操作过程，是否完整、规范、熟练。

4.通过提问或问卷，随机抽查试验检测人员相关试验检测知识。

5.审查提交的现场操作项目报告的规范性、完整性。选2份作为《现场评审报告》附件。其余封存，留检测机构备查。

6.对涉及结构安全的检测项目，如基桩等应对所有操作人员加强现场操作考核，并在证书上确认。

评审组需填写完成《现场考核技术人员评价记录表》、《现场考核试验情况记录表》。

五、评审组内部沟通会议

档案材料组、硬件环境组和技术考核组将评审情况进行汇总，确定总体评价，提出存在的问题和整改要求，整理完善各评审工作表，并在沟通情况的基础上，各专家独立打分，填写《公路水运工程试验检测机构现场评分表》，由组长汇总计算平均分。

六、末次会议

末次会议是现场评审的最终会议，由评审组长主持，参加人员与首次会议相同，目的是通报评审总体情况，指出存在的问题并要求检测机构按《现场评审专家反馈意见表》内容落实整改。

评审组需填写完成《现场评审会议签到表》，《现场评审专家反馈意见表》。

七、提交现场评审材料

现场评审结束后，评审组组长负责将《公路水运工程试验检测机构能力等级现场评审报告》及《公路水运工程试验检测机构等级评定现场工作用表》等材料整理齐备，连同电子稿及选取的2份现场操作项目试验检测报告一并在现场评审后5个工作日内上报质监机构。

八、现场评审结果

（一）得分＜80分，不予通过，评定结束满6个月后可重新申报。

（二）80分≤得分＜85分，不予通过，评定结束后满3个月方可申请现场整改复核评定。

（三）得分≥85分，予以通过，需整改的方面，应报送书面整改。

第三章　等 级 评 定

质监机构依据《办法》及《现场评审报告》召开专题会议，对申请人进行公路水运工程试验检测机构等级评定。并将评定结果予以公示。公示期为7个工作日。

（一）对于评定通过，且公示期间无异议或经核实异议不成立的试验检测机构，质监机构发出“公路水运工程试验检测机构等级评定决定书”，并核发《等级证书》及“公路水运试验检测机构”专用标识用章。

(二)对于公示期间有异议、且经核实异议成立的，应当书面通知申请人。并视情节轻重，作出相应处理。

(三)对于需要整改后复核的试验检测机构，质监机构发出“公路水运工程试验检测机构等级评定整改通知书”。

(四)对于评定不通过的试验检测机构，质监机构发出“公路水运工程试验检测机构等级评定不予通过决定书”。

(五)对于甲级或专项增项通过的试验检测机构，质监总站向省质监机构发出“试验检测项目评定决定书”。

(六)为提高公路、水运等级检测机构出具试验检测报告的权威性，增强检测机构责任意识，所有等级试验检测机构，在其业务范围内出具的试验检测报告，应在报告封面加盖“公路水运试验检测机构”专用标识。

附件Ⅰ～附件Ⅳ(略)

附录 4

关于印发公路水运工程试验检测人员继续教育办法(试行)的通知

(厅质监字[2011]229 号)

各省、自治区、直辖市、新疆生产建设兵团交通运输厅(局、委),天津市市政公路管理局,天津市、上海市交通运输和港口管理局、长江航务管理局:

现将《公路水运工程试验检测人员继续教育办法》(试行)印发给你们,请遵照执行。

二〇一一年十月二十五日

公路水运工程试验检测人员继续教育办法(试行)

第一章 总 则

第一条 为巩固并不断提高试验检测人员的能力和技术水平,适应公路水运工程试验检测工作发展需要,促进试验检测人员继续教育制度化、规范化、科学化,依据《公路水运工程试验检测管理办法》(原交通部令 2005 年第 12 号),制定本办法。

第二条 本办法所称试验检测人员是指取得公路水运工程试验检测工程师和试验检测员证书的从业人员。

本办法所称继续教育是指为持续提高试验检测人员的专业技术和理论水平,在规定期限内完成的教育。

第三条 接受继续教育是试验检测人员的义务和权利。试验检测人员应按照本办法规定参加继续教育。

试验检测机构应督促本单位试验检测人员按要求参加继续教育,并保证试验检测人员参加继续教育的时间,提供必要的学习条件。

第四条 继续教育应坚持切合实际、注重实效,方便工程现场试验检测人员学习的原则。

第二章 继续教育的组织

第五条 交通运输部工程质量监督局(简称"部质监局")主管全国公路水运工程试验检测人员继续教育工作,负责制定继续教育相关制度,确定继续教育主体内容,统一组织继续教育师资培训,监督、指导各省开展继续教育工作。交通运输职业资格中心配合部质监局开展相关具体工作。

第六条 各省级交通运输主管部门质量监督机构（简称“省级质监机构”）负责本省范围内试验检测人员继续教育工作，负责制定本行政区域继续教育相关制度和年度计划，结合实际确定继续教育补充内容，组织、协调本省继续教育工作。

第七条 省级质监机构可委托相关机构（以下称“继续教育机构”）具体组织实施试验检测人员继续教育事宜，并按要求将委托的继续教育机构情况报部质监局备案。

第八条 省级质监机构应选择具备以下条件的继续教育机构进行委托：

（一）具有较丰富的公路、水运工程试验检测和工程经验，能够独立按照教学计划和有关规定开展继续教育相关工作；

（二）具有独立法人资格，具备完善的教学、师资等组织管理及评价体系；

（三）有不少于10名师资人员；

（四）有教学场所、实操场所（如租用场所应至少有三年以上的协议）；

（五）收支管理规范，有收费许可证、税务登记证；能够按照相关规定核算有关费用，合理确定收费项目和收费标准；

（六）师资人员一般应具备以下条件：

(1)具有较高的政治、业务素质，较强的政策能力，在专业技术领域内有较高的理论水平和较丰富的工程经验；

(2)具有相关专业高级技术职称；

(3)通过部质监局组织的师资培训。

第九条 省级质监机构应建立委托的继续教育机构和师资人员的数据库，根据各省需求情况，动态、合理地控制委托的继续教育机构的数量和师资规模。委托的继续教育机构和师资人员名单应向社会公布。

第三章 继续教育的实施

第十条 省级质监机构应根据部质监局确定的继续教育主体内容，结合实际制定并公布本省继续教育计划和内容，指导试验检测机构合理、有序地组织试验检测人员参加继续教育。

第十一条 公路水运工程试验检测继续教育采取集中面授方式，逐步推行网络教学和远程教育。

第十二条 受委托的继续教育机构应根据继续教育计划和内容，按照确定的科目和课程编制教学计划、组织教学，并采取措施加强管理，保证教学质量。

第十三条 继续教育的授课内容应突出实用性、先进性、科学性，侧重试验检测工作实际需要，注重与实际操作技能相结合，一般应包括：

（一）与试验检测工作有关的法律法规、标准、规范、规程；

（二）试验检测人员职业道德教育；

（三）试验检测业务的新理论、新方法；

（四）试验检测新技术、新设备；

（五）试验检测案例分析；

（六）实际操作技能；

（七）其他有关知识。

第十四条 试验检测人员可就近参加省级质监机构组织的继续教育，有关情况经相应省级质监机构确认后在管理系统中予以记载。

第十五条 公路水运工程试验检测继续教育周期为2年(从取得证书的次年起计算)。试验检测人员在每个周期内接受继续教育的时间累计不应少于24学时。

第十六条 试验检测人员在其资格证件有效期内，未按规定完成继续教育的，应当补充完成继续教育后办理审验手续(审验办法另行制定)。

第十七条 试验检测人员的以下专业活动可以折算为继续教育学时。每个继续教育周期内，不同形式的专业活动折算的学时可叠加。

(一)参加试验检测考试大纲及教材编写工作的，折算12学时；

(二)参加试验检测考试命题工作的，折算24学时；

(三)参加试验检测工程师考试阅卷工作的，折算12学时；参加试验检测员考试阅卷工作的，折算8学时；

(四)担任继续教育师资的，折算24学时；

(五)参加部组织的机构评定、试验检测专项检查等专业活动的，折算12学时；

(六)参加省组织的机构评定、试验检测专项检查等专业活动的，折算8学时。

第四章 继续教育的监督检查

第十八条 省级质监机构应当加强对试验检测人员参加继续教育情况的检查，督促试验检测机构和试验检测人员参加继续教育。

第十九条 省级质监机构应采取措施对师资水平、授课效果、课程内容和组织管理等进行综合评估，适时调整委托的继续教育机构及师资，不断提高教学质量，完善继续教育管理工作。

第二十条 受委托的继续教育机构应当加强档案管理，将继续教育计划、继续教育师资情况、参培学员登记表、学员学习情况及结果等纳入档案管理，并接受省级质监机构的监督检查。

第二十一条 受委托的继续教育机构违反本办法规定，有下列情形之一的，不予确认其所开展的有关工作或取消对其继续教育的委托：

(一)未经委托擅自从事继续教育或者提供虚假继续教育资料的；

(二)未按照继续教育计划和内容要求组织相应继续教育的；

(三)发布继续教育虚假信息的。

第二十二条 试验检测人员在继续教育过程中有弄虚作假、冒名顶替等行为的，取消其本周期内已取得的继续教育记录，并纳入诚信记录。

第二十三条 质监机构工作人员在继续教育管理工作中有徇私舞弊、弄虚作假等情形的，依法给予行政处分；构成犯罪的，依法追究刑事责任。

第五章 附 则

第二十四条 本办法由部质监局负责解释。省级质监机构可依据本办法制定具体实施办法。

第二十五条 本办法自2012年1月1日起施行。

附录5

关于印发公路水运工程试验检测机构换证复核细则(试行)的通知

(质监综字〔2011〕17号)

为做好公路水运工程试验检测机构换证复核工作,根据《公路水运工程试验检测机构管理办法》(交通部令2005年第12号)等有关规定,我局制定了《公路水运工程试验检测机构换证复核细则(试行)》,现印发给你们,请遵照执行。

二〇一一年九月三十日

公路水运工程试验检测机构换证复核细则(试行)

第一条 为做好公路水运工程试验检测机构换证复核工作,根据《公路水运工程试验检测机构管理办法》(交通部令2005年第12号)和《公路水运工程试验检测机构等级标准》及《公路水运试验检测机构等级评定程序》,制定本细则。

第二条 试验检测机构换证复核是指试验检测等级证书有效期满,根据试验检测机构申请,由原发证机构对其与所持有证书等级标准的符合程度、业绩及信用情况以及是否持续具有相应试验检测等级能力的核查。

第三条 交通运输部工程质量监督局(以下简称部质监局)负责公路工程综合类甲级、专项类和水运工程材料类、结构类甲级的换证复核工作以及属于部质监局评定的试验检测项目增项复核工作。

省级质监机构负责本行政区域内公路工程综合类乙、丙级和水运工程材料类乙、丙级、水运工程结构类乙级的换证复核工作。

第四条 申请换证复核的试验检测机构应将机构、人员等信息录入部质监局试验检测管理信息系统,并能及时维护和更新信息。

第五条 试验检测机构应在等级证书有效期满前提前3个月向原发证机构提出换证复核申请。属于部质监局复核范围的,省级质监机构出具核查意见并转送部质监局。

第六条 申请换证复核的试验检测机构应符合下列基本条件:

(一)试验检测人员、设备、环境满足相应等级标准要求(换证复核以最新公布的等级标准为准);

(二)上年度信用等级为B级及以上且等级证书有效期内信用等级为C级次数不超过1次;

(三)等级证书有效期内所开展的试验检测参数应覆盖批准的所有试验检测项目且不少于

批准参数的70%；

(四)甲级及专项类检测机构每年应有不少于一项高速公路或大型水运工程现场检测项目或设立工地试验室业绩，其他等级检测机构每年应有不少于一项公路水运工程现场检测项目或设立工地试验室业绩。

第七条 申请换证复核的机构应提交以下申请材料：

(一)《公路水运工程试验检测机构等级复核申请书》；

(二)申请人法人证书、试验检测等级证书正副本复印件，通过计量认证的，同时提交计量认证证书及附表复印件；

(三)试验检测机构用房平面布置图及用房证明；

(四)试验检测人员、设备、环境变动情况一览表；

(五)试验检测业绩一览表及证明材料；

(六)试验检测人员培训记录一览表；

(七)参加能力验证和比对试验记录一览表；

(八)受表彰和处罚(包括通报批评)情况一览表。

第八条 换证复核书面审查通过后，质监机构应组织专家进行现场核查，质监机构可派员对现场核查过程监督。换证复核程序和工作用表参照等级评定程序，可以适当简化。

现场核查的重点是检测机构基本条件的实际符合程度；质量管理体系运行和试验检测工作开展情况；对标准规范有实质性变化、涉及结构安全及耐久性和有效期内未开展的试验检测项目(参数)进行能力确认，对换证复核中新增加的试验检测项目(参数)和有效期内技术、质量负责人有变更的进行现场考核。

第九条 依据现场核查情况，专家组填写《公路水运工程试验检测机构现场核查评分表》及现场工作用表，根据核查得分，出现核查意见。

核查得分≥85分，复核结果为合格；核查得分<85分，复核结果为不合格。

现场核查过程中发现的相关问题，将同时记入该机构当年信用评价。

第十条 属于部质监局评定的增项复核以书面审查为主。有增项的试验检测机构在等级证书有效期满，提交换证复核申请时，同时提交增项复核申请，增项部分由省级质监机构初审合格后报部质监局。

第十一条 换证复核合格的，予以换发新的《等级证书》，证书有效期为五年。不合格的，质监机构应当责令其在6个月内进行整改，整改期内不得承担质量评定和工程验收的试验检测业务。整改期满仍不能达到规定条件的，质监机构可根据实际达到的试验检测能力条件重新作出评定，或者注销《等级证书》。

换证复核结果应当向社会公布。

第十二条 试验检测机构未按规定期限申请换证核查的，其等级证书到期失效。换证复核时被注销等级证书、被降低等级的试验检测机构，其原等级证书失效。

第十三条 本细则由部质监局负责解释。

第十四条 本细则自2011年10月8日起施行。

附录 6

公路水运工程安全生产监督管理办法

（2007 年 2 月 14 日交通部令第 1 号）

《公路水运工程安全生产监督管理办法》已于 2007 年 1 月 25 日经第 2 次部务会议通过，现予公布，自 2007 年 3 月 1 日起施行。

部长　李盛霖

二 OO 七年二月十四日

公路水运工程安全生产监督管理办法

第一章　总　则

第一条　为加强公路水运工程安全生产监督管理工作，保障人身及财产安全，根据《中华人民共和国安全生产法》、《建设工程安全生产管理条例》、《安全生产许可证条例》，制定本办法。

第二条　公路水运工程建设活动的安全生产行为及对其实施监督管理，应当遵守本办法。

第三条　本办法所称公路水运工程，是指列入国家和地方基本建设计划的公路、水运基础设施新建、改建、扩建以及拆除、加固等建设项目。

本办法所称从业单位，是指从事公路水运工程建设、勘察、设计、监理、施工、检验检测、安全评价等工作的单位。

第四条　公路水运工程安全生产监督管理应当坚持安全第一、预防为主、综合治理的方针。

第五条　公路水运工程安全生产监督管理实行统一监管、分级负责。

交通部负责全国公路水运工程安全生产的监督管理工作。

县级以上地方人民政府交通主管部门负责本行政区域内的公路水运工程安全生产监督管理工作，但长江干流航道工程安全生产监督管理工作由交通部设在长江干流的航务管理机构负责。

交通部和县级以上地方人民政府交通主管部门，可以委托其设置的安全监督机构负责具体工作，法律、行政法规规定不能委托的事项除外。

依照本条规定承担公路水运工程安全生产监督管理职能的部门或者机构，统称为公路水运工程安全生产监督管理部门。

第六条 公路水运工程安全生产监督管理部门的主要职责：

(一)宣传、贯彻、执行有关安全生产的法律、法规，按照法定权限制定公路水运工程安全生产管理规章和技术标准；

(二)依法对公路水运工程从业单位安全生产条件实施监督管理，组织施工单位的主要负责人、项目负责人、专职安全生产管理人员的考核管理工作；

(三)建立公路水运工程安全生产应急管理机制，制定重大生产安全事故应急预案；

(四)建立公路水运工程从业单位安全生产信用体系，作为交通行业信用体系建设的一部分，对从业单位和人员实施安全生产动态管理；

(五)受理公路水运工程安全生产方面的举报和投诉，依法对公路水运工程安全生产实施监督检查和相应的行政处罚；

(六)依法组织或者参与调查处理生产安全事故，按照职责权限对公路水运工程生产安全事故进行统计分析，发布公路水运工程安全生产动态信息。省级交通主管部门负责向交通部和国务院其他有关部门报送事故信息；

(七)指导下级交通主管部门开展公路水运工程安全生产监督管理工作；

(八)组织公路水运工程安全生产技术研究和先进技术推广应用；

(九)开展公路水运工程安全生产经验交流，普及安全生产知识；

(十)法律、法规规定的其他职责。

第二章 安全生产条件

第七条 从业单位从事公路水运工程建设活动，应当具备法律、行政法规规定的安全生产条件。任何单位和个人不得降低安全生产条件。

第八条 施工单位应当取得安全生产许可证，施工单位的主要负责人、项目负责人、专项安全生产管理人员(以下简称安全生产三类人员)必须取得考核合格证书，方可参加公路水运工程投标及施工。

施工单位主要负责人，是指对本企业日常生产经营活动和安全生产工作全面负责、有生产经营决策权的人员，包括企业法定代表人、企业安全生产工作的负责人等。

项目负责人，是指由企业法定代表人授权，负责公路水运工程项目施工管理的负责人。包括项目经理、项目副经理和项目总工。

专职安全生产管理人员，是指在企业专职从事安全生产管理工作的人员，包括企业安全生产管理机构的负责人及其工作人员和施工现场专职安全员。

第九条 交通部负责组织公路水运工程一级及以上资质施工单位安全生产三类人员的考核发证工作。

省级交通主管部门负责组织公路水运工程二级及以下资质施工单位安全生产三类人员的考核发证工作。

第十条 施工单位安全生产三类人员考核分为安全生产知识考试和安全管理能力考核两部分。考核合格的，由交通部或省级交通主管部门颁发《安全生产考核合格证书》。

第十一条 施工单位的垂直运输机械作业人员、施工船舶作业人员、爆破作业人员、安装拆卸工、起重信号工、电工、焊工等国家规定的特种作业人员，必须按照国家规定经过专门的安全作业培训，并取得特种作业操作资格证书后，方可上岗作业。

第十二条　施工单位在工程中使用施工起重机械和整体提升式脚手架、滑模爬模、架桥机等自行式架设设施前，应当组织有关单位进行验收，或者委托具有相应资质的检验检测机构进行验收，使用承租的机械设备和施工机具及配件的，由承租单位、出租单位和安装单位共同进行验收，验收合格的方可使用。验收合格后30日内，应向当地交通主管部门登记。

第十三条　从业单位应当对从业人员进行安全生产教育和培训，保证从业人员具备必要的安全生产知识，熟悉有关的安全生产规章制度和安全操作规程，掌握本岗位的安全操作技能。未经安全生产教育和培训合格的从业人员，不得上岗作业。

第三章　安全责任

第十四条　建设单位在编制工程招标文件时，应当确定公路水运工程项目安全作业环境及安全施工措施所需的安全生产费用。

安全生产费用由建设单位根据监理工程师对工程安全生产情况的签字确认进行支付。

第十五条　建设单位在公路水运工程施工招标文件中应当按照法律、法规的规定对施工单位的安全生产条件、安全生产信用情况、安全生产的保障措施等提出明确要求。

建设单位不得对咨询、勘察、设计、监理、施工、设备租赁、材料供应、检测等单位提出不符合工程安全生产法律、法规和工程建设强制性标准规定的要求。不得随意压缩合同规定的工期。

第十六条　勘察单位应当按照法律、法规和工程建设强制性标准进行勘察，重视地质环境对安全的影响，提交的勘察文件应当真实、准确，满足公路水运工程安全生产的需要。

勘察单位应当对有可能引发公路水运工程安全隐患的地质灾害提出防治建议。

勘察单位及勘察人员对勘察结论负责。

第十七条　设计单位应当按照法律、法规和工程建设强制性标准进行设计，防止因设计不合理导致安全生产隐患或者生产安全事故的发生。

采用新结构、新材料、新工艺的工程和特殊结构的工程，设计单位应当在设计文件中提出保障施工作业人员安全和预防生产安全事故的措施建议。

设计单位和设计人员应当对其设计负责。

第十八条　监理单位应当按照法律、法规和工程建设强制性标准进行监理，对工程安全生产承担监理责任。应当编制安全生产监理计划，明确监理人员的岗位职责、监理内容和方法等。对危险性较大的工程作业应当加强巡视检查。

监理单位应当审查施工组织设计中的安全技术措施或者专项施工方案是否符合工程建设强制性标准。监理单位在实施监理过程中，发现存在安全事故隐患的，应当要求施工单位整改，必要时，可下达施工暂停指令并向建设单位和有关部门报告。

监理单位应当填报安全监理日志和监理月报。

第十九条　为公路水运工程提供施工机械设备、设施和产品的单位，应确保配备齐全有效的保险、限位等安全装置，提供有关安全操作的说明，保证其提供的机械设备和设施等产品的质量和安全性能达到国家有关标准。所提供的机械设备、设施和产品应当具有生产(制造)许可证、产品合格证或者法定检验检测合格证明。对于尚无相关国家标准或者行业标准的设备和设施，应当保障其质量和安全性能。

第二十条 施工单位应当对施工安全生产承担责任。

施工单位主要负责人依法对本单位的安全生产工作全面负责。施工单位应当建立健全安全生产责任制度和安全生产教育培训制度及安全生产技术交底制度，制定安全生产规章制度和操作规程，保证本单位安全生产条件所需资金的投入，对所承担的公路水运工程进行定期和专项安全检查，并做好安全检查记录。

施工单位的项目负责人依法对项目的安全施工负责，落实安全生产各项制度，确保安全生产费用的有效使用，并根据工程特点组织制定安全施工措施，消除安全事故隐患，及时、如实报告生产安全事故。

本条所称安全生产技术交底制度，是指公路水运工程每项工程实施前，施工单位负责项目管理的技术人员对有关安全施工的技术要求向施工作业班组、作业人员详细说明，并由双方签字确认的制度。

第二十一条 施工单位应当设立安全生产管理机构，配备专职安全生产管理人员。施工现场应当按照每 5 000 万元施工合同额配备一名的比例配备专职安全生产管理人员，不足5 000万元的至少配备一名。

专职安全生产管理人员负责对安全生产进行现场监督检查，并做好检查记录，发现生产安全事故隐患，应当及时向项目负责人和安全生产管理机构报告；对违章指挥、违章操作和违反劳动纪律的，应当立即制止。

第二十二条 施工单位在工程报价中应当包含安全生产费用，一般不得低于投标价的1%，且不得作为竞争性报价。

安全生产费用，应当用于施工安全防护用具及设施的采购和更新、安全施工措施的落实、安全生产条件的改善，不得挪作他用。

第二十三条 施工单位应当在施工组织设计中编制安全技术措施和施工现场临时用电方案，对下列危险性较大的工程应当编制专项施工方案，并附安全验算结果，经施工单位技术负责人、监理工程师审查同意签字后实施，由专职安全生产管理人员进行现场监督：

(一)不良地质条件下有潜在危险性的土方、石方开挖；

(二)滑坡和高边坡处理；

(三)桩基础、挡墙基础、深水基础及围堰工程；

(四)桥梁工程中的梁、拱、柱等构件施工等；

(五)隧道工程中的不良地质隧道、高瓦斯隧道、水底海底隧道等；

(六)水上工程中的打桩船作业、施工船作业、外海孤岛作业、边通航边施工作业等；

(七)水下工程中的水下焊接、混凝土浇注、爆破工程等；

(八)爆破工程；

(九)大型临时工程中的大型支架、模板、便桥的架设与拆除；桥梁、码头的加固与拆除；

(十)其他危险性较大的工程。

必要时，施工单位对前款所列工程的专项施工方案，还应当组织专家进行论证、审查。

第二十四条 施工单位应当在施工现场出入口或者沿线各交叉口、施工起重机械、拌和场、临时用电设施、爆破物及有害危险气体和液体存放处以及孔洞口、隧道口、基坑边沿、脚手架、码头边沿、桥梁边沿等危险部位，设置明显的安全警示标志或者必要的安全防护设施。

施工单位应当根据不同施工阶段和周围环境及季节、气候的变化，在施工现场采取相应的安全施工措施。施工现场暂时停止施工的，施工单位应当做好现场防护。因施工单位安全生产隐患原因造成工程停工的，所需费用由施工单位承担，其他原因按照合同约定执行。

第二十五条 施工单位应当将施工现场的办公、生活区与作业区分开设置，并保持安全距离；办公、生活区的选址应当符合安全性要求。职工的膳食、饮水、休息场所、医疗救助设施等应当符合卫生标准。

施工现场临时搭建的建筑物应当符合安全使用要求。施工现场使用的装配式活动房屋应当具有生产(制造)许可证、产品合格证。

第二十六条 施工单位应当在施工现场建立消防安全责任制度，确定消防安全责任人，制定用火、用电、使用易燃易爆材料等各项消防管理制度和操作规程，设置消防通道，配备相应的消防设施和灭火器材。

第二十七条 施工单位应当向作业人员提供必需的安全防护用具和安全防护服装，书面告知危险岗位的操作规程并确保其熟悉和掌握有关内容和违章操作的危害。

作业人员有权对施工现场的作业条件、作业程序和作业方式中存在的安全问题提出批评、检举和控告，有权拒绝违章指挥和强令冒险作业。

在施工中发生可能危及人身安全的紧急情况时，作业人员有权立即停止作业或者在采取必要的应急措施后撤离危险区域。

第二十八条 作业人员应当遵守安全施工的工程建设强制性标准、规章制度，正确使用安全防护用具、机械设备等。

第二十九条 施工单位采购、租赁的安全防护用具、机械设备、施工机具及配件，应当具有生产(制造)许可证、产品合格证，并在进入施工现场前由专职安全管理人员进行查验。

施工现场的安全防护用具、机械设备、施工机具及配件必须由专人管理，定期进行检查、维修和保养，建立相应的资料档案，并按照国家有关规定及时报废。

第三十条 施工单位应当对管理人员和作业人员进行每年不少于两次的安全生产教育培训，其教育培训情况记入个人工作档案。

施工单位在采用新技术、新工艺、新设备、新材料时，应当对作业人员进行相应的安全生产教育培训。

新进人员和作业人员进入新的施工现场或者转入新的岗位前，施工单位应当对其进行安全生产培训考核。

未经安全生产教育培训考核或者培训考核不合格的人员，不得上岗作业。

第三十一条 施工单位应当为施工现场的人员办理意外伤害保险，意外伤害保险费应由施工单位支付。实行施工总承包的，由总承包单位支付意外伤害保险费。

第三十二条 建设工程实行施工总承包的，由总承包单位对施工现场的安全生产负总责。总承包单位依法将建设工程分包给其他单位的，分包合同中应当明确各自的安全生产方面的权利、义务。总承包单位对分包工程的安全生产承担连带责任。

分包单位应当服从总承包单位的安全生产管理，分包单位不服从管理导致生产安全事故的，由分包单位承担主要责任。

第三十三条　建设单位、施工单位应当针对本工程项目特点制定生产安全事故应急预案，定期组织演练。发生生产安全事故，施工单位应当立即向建设单位、监理单位和事故发生地的公路水运工程安全生产监督管理部门以及地方安全监督部门报告。建设单位、施工单位应当立即启动事故应急预案，组织力量抢救，保护好事故现场。

第四章　监督检查

第三十四条　公路水运工程安全生产监督管理部门在职责范围内履行安全生产监督检查职责时，有权采取下列措施：

（一）要求被检查单位提供有关安全生产的文件和资料；

（二）进入被检查单位施工现场进行检查；

（三）纠正施工中违反安全生产要求的行为，依法实施行政处罚。

第三十五条　公路水运工程安全生产监督管理部门对从业单位安全生产监督检查的内容主要有：

（一）从业单位安全生产条件的符合情况；

（二）施工单位安全生产三类人员和特种作业人员具备上岗资格情况；

（三）从业单位执行安全生产法律、法规、规章和工程建设强制性标准的情况；

（四）从业单位对安全生产管理制度、安全责任制度和各项应急预案的建立和落实情况；

（五）安全生产管理机构或者专职安全生产管理人员的设置和履行职责情况；

（六）员工的安全教育培训情况；

（七）其他应当监督检查的情况。

第三十六条　公路水运工程安全生产监督管理部门应当对公路水运工程下列施工现场的安全生产情况进行监督检查：

（一）现场驻地；

（二）施工作业点（面）；

（三）危险品存放地；

（四）预制厂、半成品加工厂；

（五）非标施工设备组装厂。

公路水运工程安全生产监督管理部门对易发生生产安全事故的危险工程及施工作业环节应当进行重点监督检查。

第三十七条　公路水运工程安全生产监督管理部门对监督检查中发现的安全问题，应当作出如下处理：

（一）从业单位存在安全管理问题需要整改的，以书面方式通知存在问题单位限期整改；

（二）从业单位存在严重安全事故隐患的，责令立即排除；

（三）重大安全事故隐患在排除前或者在排除过程中无法保证安全的，责令其从危险区域内撤出作业人员或者暂时停止施工；

（四）建设单位违反安全管理规定造成重大生产安全事故的，对全部或者部分使用国有资金的建设项目，暂停资金拨付；

（五）建设单位未列建设工程安全生产费用的，责令其限期改正并不得办理监督手续；逾期未改正的，责令该建设工程停止施工并通报批评。

被检查单位应当立即落实处理决定，并将整改结果书面报检查单位。责令停工的，应当经复查合格后，方可复工。

第三十八条 公路水运工程安全生产监督管理部门应当建立从业单位信用档案，并将监督检查情况和处理结果及时登录在安全生产信用管理系统中。

第三十九条 从业单位整改不力，多次整改仍然存在安全问题的，公路水运工程安全生产监督管理部门将其列入安全监督检查重点名单，登录在安全生产信用管理系统中，并向有关部门通报。

对存在重大安全事故隐患但拒绝整改或者整改效果不明显或者发生重特大安全事故等不再具备安全生产条件的，公路水运工程安全生产监督管理部门应当向安全生产许可证颁发部门通报，建议暂扣或者吊销安全生产许可证，同时向有关资质证书颁发部门建议降低资质等级。

第四十条 公路水运工程安全生产监督管理部门可委托具备国家规定资质条件的机构对容易发生重特大生产安全事故的工程项目和危险性较大的工程施工进行安全评价和监测。

第四十一条 公路水运工程安全生产监督管理部门应当健全内部管理制度，加强对监督管理人员的教育培训，提高执法水平。监督管理人员应当忠于职守，秉公办事，坚持原则，清正廉洁。与监督检查对象有利害关系的监督人员，应当回避。

第四十二条 公路水运工程安全生产监督管理部门应当建立举报制度，及时受理对公路水运工程生产安全事故或者事故隐患以及监督检查人员违法行为的检举、控告和投诉。

第五章　附　　则

第四十三条 违反本办法规定，按照《中华人民共和国安全生产法》、《建设工程安全生产管理条例》、《安全生产许可证条例》的相关规定，给予行政处罚。

第四十四条 本办法自 2007 年 3 月 1 日起施行。

附录 7

关于印发公路水运工程试验检测信用评价管理办法(试行)的通知

(交质监发[2009]318 号)

各省、自治区、直辖市、新疆生产建设兵团交通运输厅(局、委),天津市市政公路管理局,上海市交通运输和港口管理局,长江航务管理局:

现将《公路水运工程试验检测信用评价办法(试行)》印发给你们,请遵照执行。

二OO九年六月二十五日

公路水运工程试验检测信用评价办法(试行)

第一章　总　　则

第一条　为加强公路水运试验检测管理和诚信体系建设,增强试验检测机构和人员诚信意识,促进试验检测市场健康有序发展,依据《建设工程质量管理条例》、《公路建设市场管理办法》(交通部令 2004 年 14 号)和《公路水运工程试验检测管理办法》(交通部令 2005 年 12 号,以下简称 12 号令),制定本办法。

第二条　本办法所称信用评价是指交通运输主管部门对持有公路水运试验检测工程师或试验检测员证书的试验检测从业人员和取得公路水运工程试验检测等级证书并承担公路水运工程质量鉴定、验收、评定(检验)、监测及第三方试验检测业务的试验检测机构的从业承诺履行状况等诚信行为的综合评价。

第三条　信用评价应遵循公开、客观、公正、科学的原则。

第四条　交通运输部负责公路水运工程试验检测机构和人员信用评价工作的统一管理。负责试验检测工程师和取得公路水运甲级及专项等级证书并承担高速公路、独立特大桥、长大隧道及大型水运工程质量鉴定、验收、评定(检验)、监测及第三方试验检测业务试验检测机构的信用评价和信用评价结果的发布。交通运输部所属的质量监督机构(以下简称部质监机构)负责信用评价的具体组织实施工作。

省级交通运输主管部门负责在本行政区域内从事公路水运工程试验检测业务的试验检测人员和相关试验检测机构信用评价工作的管理。省级交通运输主管部门所属的质量监督机构(以下简称省级质监机构)负责信用评价的具体组织实施工作。

在本省注册,属交通运输部发布范围的试验检测机构和试验检测工程师信用评价结果经省级交通运输主管部门审核后报部质监机构。

在本省注册的试验检测员和取得公路水运乙级、丙级等级证书并承担工程质量鉴定、验收、评定(检验)、监测及第三方试验检测业务的试验检测机构,及根据本省实际确定的其他范围的试验检测机构的信用评价结果,由省级交通运输主管部门审定后发布。

第五条 信用评价周期为1年,评价的时间段从1月1日至12月31日。评价结果定期公示、公布,对被直接评为信用很差的试验检测机构和人员应当及时公布。

第二章 试验检测机构信用评价

第六条 试验检测机构的信用评价实行综合评分制。试验检测机构设立的工地试验室及单独签订合同承担的工程质量鉴定、验收、评定(检验)及监测等现场试验检测项目(以下简称现场检测项目)的信用评价,作为其信用评价的组成部分。

综合评分的具体扣分标准见《公路水运工程试验检测机构信用评价标准》(附件1)和《公路水运工程工地试验室及现场检测项目信用评价标准》(附件2)。

第七条 试验检测机构、工地试验室及现场检测项目的信用评价基准分为100分。按附件4的公式计算。

第八条 试验检测机构信用评价分为AA、A、B、C、D五个等级,评分对应的信用等级分别为:

AA级:信用评分>95分,信用好;

A级:85<信用评分≤95分,信用较好;

B级:70<信用评分≤85分,信用一般;

C级:60<信用评分≤70分,信用较差;

D级:信用评分≤60分,信用很差。

被评为D级的试验检测机构直接列入黑名单,并按12号令予以处罚。

第九条 试验检测机构信用评价程序

(一)试验检测机构应于次年1月20日前完成信用评价自评,并将自评表(附件5)报其注册地的省级质监机构。

(二)工地试验室及现场检测项目应于当年12月31日前,或工程建设项目(含现场检测项目)结束时完成信用评价自评,并将自评表(附件6)报项目业主;项目业主根据项目管理过程中所掌握的情况提出评价意见,于次年1月15日前将工地试验室及现场检测项目的评价意见及扣分依据材料报负责该项目监督的质监机构,项目业主应对评价意见的客观性负责;质监机构根据业主评价意见结合日常监督情况进行评价,评价结果于1月30日前报省级质监机构。

(三)省级质监机构对工地试验室及现场检测项目信用评价结果进行复核评价。工地试验室及现场检测项目的母体试验检测机构为外省区注册的,信用评价结果经省级交通运输主管部门审核后于2月10日前转送其注册地省级质监机构。

省级质监机构对在本省注册的试验检测机构信用进行综合评分。属交通运输部发布范围的试验检测机构信用评价结果及相关资料,经省级交通运输主管部门审核后于2月25日前报送部质监机构。属本省发布范围的试验检测机构的信用评价结果,由省级交通运输主管部门审定后于4月底前完成公示、公布。

(四)属交通运输部发布范围的试验检测机构信用评价结果,由部质监机构在汇总各省信用评价结果的基础上,结合掌握的相关信用信息进行复核评价,于4月底前在交通运输部信用评价系统中统一公示、公布。

第十条 质监机构用于复核评价的不良信用信息采集每年至少1次且要覆盖到评价标准的所有项。

各级质监机构开展的监督检查中发现的违规行为、投诉举报查实的违规行为、交通运输主管部门通报批评中的违规行为均作为对试验检测机构、工地试验室及现场检测项目信用的评价依据。

信用检查结果应有检查人员的签字确认,多次发现的问题可累计扣分。上一级质监机构应当对下一级质监机构所负责评价的试验检测机构、工地试验室及现场检测项目进行随机抽查复核。

第三章 试验检测人员信用评价

第十一条 试验检测人员信用评价实行随机检查累计扣分制,工地试验室授权负责人实行定期检查累计扣分制,评价标准见《公路水运工程试验检测人员信用评价标准》(附件3)。

信用评价扣分依据为项目业主掌握的不良信用信息,质监机构监督检查中发现的违规行为、投诉举报查实的违规行为、交通运输主管部门通报中的违规行为等。

第十二条 评价周期内累计扣分分值大于等于20分,小于40分的试验检测人员信用等级为信用较差;扣分分值大于等于40分的试验检测人员信用等级为信用很差。

连续2年信用等级被评为信用较差的试验检测人员,其信用等级直接降为信用很差。

被确定为信用很差或伪造证书上岗的试验检测人员列入黑名单,并按12号令予以处罚。

第十三条 在评价周期内,试验检测人员在不同项目和不同工作阶段发生的违规行为实行累计扣分。一个具体行为涉及两项以上违规行为的,以扣分标准高者为准。

第十四条 各省级质监机构负责对在本省从业的试验检测人员进行信用评价。

试验检测工程师的信用评价结果及相关资料经省级交通运输主管部门审核后于次年2月25日前报送部质监机构,跨省从业的试验检测员的信用评价结果及相关资料经省级交通运输主管部门审核后于2月10日前转送其注册地省级质监机构。

在本省注册的试验检测员的信用评价结果,由省级交通运输主管部门审定后于4月底前完成公示、公布。

部质监机构对试验检测工程师在全国范围内的扣分进行累加。信用评价结果于4月底前完成公示、公布。

第四章 信用评价管理

第十五条 信用评价结果公布前应予以公示,公示期为10个工作日,最终确定的信用评价结果自正式公布之日起5年内,向社会提供公开查询。

第十六条 质监机构应指定专人负责试验检测机构和试验检测人员信用评价工作,及时完成相关信用信息的整理、资料归档、数据录入等工作。

第十七条 信用评价实行评价人员及评价机构负责人签认负责制,做出信用评价的机构及人员对评价结果负责，并接受上级部门及社会各界的监督。发现评价结果不符合实际情况的应予以纠正；发现在评价工作中徇私舞弊、打击报复、牟取私利的，按有关规定追究相关人员的责任。

第五章 附 则

第十八条 省级交通运输主管部门可根据本省实际情况，参照本办法制定实施细则。实施细则报交通运输部备案。

第十九条 本办法自印发之日起施行。

第二十条 本办法由交通运输部负责解释。

附件 1

公路水运工程试验检测机构信用评价标准

序号	行为代码	失信行为	扣分标准	备注
1	JJC 201001	出借或借用试验检测等级证书承揽试验检测业务的	直接确定为D级	
2	JJC 201002	以弄虚作假或其他违法形式骗取等级证书或承接业务的	直接确定为D级	
3	JJC 201003	出具虚假数据报告并造成质量标准降低的	直接确定为D级	
4	JJC 201004	所设立的工地试验室及现场检测项目有得分为0分的	直接确定为D级	
5	JJC 201005	存在虚假数据报告及其他虚假资料	扣10分/份、单次扣分不超过30分	★
6	JJC 201006	超等级能力范围承揽业务的	扣5分/参数	
7	JJC 201007	未对设立的工地试验室及现场检测项目有效监管的	扣10分/个	
8	JJC 201008	聘用信用很差或无证试验检测人员从事试验检测工作的，或所聘用的试验检测人员被评为信用很差的	扣10分/人	
9	JJC 201009	报告签字人不具备资格	扣2分/份、单次扣分不超过10分	★
10	JJC 201010	试验检测机构的重要变更（指机构行政负责人、技术、质量负责人、地址等的变更）未在规定期限内办理变更手续	扣5分/次	
11	JJC 201011	评价期内，持证人员数量达不到相应等级要求	扣5分/试验检测工程师、扣3分/试验检测员	
12	JJC 201012	评价期内，试验检测机构技术负责人、质量负责人上岗资格达不到相应等级要求	扣10分/人	
13	JJC 201013	评价期内，强制性试验检测设备配备不满足等级标准要求	扣10分/台	
14	JJC 201014	试验检测设备未按规定检定校准的	扣2分/台，单次扣分不超过20分	★
15	JJC 201015	试验检测环境达不到技术标准规定要求的	扣2分/处，单次扣分不超过10分	★
16	JJC 201016	试验检测原始记录信息及数据记录不全，结论不准确，试验检测报告不完整（含漏签、漏盖章）	扣3分/类	
17	JJC 201017	无故不参加质监机构组织的比对试验的	扣10分/次	

★：单次扣分达到标准上限的，应在3个月内再次进行监督复查，若仍存在同样问题应再次扣分。

附件 2

公路水运工程工地试验室及现场检测项目信用评价标准

序号	行为代码	失信行为	扣分标准	备注
1	JJC 202001	出虚假数据报告并造成质量标准降低的	扣 100 分	
2	JJC 202002	存在虚假数据和报告及其他虚假资料	扣 10 分/份，单次扣分不超过 30 分	★
3	JJC 202003	聘用信用很差或无证试验检测人员从事试验检测工作的，或所聘用的试验检测人员被评为信用很差的	扣 10 分/人	
4	JJC 202004	未经母体机构有效授权	扣 20 分/项	▲
5	JJC 202005	授权负责人不是母体机构派出人员的	扣 10 分	▲
6	JJC 202006	超授权范围开展业务	扣 5 分/参数	▲
7	JJC 202007	未按规定或合同配备相应条件的试验检测人员或擅自变更试验检测人员	扣 5 分/试验检测师·次、3 分/试验检测员·次	
8	JJC 202008	未按规定或合同配备满足要求的仪器设备、设备未按规定检定校准的	扣 2 分/台，单次扣分不超过 20 分	★
9	JJC 202009	试验检测环境达不到技术标准规定要求的	扣 2 分/处，单次扣分不超过 10 分	★
10	JJC 202010	报告签字人不具备资格	扣 2 分/份，单次扣分不超过 10 分	★
11	JJC 202011	试验检测原始记录信息及数据记录不全，结论不准确，试验检测报告不完整（含漏签、漏盖章），试验检测频率不满足规范或合同要求	扣 3 分/类	
12	JJC 202012	未按规定上报发现的试验检测不合格事项以及不合格报告	未上报扣 5 分/次	
13	JJC 202013	对各级监督部门提出的检查意见整改不闭合的	扣 20 分/项	
14	JJC 202014	未经备案审核开展检测业务的	扣 20 分	▲
15	JJC 202015	严重违反试验检测技术规程操作的	扣 10 分/项	

★：单次扣分达到标准上限的，应在 3 个月内再次进行监督复查，若仍存在同样问题应再次扣分。

▲：仅适用于工地试验室。

附件3

公路水运工程试验检测人员信用评价标准

序号	行为代码	失信行为	扣分标准	备注
1	JJC 203001	在试验检测活动中被司法部门认定构成犯罪的	扣40分	
2	JJC 203002	出具虚假数据报告造成质量标准降低的	扣40分	
3	JJC 203003	出现JJC 201001、JJC 201002、JJC 201003、JJC 201004项行为对相应负责人的处理	1001、1002行为扣40分，1003、1004行为扣20分	
4	JJC 203004	同时受聘于两个或两个以上试验检测机构的	扣20分	
5	JJC 203005	出借试验检测人员资格证书的	扣40分/次	
6	JJC 203006	在试验检测工作中，有徇私舞弊、吃拿卡要行为	扣20分/次	
7	JJC 203007	利用工作之便推销建筑材料、构配件和设备的	扣20分/次	
8	JJC 203008	玩忽职守造成质量安全隐患或事故的	扣20分/次	
9	JJC 203009	出现JJC 201007、JJC 201011、JJC 201013项行为的对技术或质量负责人的处理，出现JJC 201008、JJC 201010、JJC 201012、JJC 201017、JJC 202005项行为的对机构负责人的处理	扣3分/项	
10	JJC 203010	未按相关标准、规范、试验规程等要求开展试验检测工作，试验检测数据失真的	扣5分/次	
11	JJC 203011	超出资格证书中规定项目范围进行试验检测活动的	扣5分/项	
12	JJC 203012	出具虚假数据和报告的	扣10分/份	
13	JJC 203013	越权签发、代签、漏签试验检测报告的	扣5分/类	
14	JJC 203014	工地试验室信用评价得分<70分时对其授权负责人的处理	20分	●
15	JJC 203015	工地试验室有JJC 202002—3、JJC 202006、JJC 202012、JJC 202015项行为时对其授权负责人的处理	2002—3行为扣5分/项，2006、12、15行为扣3分/项	●

●:仅适用于工地试验室授权负责人。

附件 4

试验检测机构信用评价综合得分计算公式：

$$W=W'(1-\gamma)+\frac{\gamma}{n}\cdot\sum_{i=1}^{n}W''_i$$

式中：W——试验检测机构信用评价综合得分；

W'——母体机构得分；

W''——工地试验室及现场检测项目得分；

n——工地试验室及现场检测项目数；

γ——权重。

$n=0$ 时 $\gamma=0$

$n=1\sim5$ 时 $\gamma=0.4$

$n=6\sim10$ 时 $\gamma=0.08\times n$

$n>10$ 时 $\gamma=0.8$

附件 5

______年度试验检测机构信用评价表

<table>
<tr><td colspan="2">机构名称</td><td colspan="6">（盖章）</td></tr>
<tr><td colspan="2">机构资质</td><td colspan="6">1. 资质等级：　2. 工地试验室及现场检测项目设立数量：
3. 证书号：　4. 向社会提供试验检测服务合同额(万元)：
5. 联系电话：</td></tr>
<tr><td colspan="2">获证日期</td><td></td><td>试验检测工程师(人)</td><td></td><td colspan="2">试验检测员(人)</td><td></td></tr>
<tr><td colspan="2">行政负责人</td><td>姓名</td><td></td><td>职称</td><td></td><td>持证证书号</td><td></td></tr>
<tr><td colspan="2">技术负责人</td><td>姓名</td><td></td><td>职称</td><td></td><td>持证证书号</td><td></td></tr>
<tr><td colspan="2">质量负责人</td><td>姓名</td><td></td><td>职称</td><td></td><td>持证证书号</td><td></td></tr>
<tr><td colspan="8">机构评价情况</td></tr>
<tr><td>序号</td><td>行为代码</td><td>失信行为</td><td>扣分标准</td><td>自评扣分</td><td>省级质监机构评价扣分</td><td>质监总站复核扣分</td><td>备注</td></tr>
<tr><td>1</td><td>JJC 201001</td><td>出借或借用试验检测等级证书承揽试验检测业务的</td><td>直接确定为D级</td><td></td><td></td><td></td><td></td></tr>
<tr><td>2</td><td>JJC 201002</td><td>以弄虚作假或其他违法形式骗取等级证书或承接业务的</td><td>直接确定为D级</td><td></td><td></td><td></td><td></td></tr>
<tr><td>3</td><td>JJC 201003</td><td>出具虚假数据报告并造成质量标准降低的</td><td>直接确定为D级</td><td></td><td></td><td></td><td></td></tr>
<tr><td>4</td><td>JJC 201004</td><td>所设立的工地试验室及现场检测项目有得分为0分的</td><td>直接确定为D级</td><td></td><td></td><td></td><td></td></tr>
<tr><td>5</td><td>JJC 201005</td><td>存在虚假数据报告及其他虚假资料</td><td>扣10分/份、单次扣分不超过30分</td><td></td><td></td><td></td><td>★</td></tr>
<tr><td>6</td><td>JJC 201006</td><td>超等级能力范围承揽业务的</td><td>扣5分/参数</td><td></td><td></td><td></td><td></td></tr>
<tr><td>7</td><td>JJC 201007</td><td>未对设立的工地试验室及现场检测项目有效监管的</td><td>扣10分/个</td><td></td><td></td><td></td><td></td></tr>
<tr><td>8</td><td>JJC 201008</td><td>聘用信用很差或无证试验检测人员从事试验检测工作的，或所聘用的试验检测人员被评为信用很差的</td><td>扣10分/人</td><td></td><td></td><td></td><td></td></tr>
<tr><td>9</td><td>JJC 201009</td><td>报告签字人不具备资格</td><td>扣2分/份，单次扣分不超过10分</td><td></td><td></td><td></td><td>★</td></tr>
<tr><td>10</td><td>JJC 201010</td><td>试验检测机构的重要变更(指机构行政负责人、技术、质量负责人、地址等的变更)未在规定期限内办理变更手续</td><td>扣5分/次</td><td></td><td></td><td></td><td></td></tr>
</table>

续上表

机构评价情况							
序号	行为代码	失信行为	扣分标准	自评扣分	省级质监机构评价扣分	质监总站复核扣分	备注
11	JJC 201011	评价期内，试验检测人员持证数量达不到相应等级要求	扣5分/试验检测工程师、扣3分/试验检测员				
12	JJC 201012	评价期内，试验检测机构技术负责人、质量负责人上岗资格达不到相应等级要求	扣10分/人				
13	JJC 201013	评价期内，强制性试验检测设备配备不满足等级标准要求	扣10分/台				
14	JJC 201014	试验检测设备未按规定检定校准的	扣2分/台，单次扣分不超过10分				★
15	JJC 201015	试验检测环境达不到技术标准规定要求的	扣2分/处，单次扣分不超过20分				★
16	JJC 201016	试验检测原始记录信息及数据记录不全，结论不准确，试验检测报告不完整(含漏签、漏盖章)	扣3分/类				
17	JJC 201017	无故不参加质监机构组织的比对试验	扣10分/次				
	合计						
	得分		100—扣分值				最低0分

★:单次扣分达到标准上限的，应在3个月内再次进行监督复查，若仍存在同样问题应再次扣分。

自评人： 省级质监机构：(盖章) 质监总站：(盖章)
负责人： 评价人： 复核人：
日 期： 负责人： 日期 负责人： 日期

附件 6

______年度工地试验室及现场检测项目信用评价表

<table>
<tr><td>工地试验室名称或现场检测项目</td><td colspan="4">（盖章）</td></tr>
<tr><td>授权机构</td><td colspan="4"></td></tr>
<tr><td>授权机构资质</td><td colspan="2">1. 资质等级：</td><td colspan="2">2. 证书号：</td></tr>
<tr><td>工地试验室设立日期</td><td>试验检测工程师(人)</td><td></td><td>试验检测员(人)</td><td></td></tr>
<tr><td>工地试验室或现场检测项目授权负责人</td><td colspan="2">1. 姓名：
3. 职称：</td><td colspan="2">2. 持证书号：
4. 联系电话：</td></tr>
</table>

工地试验室或现场检测项目评价情况

序号	行为代码	失信行为	扣分标准	自评扣分	业主意见	市级质监机构评价扣分	省级质监机构复核扣分	备注
1	JJC 202001	出虚假数据报告并造成质量标准降低的	扣 100 分					
2	JJC 202002	存在虚假数据和报告及其他虚假资料	扣 10 分/份、单次扣分不超过 30 分					★
3	JJC 202003	聘用信用很差或无证试验检测人员从事试验检测工作的，或所聘用的试验检测人员被评为信用很差的	扣 10 分/人					
4	JJC 202004	未经母体机构有效授权	扣 20 分/项					▲
5	JJC 202005	授权负责人不是母体机构派出人员的	扣 10 分					▲
6	JJC 202006	超授权范围开展业务	扣 5 分/参数					▲
7	JJC 202007	未按规定或合同配备相应条件的试验检测人员或擅自变更试验检测人员	扣 5 分/试验检测师·次 3 分/试验检测员·次					
8	JJC 202008	未按规定或合同配备满足要求的仪器设备、设备未检定校准的	扣 2 分/台，单次扣分不超过 20 分					★
9	JJC 202009	试验检测环境达不到技术标准规定要求的	扣 5 分/处，单次扣分不超过 10 分					★
10	JJC 202010	报告签字人不具备资格	扣 2 分/份，单次扣分不超过 10 分					★

续上表

工地试验室或现场检测项目评价情况								
序号	行为代码	失信行为	扣分标准	自评扣分	业主意见	市级质监机构评价扣分	省级质监机构复核扣分	备注
11	JJC 202011	试验检测原始记录信息及数据记录不全，结论不准确，试验检测报告不完整（含漏签、漏盖章），试验检测频率不满足规范或合同要求	扣3分/类					
12	JJC 202012	未按规定上报发现的试验检测不合格事项以及不合格报告	未上报扣5分/次					
13	JJC 202013	对各级监督部门提出的检查意见整改不闭合的	扣20分/项					
14	JJC 202014	未经备案审核开展检测业务的	扣20分					▲
15	JJC 202015	严重违反试验检测技术规程操作的	扣10分/项					
		合计						
		得分	100－扣分值					最低0分

★：单次扣分达到标准上限的，应在3个月内再次进行监督复查，若仍存在同样问题应再次扣分。

▲：仅适用于工地试验室

自评人： 业主单位（盖章）

授权负责人 日期： 负责人 日期：

市级质监机构：（盖章） 省级质监机构：（盖章）

评价人： 复核人：

负责人： 日期： 负责人： 日期：

附件 7

试验检测人员信用评价表

姓名		年龄		身份证号	
职称		资质证书号			
注册试验检测机构					
工作岗位及职务					
失信行为代码	具体失信行为			扣分标准	扣分值
信用等级				合计扣分	

被评价人签名　　　　年　月　日

评价意见：

评价单位：

评价人：　　　　年　月　日

质监机构审核意见：

质监机构：

审核人：　　　　年　月　日

附录 8

关于进一步加强公路水运工程工地试验室管理工作的意见

（厅质监字[2009]183 号）

公路水运工程工地试验室是工程质量控制和评判的重要基础数据来源，是工程建设质量保证体系的重要组成部分。为进一步加强工地试验室管理，规范试验检测行为，提高试验检测数据的客观性、准确性，保证公路水运工程质量，现提出以下意见：

第一条 各地交通运输主管部门及其质量监督机构要以科学发展观为指导，高度重视工地试验室管理。结合本地区实际情况，建立健全工地试验室监督管理制度，加强对工地试验室的指导与监督管理。要以规范试验检测行为和提高工地试验检测工作水平为主线，落实责任制，推动诚信体系建设，营造有利于工地试验室独立规范运行的外部环境，有效发挥工地试验室对工程质量的控制和指导作用，促进公路水运工程质量水平不断提高。

第二条 需设立工地试验室的公路水运工程建设项目，建设单位应在招标文件、合同文件中明确工地试验室的检测能力、人员、仪器设备配备要求，督促中标单位保证工地试验室的投入，加强对工地试验室试验检测工作的监督检查，按照《公路水运工程试验检测信用评价办法》的要求开展对工地试验室和试验检测人员的信用评价工作。

第三条 施工单位、监理单位应根据工程质量安全管理需要或合同约定，在工程现场可自行设立工地试验室，也可委托第三方试验检测机构设立工地试验室，设立工地试验室的母体均应具有相应的《公路水运试验检测机构等级证书》（以下简称等级证书）。

建设单位也可通过招标等方式直接委托具有等级证书和《计量认证证书》（以下简称计量证书）的第三方试验检测机构设立工地试验室，承担工程建设项目监理的全部或部分试验检测工作。

任何单位不得干预工地试验室独立、客观地开展试验检测活动。

第四条 设立工地试验室的母体试验检测机构，应当在其等级证书核定的业务范围内，根据工程现场管理需要或合同约定，对工地试验室进行授权。授权内容包括工地试验室可开展的试验检测项目及参数、授权负责人、授权工地试验室的公章、授权期限等。“公路水运工程工地试验室设立授权书”（见附件 1）应加盖母体试验检测机构公章及等级专用标识章。

第五条 工地试验室设立实行登记备案制。经试验检测机构授权设立的工地试验室，应当填写“公路水运工程工地试验室备案登记表”（见附件 2），经建设单位初审后报送项目质监机构登记备案，质监机构对通过备案的工地试验室出具“公路水运工程工地试验室备案通知书”。

工地试验室被授权的试验检测项目及参数或试验检测持证人员进行变更的，应当由母体试验检测机构报经建设单位同意后，向项目质监机构备案。

第六条 母体试验检测机构应加强对授权工地试验室的管理和指导，根据工程现场管理需要或合同约定，合理配备工地试验室试验检测人员和仪器设备，并对工地试验室试验检测结果的真实性和准确性负责。

第七条 工地试验室应按照母体试验检测机构质量管理体系的要求,建立完整的试验检测人员档案、仪器设备管理档案和试验检测业务档案,严格按照试验检测规程操作,并做到试验检测台账、仪器设备使用记录、试验检测原始记录、试验检测报告相互对应。试验检测报告签字人必须是持证的试验检测人员。

工地试验室试验检测环境(包括所设立的养护室、样品室、留样室等)应满足试验检测规程要求和试验检测工作需要。

鼓励工地试验室推行标准化、信息化管理。

第八条 工地试验室应在母体试验检测机构授权的范围内,为工程建设项目提供试验检测服务,不得对外承揽试验检测业务。

工地试验室出具的试验检测报告应加盖工地试验室印章,印章包含的基本信息有:母体试验检测机构名称+建设项目标段名称+工地试验室。

第九条 工地试验室实行授权负责人责任制。工地试验室授权负责人对工地试验室运行管理工作和试验检测活动全面负责,授权负责人必须是母体试验检测机构委派的正式聘用人员,且须持有试验检测工程师证书。

第十条 授权负责人有以下职责:

(一)审定和管理工地试验室资源配置,确保工地试验室人员、设备、环境等满足试验检测工作需要。签发工地试验室出具的试验检测报告,对试验检测数据及报告的真实性、准确性负责。对违规人员有权辞退。

(二)建立完善的工地试验室质量保证体系和管理制度,包括人员、设备、环境以及试验检测流程、样品管理、操作规程、不合格品处理等各项制度,监督各项制度的有效执行。

(三)严格按照国家和行业标准、规范、规程以及合同的约定独立开展试验检测工作。有权拒绝影响试验检测活动公正性、独立性的外部干扰和影响,保证试验检测数据客观、公正、准确。

(四)实行不合格品报告制度,对于签发的涉及结构安全的产品或试验检测项目不合格报告,工地试验室授权负责人应在 2 个工作日之内报送试验检测委托方,抄送项目质量监督机构,并建立不合格试验检测项目台账。

第十一条 工地试验室授权负责人的管理。

(一)母体试验检测机构应制定工地试验室授权负责人管理制度,对其工作进行监督管理。

(二)质监机构应建立工地试验室授权负责人专用信息库,加强监督检查。按照《公路水运工程试验检测信用评价办法》对其从业情况进行全面的信用评价。

(三)工地试验室授权负责人变更,需由母体试验检测机构提出申请,经项目建设单位同意后报项目质监机构备案。擅自离岗或同时任职于两家及以上工地试验室,均视为违规行为,按照《公路水运工程试验检测信用评价办法》予以扣分。

(四)工地试验室授权负责人信用等级被评为信用较差的,2 年内不能担任工地试验室授权负责人。信用等级被评为信用很差的,5 年内不能担任工地试验室授权负责人。

(五)工地试验室信用评价结果小于等于 70 分的,其授权负责人两年内不能担任工地试验室授权负责人。

附录 9

实验室和检查机构资质认定管理办法

（国家质量监督检验检疫总局令第 86 号）

《实验室和检查机构资质认定管理办法》已经 2005 年 12 月 31 日国家质量监督检验检疫总局局务会议审议通过，现予公布，自 2006 年 4 月 1 日起施行。1987 年 7 月 10 日原国家计量局发布的《产品质量检验机构计量认证管理办法》同时废止。

二〇〇六年二月二十一日

第一章　总　　则

第一条　为规范实验室和检查机构资质管理工作，提高实验室和检查机构资质认定活动的科学性和有效性，根据《中华人民共和国计量法》、《中华人民共和国标准化法》、《中华人民共和国产品质量法》、《中华人民共和国认证认可条例》等有关法律、行政法规的规定，制定本办法。

第二条　本办法所称的实验室和检查机构资质，是指向社会出具具有证明作用的数据和结果的实验室和检查机构应当具有的基本条件和能力。

本办法所称的认定，是指国家认证认可监督管理委员会和各省、自治区、直辖市人民政府质量技术监督部门对实验室和检查机构的基本条件和能力是否符合法律、行政法规规定以及相关技术规范或者标准实施的评价和承认活动。

第三条　在中华人民共和国境内，从事向社会出具具有证明作用的数据和结果的实验室和检查机构以及对其实施的资质认定活动应当遵守本办法。

第四条　国家认证认可监督管理委员会（以下简称国家认监委）统一管理、监督和综合协调实验室和检查机构的资质认定工作。

各省、自治区、直辖市人民政府质量技术监督部门和各直属出入境检验检疫机构（以下统称地方质检部门）按照各自职责负责所辖区域内的实验室和检查机构的资质认定和监督检查工作。

第五条　实验室和检查机构的资质认定，应当遵循客观公正、科学准确、统一规范、有利于检测资源共享和避免不必要的重复评审、评价、认定的原则。

第二章　资质认定

第六条　资质认定的形式包括计量认证和审查认可。

计量认证是指国家认监委和地方质检部门依据有关法律、行政法规的规定，对为社会提供公证数据的产品质量检验机构的计量检定、测试设备的工作性能、工作环境和人员的操作技能和保证量值统一、准确的措施及检测数据公正可靠的质量体系能力进行的考核。

审查认可是指国家认监委和地方质检部门依据有关法律、行政法规的规定，对承担产品是否符合标准的检验任务和承担其他标准实施监督检验任务的检验机构的检测能力以及质量体系进行的审查。

第七条 从事下列活动的机构应当通过资质认定：

(一)为行政机关作出的行政决定提供具有证明作用的数据和结果的；

(二)为司法机关作出的裁决提供具有证明作用的数据和结果的；

(三)为仲裁机构作出的仲裁决定提供具有证明作用的数据和结果的；

(四)为社会公益活动提供具有证明作用的数据和结果的；

(五)为经济或者贸易关系人提供具有证明作用的数据和结果的；

(六)其他法定需要通过资质认定的。

第八条 国家鼓励实验室、检查机构取得经国家认监委确定的认可机构的认可，以保证其检测、校准和检查能力符合相关国际基本准则和通用要求，促进检测、校准和检查结果的国际互认。

第九条 申请计量认证和申请审查认可的项目相同的，其评审、评价、考核应当合并实施。符合相关规定要求的，可以取得相应的资质认定。

取得国家认监委确定的认可机构认可的实验室和检查机构，在申请资质认定时，应当简化相应的资质认定程序，避免不必要的重复评审。

第十条 实验室和检查机构，应当在资质认定范围内正确使用证书和标志。

第十一条 有关法律、行政法规对实验室和检查机构的其他技术条件和能力有特殊要求的，可以在利用资质认定结果的基础上进行评审、评价或者考核。

第十二条 公民、法人或者其他组织，需要核实实验室和检查机构资质认定的真实性和有效性的，可以向国家认监委和地方质检部门提出书面申请，国家认监委和地方质检部门应当对申请核实的事项予以确认。

第三章 实验室和检查机构的基本条件与能力

第十三条 实验室和检查机构应当依法设立，保证客观、公正和独立地从事检测、校准和检查活动，并承担相应的法律责任。

第十四条 实验室和检查机构应当具有与其从事检测、校准和检查活动相适应的专业技术人员和管理人员。

从事特殊产品的检测、校准和检查活动的实验室和检查机构，其专业技术人员和管理人员还应当符合相关法律、行政法规的规定要求。

第十五条 实验室和检查机构应当具备固定的工作场所，其工作环境应当保证检测、校准和检查数据和结果的真实、准确。

第十六条 实验室和检查机构应当具备正确进行检测、校准和检查活动所需要的并且能够独立调配使用的固定的和可移动的检测、校准和检查设备设施。

第十七条 实验室和检查机构应当建立能够保证其公正性、独立性和与其承担的检测、校准和检查活动范围相适应的质量体系，按照认定基本规范或者标准制定相应的质量体系文件并有效实施。

第四章 资质认定程序

第十八条 国家级实验室和检查机构的资质认定，由国家认监委负责实施；地方级实验室和检查机构的资质认定，由地方质检部门负责实施。

第十九条 国家认监委依据相关国家标准和技术规范，制定计量认证和审查认可基本规范、评审准则、证书和标志，并公布实施。

第二十条 计量认证和审查认可程序：

(一)申请的实验室和检查机构(以下简称申请人)，应当根据需要向国家认监委或者地方质检部门(以下简称受理人)提出书面申请，并提交符合本办法第三章规定的相关证明材料；

(二)受理人应当对申请人提交的申请材料进行初步审查，并自收到申请材料之日起 5 日内作出受理或者不予受理的书面决定；

(三)受理人应当自受理申请之日起，根据需要对申请人进行技术评审，并书面告知申请人，技术评审时间不计算在作出批准的期限内；

(四)受理人应当自技术评审完结之日起 20 日内，根据技术评审结果作出是否批准的决定。决定批准的，向申请人出具资质认定证书，并准许其使用资质认定标志；不予批准的，应当书面通知申请人，并说明理由；

(五)国家认监委和地方质检部门应当定期公布取得资质认定的实验室和检查机构名录，以及计量认证项目、授权检验的产品等。

第二十一条 资质认定证书的有效期为 3 年。

申请人应当在资质认定证书有效期届满前 6 个月提出复查、验收申请，逾期不提出申请的，由发证单位注销资质认定证书，并停止其使用标志。

第二十二条 已经取得资质认定证书的实验室和检查机构，需新增检查检验检测项目时，应当按照本办法规定的程序，申请资质认定扩项。

第二十三条 从事资质认定评审的人员应当符合相关技术规范或者标准的要求，并经国家认监委或者地方质检部门考核合格。

第二十四条 国家认监委和地方质检部门应当建立资质认定评审人员专家库，根据需要组成评审专家组。评审专家组应当独立开展资质认定评审活动，并对评审结论负责。

第二十五条 地方质检部门应当自向申请人颁发资质认定证书之日起 15 日内，将其作出的批准决定向国家认监委备案。

第五章 实验室和检查机构行为规范

第二十六条 实验室和检查机构及其人员应当独立于检测、校准和检查数据和结果所涉及的利益相关各方，不受任何可能干扰其技术判断的因素的影响，并确保检测、校准和检查的结果不受实验室和检查机构以外的组织或者人员的影响。

第二十七条 实验室和检查机构的人员不得与其从事的检测、校准和检查项目以及出具的数据和结果存在利益关系；不得参与任何有损于检测、校准和检查判断的独立性和诚信度的活动;不得参与与检测、校准和检查项目或者类似的竞争性项目有关系的产品的设计、研制、生产、供应、安装、使用或者维护活动。

第二十八条 实验室和检查机构从事与其控股股东生产、经营的同类产品或者有竞争性的产品的检测、校准和检查活动时,应当建立保证其检测、校准和检查活动的独立性和公正性的质量体系及其文件,明确本机构的职责、责任和工作程序,并与其控股股东从事的设计、研制、生产、供应、安装、使用或者维护等活动完全分开。

第二十九条 实验室和检查机构应当建立并有效实施与检测、校准和检查有关的管理人员、技术人员和关键支持人员的工作职责、资格考核、培训等制度,确保不因报酬等原因影响检测、校准和检查工作质量。

第三十条 实验室和检查机构应当按照相关技术规范或者标准的要求,对其所使用的检测、校准和检查设施设备以及环境要求等作出明确规定,并正确标识。

实验室和检查机构在使用对检测、校准的准确性产生影响的测量、检验设备之前,应当按照国家相关技术规范或者标准进行检定、校准。

第三十一条 实验室和检查机构应当确保其相关测量和校准结果能够溯源至国家基标准,以保证结果的准确性。

实验室和检查机构应当建立并实施评估测量不确定度的程序,并按照相关技术规范或者标准要求评估和报告测量、校准结果的不确定度。

第三十二条 实验室和检查机构应当按照相关技术规范或者标准实施样品的抽取、处置、传送和贮存、制备,测量不确定度的评估,检验数据的分析等检测、校准和检查活动。

第三十三条 实验室和检查机构应当按照相关技术规范或者标准要求和规定的程序,及时出具检测、校准和检查数据和结果,并保证数据和结果准确、客观、真实。

第三十四条 实验室和检查机构按照有关技术规范或者标准开展能力验证,以保证其持续符合检测、校准和检查能力。

第三十五条 实验室和检查机构及其人员应当对其在检测、校准和检查活动所知悉的国家秘密、商业秘密和技术秘密负有保密义务,并建立相应保密措施。

第三十六条 实验室和检查机构应当建立完善的申诉和投诉机制,处理相关方对其检测、校准和检查结论提出的异议。

第三十七条 实验室和检查机构因工作需要分包检测、校准或者检查工作时,应当将其工作分包给符合本办法规定并取得资质的实验室或者检查机构。

第六章 监督检查

第三十八条 国家认监委依法对地方质检部门及其组织的评审活动实施监督检查。

地方质检部门应当于每年一月向国家认监委提交上年度工作报告,接受国家认监委的询问和调查,并对报告的真实性负责。

第三十九条 国家认监委依法组织对实验室和检查机构的资质情况进行监督抽查;对不符合要求的,按照有关规定予以处理。

第四十条 任何单位和个人对实验室和检查机构资质认定中的违法违规行为,有权向国家认监委或者地方质检部门举报,国家认监委和地方质检部门应当及时调查处理,并为举报人保密。

第四十一条 有下列情形之一的，国家认监委或者地方质检部门，可以根据利害关系人的请求或者依据职权，撤销其作出的实验室和检查机构取得资质认定的决定：

(一)资质认定审批工作人员滥用职权、玩忽职守作出实验室和检查机构取得资质认定决定的；

(二)超越法定职权作出实验室和检查机构取得资质认定决定的；

(三)违反认定程序作出实验室和检查机构取得资质认定决定的；

(四)对不具备法定基本条件和能力的实验室和检查机构作出取得资质认定决定的；

(五)依法可以撤销资质认定的其他情形。

第四十二条 申请人申请资质认定时，隐瞒有关情况或者提供虚假材料的，资质认定监督管理部门应当不予受理或者不予批准，并给予警告；申请人在一年内不得再次申请资质认定。

第四十三条 实验室和检查机构以欺骗、贿赂等不正当手段取得批准决定的，国家认监委和地方质检部门应当撤销其所取得的资质认定决定，并予以公布。

实验室和检查机构自被撤销资质认定之日起 3 年内，不得再次申请资质认定。

实验室和检查机构出具虚假结论或者出具的结论严重失实，情节严重的，应当撤销其所取得的资质认定，并予以公布。

第四十四条 地方质检部门应当自作出撤销决定之日起 15 日内，将其撤销决定书面报告国家认监委备案。

国家认监委通过其网站或者其他方式向社会公布撤销资质认定的实验室和检查机构的名录。

第四十五条 从事实验室和检查机构资质认定的工作人员滥用职权、玩忽职守、徇私舞弊的，依法给予行政处分；构成犯罪的，依法追究刑事责任。

第四十六条 对于实验室和检查机构的其他违法行为，依照有关法律、行政法规的规定予以处罚。

第七章 附 则

第四十七条 下列用语的含义：

(一)实验室，是指从事科学实验、检验检测和校准活动的技术机构；

(二)检查机构，是指从事与认证有关的产品设计、产品、服务、过程或者生产加工场所的核查，并确定其符合规定要求的技术机构；

(三)实验室和检查机构的基本条件，是指实验室和检查机构应满足的法律地位、独立性和公正性、安全、环境、人力资源、设施、设备、程序和方法、质量体系和财务等方面的要求。

(四)实验室和检查机构的能力，是指实验室和检查机构运用其基本条件以保证其出具的具有证明作用的数据和结果的准确性、可靠性、稳定性的相关经验和水平。

第四十八条 资质认定收费，应当按照国家有关规定办理。

第四十九条 本办法由国家质量监督检验检疫总局负责解释。

第五十条 本办法自 2006 年 4 月 1 日起施行。1987 年 7 月 10 日原国家计量局发布的《产品质量检验机构计量认证管理办法》同时废止。

附录 10

检测和校准实验室能力认可准则

(ISO/IEC 17025:2005)

1 范围

1.1 本准则规定了实验室进行检测和/或校准的能力(包括抽样能力)的通用要求。这些检测和校准包括应用标准方法、非标准方法和实验室制定的方法进行的检测和校准。

1.2 本准则适用于所有从事检测和/或校准的组织,包括诸如第一方、第二方和第三方实验室,以及将检测和/或校准作为检查和产品认证工作一部分的实验室。

本准则适用于所有实验室,不论其人员数量的多少或检测和/或校准活动范围的大小。当实验室不从事本准则所包括的一种或多种活动,例如抽样和新方法的设计(制定)时,可不采用本准则中相关条款的要求。

1.3 本准则中的注是对正文的说明、举例和指导。它们既不包含要求,也不构成本准则的主体部分。

1.4 本准则是 CNAS 对检测和校准实验室能力进行认可的依据,也可为实验室建立质量、行政和技术运作的管理体系,以及为实验室的客户、法定管理机构对实验室的能力进行确认或承认提供指南。本准则并不意图用作实验室认证的基础。

注 1:术语"管理体系"在本准则中是指控制实验室运作的质量、行政和技术体系。

注 2:管理体系的认证有时也称为注册。

1.5 本准则不包含实验室运作中应符合的法规和安全要求。

1.6 如果检测和校准实验室遵守本准则的要求,其针对检测和校准所运作的质量管理体系也就满足了 ISO 9001 的原则。附录提供了 ISO/IEC 17025:2005 和 ISO 9001 标准的对照。本准则包含了 ISO 9001 中未包含的技术能力要求。

注 1:为确保这些要求应用的一致性,或许有必要对本准则的某些要求进行说明或解释。

注 2:如果实验室希望其部分或全部检测和校准活动获得认可,应当选择一个依据 ISO/IEC 17011 运作的认可机构。

2 引用标准

下列参考文件对于本文件的应用不可缺少。对注明日期的参考文件,只采用所引用的版本;对没有注明日期的参考文件,采用最新的版本(包括任何的修订)。

ISO/IEC 17000 合格评定——词汇和通用原则。

VIM,国际通用计量学基本术语,由国际计量局(BIPM)、国际电工委员会(IEC)、国际临床化学和实验医学联合会(IFCC)、国际标准化组织(ISO)、国际理论化学和应用化学联合会(IUPAC)、国际理论物理和应用物理联合会(IUPAP)和国际法制计量组织(OIML)发布。

注:参考文献中给出了更多与本准则有关的标准、指南等。

3 术语和定义

本准则使用ISO/IEC 17000和VIM中给出的相关术语和定义。

注：ISO 9000规定了与质量有关的通用定义，ISO/IEC 17000则专门规定了与认证和实验室认可有关的定义。若ISO 9000与ISO/IEC 17000和VIM中给出的定义有差异，优先使用ISO/IEC 17000和VIM中的定义。

4 管理要求

4.1 组织

4.1.1 实验室或其所在组织应是一个能够承担法律责任的实体。

4.1.2 实验室有责任确保所从事检测和校准工作符合本准则的要求，并能满足客户、法定管理机构或对其提供承认的组织的需求。

4.1.3 实验室的管理体系应覆盖实验室在固定设施内、离开其固定设施的场所，或在相关的临时或移动设施中进行的工作。

4.1.4 如果实验室所在的组织还从事检测和/或校准以外的活动，为识别潜在利益冲突，应规定该组织中涉及检测和/或校准、或对检测和/或校准有影响的关键人员的职责。

注1：如果实验室是某个较大组织的一部分，该组织应当使其有利益冲突的部分，如生产、商业营销或财务部门，不对实验室满足本准则的要求产生不良影响。

注2：如果实验室希望作为第三方实验室得到承认，实验室应能证明其公正性，并能证明实验室及其员工不受任何可能影响其技术判断的、不正当的商业、财务或其他方面的压力。第三方检测或校准实验室不应当参与任何可能损害其判断独立性和检测或校准诚信度的活动。

4.1.5 实验室应：

a)有管理人员和技术人员，不论他们的其他责任，他们应具有所需的权力和资源来履行包括实施、保持和改进管理体系的职责，识别对管理体系或检测和/或校准程序的偏离，以及采取预防或减少这些偏离的措施(见5.2)；

b)有措施确保其管理层和员工不受任何对工作质量有不良影响的、来自内外部的不正当的商业、财务和其他方面的压力和影响；

c)有保护客户的机密信息和所有权的政策和程序，包括保护电子存储和传输结果的程序；

d)有政策和程序以避免卷入任何会降低其在能力、公正性、判断力或运作诚实性方面的可信度的活动；

e)确定实验室的组织和管理结构、其在母体组织中的地位，以及质量管理、技术运作和支持服务之间的关系；

f)规定对检测和/或校准质量有影响的所有管理、操作和核查人员的职责、权力和相互关系；

g)由熟悉各项检测和/或校准的方法、程序、目的和结果评价的人员，对检测和校准人员包括在培员工，进行充分地监督；

h)有技术管理者，全面负责技术运作和提供确保实验室运作质量所需的资源；

i)指定一名员工作为质量主管(不论如何称谓)，不论其他职责，应赋予其在任何时候都能确保与质量有关的管理体系得到实施和遵循的责任和权力。质量主管应有直接渠道接触决定实验室政策或资源的最高管理者；

j)指定关键管理人员的代理人(见注);

k)确保实验室人员理解他们活动的相互关系和重要性,以及如何为管理体系质量目标的实现做出贡献。

注:一个人可能有多项职能,对每项职能都指定代理人可能是不现实的。

4.1.6　最高管理者应确保在实验室内部建立适宜的沟通机制,并就确保与管理体系有效性的事宜进行沟通。

4.2　管理体系

4.2.1　实验室应建立、实施和保持与其活动范围相适应的管理体系;应将其政策、制度、计划、程序和指导书制订成文件,并达到确保实验室检测和/或校准结果质量所需的要求。体系文件应传达至有关人员,并被其理解、获取和执行。

4.2.2　实验室管理体系中与质量有关的政策,包括质量方针声明,应在质量手册(不论如何称谓)中阐明。应制定总体目标并在管理评审时加以评审。质量方针声明应在最高管理者的授权下发布,至少包括下列内容:

a.实验室管理者对良好职业行为和为客户提供检测和校准服务质量的承诺;

b.管理者关于实验室服务标准的声明;

c.与质量有关的管理体系的目的;

d.要求实验室所有与检测和校准活动有关的人员熟悉质量文件,并在工作中执行这些政策和程序;

e.实验室管理者对遵循本准则及持续改进管理体系有效性的承诺。

注:质量方针声明应当简明,可包括应始终按照声明的方法和客户的要求来进行检测和/或校准的要求。当检测和/或校准实验室是某个较大组织的一部分时,某些质量方针要素可以列于其他文件之中。

4.2.3　最高管理者应提供建立和实施管理体系以及持续改进其有效性承诺的证据。

4.2.4　最高管理者应将满足客户要求和法定要求的重要性传达到组织。

4.2.5　质量手册应包括或指明含技术程序在内的支持性程序,并概述管理体系中所用文件的架构。

4.2.6　质量手册中应规定技术管理者和质量主管的作用和责任,包括确保遵循本准则的责任。

4.2.7　当策划和实施管理体系的变更时,最高管理者应确保保持管理体系的完整性。

4.3　文件控制

4.3.1　总则

实验室应建立和保持程序来控制构成其管理体系的所有文件(内部制订或来自外部的),诸如法规、标准、其他规范化文件、检测和/或校准方法,以及图纸、软件、规范、指导书和手册。

注1:本文中的"文件"可以是方针声明、程序、规范、校准表格、图表、教科书、张贴品、通知、备忘录、软件、图纸、计划等。这些文件可能承载在各种载体上,无论是硬拷贝或是电子媒体,并且可以是数字的、模拟的、摄影的或书面的形式。

注2:有关检测和校准数据的控制在5.4.7条中规定。记录的控制在4.13中规定。

4.3.2　文件的批准和发布

4.3.2.1　凡作为管理体系组成部分发给实验室人员的所有文件,在发布之前应由授权人员审查并批准使用。应建立识别管理体系中文件当前的修订状态和分发的控制清单或等效的文件控制程序并使之易于获得，以防止使用无效和/或作废的文件。

4.3.2.2 文件控制程序应确保：

a)在对实验室有效运作起重要作用的所有作业场所都能得到相应文件的授权版本；

b)定期审查文件，必要时进行修订，以确保其持续适用和满足使用的要求；

c)及时地从所有使用或发布处撤除无效或作废文件，或用其他方法保证防止误用；

d)出于法律或知识保存目的而保留的作废文件，应有适当的标记。

4.3.2.3 实验室制订的管理体系文件应有唯一性标识。该标识应包括发布日期和/或修订标识、页码、总页数或表示文件结束的标记和发布机构。

4.3.3 文件变更

4.3.3.1 除非另有特别指定，文件的变更应由原审查责任人进行审查和批准。被指定的人员应获得进行审查和批准所依据的有关背景资料。

4.3.3.2 若可行，更改的或新的内容应在文件或适当的附件中标明。

4.3.3.3 如果实验室的文件控制系统允许在文件再版之前对文件进行手写修改，则应确定修改的程序和权限。修改之处应有清晰的标注、签名缩写并注明日期。修订的文件应尽快地正式发布。

4.3.3.4 应制订程序来描述如何更改和控制保存在计算机系统中的文件。

4.4 要求、标书和合同的评审

4.4.1 实验室应建立和保持评审客户要求、标书和合同的程序。这些为签订检测和/或校准合同而进行评审的政策和程序应确保：

a)对包括所用方法在内的要求应予充分规定，形成文件，并易于理解(见 5.4.2)；

b)实验室有能力和资源满足这些要求；

c)选择适当的、能满足客户要求的检测和/或校准方法(见 5.4.2)；

客户的要求或标书与合同之间的任何差异，应在工作开始之前得到解决。每项合同应得到实验室和客户双方的接受。

注 1：对要求、标书和合同的评审应当以可行和有效的方式进行，并考虑财务、法律和时间安排等方面的影响。对内部客户的要求、标书和合同的评审可以简化方式进行。

注 2：对实验室能力的评审，应当证实实验室具备了必要的物力、人力和信息资源，且实验室人员对所从事的检测和/或校准具有必要的技能和专业技术。该评审也可包括以前参加的实验室间比对或能力验证的结果和/或为确定测量不确定度、检出限、置信限等而使用的已知值样品或物品所做的试验性检测或校准计划的结果。

注 3：合同可以是为客户提供检测和/或校准服务的任何书面的或口头的协议。

4.4.2 应保存包括任何重大变化在内的评审的记录。在执行合同期间，就客户的要求或工作结果与客户进行讨论的有关记录，也应予以保存。

注：对例行和其他简单任务的评审，由实验室中负责合同工作的人员注明日期并加以标识(如签名缩写)即可。对于重复性的例行工作，如果客户要求不变，仅需在初期调查阶段，或在与客户的总协议下对持续进行的例行工作合同批准时进行评审。对于新的、复杂的或先进的检测和/或校准任务，则应当保存更为全面的记录。

4.4.3 评审的内容应包括被实验室分包出去的任何工作。

4.4.4 对合同的任何偏离均应通知客户。

4.4.5 工作开始后如果需要修改合同，应重复进行同样的合同评审过程，并将所有修改内容通知所有受到影响的人员。

4.5 检测和校准的分包

4.5.1 实验室由于未预料的原因(如工作量、需要更多专业技术或暂时不具备能力)或持续性的原因(如通过长期分包、代理或特殊协议)需将工作分包时，应分包给有能力的分包方，例如能够按照本准则开展工作的分包方。

4.5.2 实验室应将分包安排以书面形式通知客户，适当时应得到客户的准许，最好是书面的同意。

4.5.3 实验室应就分包方的工作对客户负责，由客户或法定管理机构指定的分包方除外。

4.5.4 实验室应保存检测和/或校准中使用的所有分包方的注册记录，并保存其工作符合本准则的证明记录。

4.6 服务和供应品的采购

4.6.1 实验室应有选择和购买对检测和/或校准质量有影响的服务和供应品的政策和程序。还应有与检测和校准有关的试剂和消耗材料的购买、接收和存储的程序。

4.6.2 实验室应确保所购买的、影响检测和/或校准质量的供应品、试剂和消耗材料，只有在经检查或以其他方式验证了符合有关检测和/或校准方法中规定的标准规范或要求之后才投入使用。所使用的服务和供应品应符合规定的要求。应保存所采取的符合性检查活动的记录。

4.6.3 影响实验室输出质量的物品的采购文件，应包含描述所购服务和供应品的资料。这些采购文件在发出之前，其技术内容应经过审查和批准。

注:该描述可包括型式、类别、等级、准确的标识、规格、图纸、检查说明、包括检测结果批准在内的其他技术资料、质量要求和进行这些工作所依据的管理体系标准。

4.6.4 实验室应对影响检测和校准质量的重要消耗品、供应品和服务的供应商进行评价，并保存这些评价的记录和获批准的供应商名单。

4.7 服务客户

4.7.1 在确保其他客户机密的前提下，实验室应在明确客户要求、监视实验室中与工作相关操作方面积极与客户或其代表合作。

注1:这种合作可包括:

a.允许客户或其代表合理进入实验室的相关区域直接观察为其进行的检测和/或校准。

b.客户出于验证目的所需的检测和/或校准物品的准备、包装和发送。

注2:客户非常重视与实验室保持技术方面的良好沟通并获得建议和指导，以及根据结果得出的意见和解释。实验室在整个工作过程中，应当与客户尤其是大宗业务的客户保持沟通。实验室应当将检测和/或校准过程中的任何延误或主要偏离通知客户。

4.7.2 实验室应向客户征求反馈，无论是正面的还是负面的。应使用和分析这些意见并以改进管理体系、检测和校准活动及客户服务。

注:反馈的类型示例包括:客户满意度调查、与客户一起评价检测或校准报告。

4.8 投诉

实验室应有政策和程序处理来自客户或其他方面的投诉。应保存所有投诉的记录以及实验室针对投诉所开展的调查和纠正措施的记录(见4.11)。

4.9 不符合检测和/或校准工作的控制

4.9.1 实验室应有政策和程序,当检测和/或校准工作的任何方面,或该工作的结果不符合其程序或与客户达成一致的要求时,予以实施。该政策和程序应确保:

a. 确定对不符合工作进行管理的责任和权力,规定当识别出不符合工作时所采取的措施(包括必要时暂停工作、扣发检测报告和校准证书);

b. 对不符合工作的严重性进行评价;

c. 立即进行纠正,同时对不符合工作的可接受性作出决定;

d. 必要时,通知客户并取消工作;

e. 规定批准恢复工作的职责。

注:对管理体系或检测和/或校准活动的不符合工作或问题的识别,可能发生在管理体系和技术运作的各个环节,例如客户投诉、质量控制、仪器校准、消耗材料的核查、对员工的考察或监督、检测报告和校准证书的核查、管理评审和内部或外部审核。

4.9.2 当评价表明不符合工作可能再度发生,或对实验室的运作与其政策和程序的符合性产生怀疑时,应立即执行4.11中规定的纠正措施程序。

4.10 改进

实验室应通过实施质量方针和质量目标,应用审核结果、数据分析、纠正措施和预防措施以及管理评审来持续改进管理体系的有效性。

4.11 纠正措施

4.11.1 总则

实验室应制定政策和程序并规定相应的权力,以便在识别出不符合工作和对管理体系或技术运作中的政策和程序的偏离后实施纠正措施。

注:实验室管理体系或技术运作中的问题可以通过各种活动来识别,例如不符合工作的控制、内部或外部审核、管理评审、客户的反馈或员工的观察。

4.11.2 原因分析

纠正措施程序应从确定问题根本原因的调查开始。

注:原因分析是纠正措施程序中最关键有时也是最困难的部分。根本原因通常并不明显,因此需要仔细分析产生问题的所有潜在原因。潜在原因可包括:客户要求、样品、样品规格、方法和程序、员工的技能和培训、消耗品、设备及其校准。

4.11.3 纠正措施的选择和实施

需要采取纠正措施时,实验室应对潜在的各项纠正措施进行识别,并选择和实施最可能消除问题和防止问题再次发生的措施。

纠正措施应与问题的严重程度和风险大小相适应。

实验室应将纠正措施调查所要求的任何变更制定成文件并加以实施。

4.11.4 纠正措施的监控

实验室应对纠正措施的结果进行监控,以确保所采取的纠正措施是有效的。

4.11.5 附加审核

当对不符合或偏离的识别引起对实验室符合其政策和程序,或符合本准则产生怀疑时,实验室应尽快依据4.14条的规定对相关活动区域进行审核。

注:附加审核常在纠正措施实施后进行,以确定纠正措施的有效性。仅在识别出问题严重或对业务有危害时,才有必要进行附加审核。

4.12 预防措施

4.12.1 应识别潜在不符合的原因和所需的改进,无论是技术方面的还是相关管理体系方面。当识别出改进机会,或需采取预防措施时,应制定、执行和监控这些措施计划,以减少类似不符合情况发生的可能性并借机改进。

4.12.2 预防措施程序应包括措施的启动和控制,以确保其有效性。

注1:预防措施是事先主动识别改进机会的过程,而不是对已发现问题或投诉的反应。

注2:除对运作程序进行评审之外,预防措施还可能涉及包括趋势和风险分析结果以及能力验证结果在内的数据分析。

4.13 记录的控制

4.13.1 总则

4.13.1.1 实验室应建立和保持识别、收集、索引、存取、存档、存放、维护和清理质量记录和技术记录的程序。质量记录应包括内部审核报告和管理评审报告以及纠正措施和预防措施的记录。

4.13.1.2 所有记录应清晰明了,并以便于存取的方式存放和保存在具有防止损坏、变质、丢失的适宜环境的设施中。应规定记录的保存期。

注:记录可存于任何媒体上,例如硬拷贝或电子媒体。

4.13.1.3 所有记录应予安全保护和保密。

4.13.1.4 实验室应有程序来保护和备份以电子形式存储的记录,并防止未经授权的侵入或修改。

4.13.2 技术记录

4.13.2.1 实验室应将原始观察、导出资料和建立审核路径的充分信息的记录、校准记录、员工记录以及发出的每份检测报告或校准证书的副本按规定的时间保存。每项检测或校准的记录应包含充分的信息,以便在可能时识别不确定度的影响因素,并确保该检测或校准在尽可能接近原条件的情况下能够重复。记录应包括负责抽样的人员、每项检测和/或校准的操作人员和结果校核人员的标识。

注1:在某些领域,保留所有的原始观察记录也许是不可能或不实际的。

注2:技术记录是进行检测和/或校准所得数据(见5.4.7)和信息的累积,它们表明检测和/或校准是否达到了规定的质量或规定的过程参数。技术记录可包括表格、合同、工作单、工作手册、核查表、工作笔记、控制图、外部和内部的检测报告及校准证书、客户信函、文件和反馈。

4.13.2.2 观察结果、数据和计算应在产生的当时予以记录,并能按照特定任务分类识别。

4.13.2.3 当记录中出现错误时,每一错误应划改,不可擦涂掉,以免字迹模糊或消失,并将正确值填写在其旁边。对记录的所有改动应有改动人的签名或签名缩写。对电子存储的记录也应采取同等措施,以避免原始数据的丢失或改动。

4.14 内部审核

4.14.1 实验室应根据预定的日程表和程序,定期地对其活动进行内部审核,以验证其运作持续符合管理体系和本准则的要求。内部审核计划应涉及管理体系的全部要素,包括检测和/或校准活动。质量主管负责按照日程表的要求和管理层的需要策划和组织内部审核。审核应由经过培训和具备资格的人员来执行,只要资源允许,审核人员应独立于被审核的活动。

注:内部审核的周期通常应当为一年。

4.14.2 当审核中发现的问题导致对运作的有效性,或对实验室检测和/或校准结果的正确性或有效性产生怀疑时,实验室应及时采取纠正措施。如果调查表明实验室的结果可能已受影响,应书面通知客户。

4.14.3 审核活动的领域、审核发现的情况和因此采取的纠正措施,应予以记录。

4.14.4 跟踪审核活动应验证和记录纠正措施的实施情况及有效性。

4.15 管理评审

4.15.1 实验室的最高管理者应根据预定的日程表和程序,定期地对实验室的管理体系和检测和/或校准活动进行评审,以确保其持续适用和有效,并进行必要的变更或改进。评审应考虑到:

——政策和程序的适用性;
——管理和监督人员的报告;
——近期内部审核的结果;
——纠正措施和预防措施;
——由外部机构进行的评审;
——实验室间比对或能力验证的结果;
——工作量和工作类型的变化;
——客户反馈;
——投诉;
——改进的建议;
——其他相关因素,如质量控制活动、资源以及员工培训。

注1:管理评审的典型周期为12个月。

注2:评审结果应当输入实验室策划系统,并包括下年度的目的、目标和活动计划。

注3:管理评审包括对日常管理会议中有关议题的研究。

4.15.2 应记录管理评审中的发现和由此采取的措施。管理者应确保这些措施在适当和约定的时限内得到实施。

5 技术要求

5.1 总则

5.1.1 决定实验室检测和/或校准的正确性和可靠性的因素有很多,包括:

——人员(5.2);
——设施和环境条件(5.3);
——检测和校准方法及方法确认(5.4);
——设备(5.5);
——测量的溯源性(5.6);
——抽样(5.7);

——检测和校准物品的处置(5.8)。

5.1.2　上述因素对总的测量不确定度的影响程度,在(各类)检测之间和(各类)校准之间明显不同。实验室在制定检测和校准的方法和程序、培训和考核人员、选择和校准所用设备时,应考虑到这些因素。

5.2　人员

5.2.1　实验室管理者应确保所有操作专门设备、从事检测和/或校准、评价结果、签署检测报告和校准证书的人员的能力。当使用在培员工时,应对其安排适当的监督。对从事特定工作的人员,应按要求根据相应的教育、培训、经验和/或可证明的技能进行资格确认。

注1:某些技术领域(如无损检测)可能要求从事某些工作的人员持有个人资格证书,实验室有责任满足这些指定人员持证上岗的要求。人员持证上岗的要求可能是法定的、特殊技术领域标准包含的,或是客户要求的。

注2:对检测报告所含意见和解释负责的人员,除了具备相应的资格、培训、经验以及所进行的检测方面的充分知识外,还需具有:

——用于制造被检测物品、材料、产品等的相关技术知识、已使用或拟使用方法的知识,以及在使用过程中可能出现的缺陷或降级等方面的知识;

——法规和标准中阐明的通用要求的知识;

——对物品、材料和产品等正常使用中发现的偏离所产生影响程度的了解。

5.2.2　实验室管理者应制订实验室人员的教育、培训和技能目标。应有确定培训需求和提供人员培训的政策和程序。培训计划应与实验室当前和预期的任务相适应。应评价这些培训活动的有效性。

5.2.3　实验室应使用长期雇佣人员或签约人员。在使用签约人员及其他的技术人员及关键支持人员时,实验室应确保这些人员是胜任的且受到监督,并按照实验室管理体系要求工作。

5.2.4　对与检测和/或校准有关的管理人员、技术人员和关键支持人员,实验室应保留其当前工作的描述。

注:工作描述可用多种方式规定。但至少应当规定以下内容:

——从事检测和/或校准工作方面的职责;

——检测和/或校准策划和结果评价方面的职责;

——提交意见和解释的职责;

——方法改进、新方法制定和确认方面的职责;

——所需的专业知识和经验;

——资格和培训计划;

——管理职责。

5.2.5　管理层应授权专门人员进行特定类型的抽样、检测和/或校准、签发检测报告和校准证书、提出意见和解释以及操作特定类型的设备。实验室应保留所有技术人员(包括签约人员)的相关授权、能力、教育和专业资格、培训、技能和经验的记录,并包含授权和/或能力确认的日期。这些信息应易于获取。

5.3　设施和环境条件

5.3.1　用于检测和/或校准的实验室设施,包括但不限于能源、照明和环境条件,应有利于检测和/或校准的正确实施。

实验室应确保其环境条件不会使结果无效，或对所要求的测量质量产生不良影响。在实验室固定设施以外的场所进行抽样、检测和/或校准时，应予特别注意。对影响检测和校准结果的设施和环境条件的技术要求应制定成文件。

5.3.2　相关的规范、方法和程序有要求，或对结果的质量有影响时，实验室应监测、控制和记录环境条件。对诸如生物消毒、灰尘、电磁干扰、辐射、湿度、供电、温度、声级和振级等应予重视，使其适应于相关的技术活动。当环境条件危及到检测和/或校准的结果时，应停止检测和校准。

5.3.3　应将不相容活动的相邻区域进行有效隔离。应采取措施以防止交叉污染。

5.3.4　应对影响检测和/或校准质量的区域的进入和使用加以控制。实验室应根据其特定情况确定控制的范围。

5.3.5　应采取措施确保实验室的良好内务，必要时应制定专门的程序。

5.4　检测和校准方法及方法的确认

5.4.1　总则

实验室应使用适合的方法和程序进行所有检测和/或校准，包括被检测和/或校准物品的抽样、处理、运输、存储和准备，适当时，还应包括测量不确定度的评定和分析检测和/或校准数据的统计技术。

如果缺少指导书可能影响检测和/或校准结果，实验室应具有所有相关设备的使用和操作指导书以及处置、准备检测和/或校准物品的指导书，或者二者兼有。所有与实验室工作有关的指导书、标准、手册和参考资料应保持现行有效并易于员工取阅（见4.3）。对检测和校准方法的偏离，仅应在该偏离已被文件规定、经技术判断、授权和客户接受的情况下才允许发生。

注：如果国际的、区域的或国家的标准，或其他公认的规范已包含了如何进行检测和/或校准的简明和充分信息，并且这些标准是以可被实验室操作人员作为公开文件使用的方式书写时，则不需再进行补充或改写为内部程序。对方法中的可选择步骤，可能有必要制定附加细则或补充文件。

5.4.2　方法的选择

实验室应采用满足客户需求并适用于所进行的检测和/或校准的方法，包括抽样的方法。应优先使用以国际、区域或国家标准发布的方法。实验室应确保使用标准的最新有效版本，除非该版本不适宜或不可能使用。必要时，应采用附加细则对标准加以补充，以确保应用的一致性。

当客户未指定所用方法时，实验室应从国际、区域或国家标准中发布的，或由知名的技术组织或有关科学书籍和期刊公布的，或由设备制造商指定的方法中选择合适的方法。实验室制定的或采用的方法如能满足预期用途并经过确认，也可使用。所选用的方法应通知客户。在引入检测或校准之前，实验室应证实能够正确地运用这些标准方法。如果标准方法发生了变化，应重新进行证实。

当认为客户建议的方法不适合或已过期时，实验室应通知客户。

5.4.3　实验室制定的方法

实验室为其应用而制定检测和校准方法的过程应是有计划的活动，并应指定具有足够资源的有资格的人员进行。

计划应随方法制定的进度加以更新，并确保所有有关人员之间的有效沟通。

5.4.4　非标准方法

当必须使用标准方法中未包含的方法时，应遵守与客户达成的协议，且应包括对客户要求的清晰说明以及检测和/或校准的目的。所制定的方法在使用前应经适当的确认。

注：对新的检测和/或校准方法，在进行检测和/或校准之前应当制定程序。程序中至少应该包含下列信息：

a. 适当的标识；

b. 范围；

c. 被检测或校准物品类型的描述；

d. 被测定的参数或量和范围；

e. 仪器和设备，包括技术性能要求；

f. 所需的参考标准和标准物质(参考物质)；

g. 要求的环境条件和所需的稳定周期；

h. 程序的描述，包括：

——物品的附加识别标志、处置、运输、存储和准备；

——工作开始前所进行的检查；

——检查设备工作是否正常，需要时，在每次使用之前对设备进行校准和调整；

——观察和结果的记录方法；

——需遵循的安全措施；

i. 接受(或拒绝)的准则和/或要求；

j. 需记录的数据以及分析和表达的方法；

k. 不确定度或评定不确定度的程序。

5.4.5　方法的确认

5.4.5.1　确认是通过检查并提供客观证据，以证实某一特定预期用途的特定要求得到满足。

5.4.5.2　实验室应对非标准方法、实验室设计(制定)的方法、超出其预定范围使用的标准方法、扩充和修改过的标准方法进行确认，以证实该方法适用于预期的用途。确认应尽可能全面，以满足预定用途或应用领域的需要。实验室应记录所获得的结果、使用的确认程序以及该方法是否适合预期用途的声明。

注1：确认可包括对抽样、处置和运输程序的确认。

注2：用于确定某方法性能的技术应当是下列之一，或是其组合：

——使用参考标准或标准物质(参考物质)进行校准；

——与其他方法所得的结果进行比较；

——实验室间比对；

——对______影响结果的因素作系统性评审；

——根据对方法的理论原理和实践经验的科学理解，对所得结果不确定度进行的评定。

注3：当对已确认的非标准方法作某些改动时，应当将这些改动的影响制订成文件，适当时应当重新进行确认。

5.4.5.3　按预期用途进行评价所确认的方法得到的值的范围和准确度，应与客户的需求紧密相关。这些值诸如：结果的不确定度、检出限、方法的选择性、线性、重复性限和/或复现性限、抵御外来影响的稳健度和/或抵御来自样品(或测试物)基体干扰的交互灵敏度。

注1:确认包括对要求的详细说明、对方法特性量的测定、对利用该方法能满足要求的核查以及对有效性的声明。

注2:在方法制定过程中,需进行定期的评审,以证实客户的需求仍能得到满足。要求中的认可变更需要对方法制定计划进行调整时,应当得到批准和授权。

注3:确认通常是成本、风险和技术可行性之间的一种平衡。许多情况下,由于缺乏信息,数值(如:准确度、检出限、选择性、线性、重复性、复现性、稳健度和交互灵敏度)的范围和不确定度只能以简化的方式给出。

5.4.6 测量不确定度的评定

5.4.6.1 校准实验室或进行自校准的检测实验室,对所有的校准和各种校准类型都应具有并应用评定测量不确定度的程序。

5.4.6.2 检测实验室应具有并应用评定测量不确定度的程序。某些情况下,检测方法的性质会妨碍对测量不确定度进行严密的计量学和统计学上的有效计算。这种情况下,实验室至少应努力找出不确定度的所有分量且作出合理评定,并确保结果的报告方式不会对不确定度造成错觉。合理的评定应依据对方法特性的理解和测量范围,并利用诸如过去的经验和确认的数据。

注1:测量不确定度评定所需的严密程度取决于某些因素,诸如:

——检测方法的要求;

——客户的要求;

——据以作出满足某规范决定的窄限。

注2:某些情况下,公认的检测方法规定了测量不确定度主要来源的值的极限,并规定了计算结果的表示方式,这时,实验室只要遵守该检测方法和报告的说明(5.10),即被认为符合本款的要求。

5.4.6.3 在评定测量不确定度时,对给定情况下的所有重要不确定度分量,均应采用适当的分析方法加以考虑。

注1:不确定度的来源包括(但不限于)所用的参考标准和标准物质(参考物质)、方法和设备、环境条件、被检测或校准物品的性能和状态以及操作人员。

注2:在评定测量不确定度时,通常不考虑被检测和/或校准物品预计的长期性能。

注3:进一步信息参见 ISO 5725 和"测量不确定度表述指南"(见参考文献)。

5.4.7 数据控制

5.4.7.1 应对计算和数据转移进行系统和适当的检查。

5.4.7.2 当利用计算机或自动设备对检测或校准数据进行采集、处理、记录、报告、存储或检索时,实验室应确保:

a)由使用者开发的计算机软件应被制定成足够详细的文件,并对其适用性进行适当确认;

b)建立并实施数据保护的程序。这些程序应包括(但不限于):数据输入或采集、数据存储、数据转移和数据处理的完整性和保密性;

c)维护计算机和自动设备以确保其功能正常,并提供保护检测和校准数据完整性所必需的环境和运行条件。

注:通用的商业现成软件(如文字处理、数据库和统计程序),在其设计的应用范围内可认为是经充分确认的,但实验室对软件进行了配置或调整,则应当按 5.4.7.2a)进行确认。

5.5 设备

5.5.1 实验室应配备正确进行检测和/或校准(包括抽样、物品制备、数据处理与分析)所要求的所有抽样、测量和检测设备。当实验室需要使用永久控制之外的设备时，应确保满足本准则的要求。

5.5.2　用于检测、校准和抽样的设备及其软件应达到要求的准确度，并符合检测和/或校准相应的规范要求。对结果有重要影响的仪器的关键量或值，应制定校准计划。设备（包括用于抽样的设备）在投入服务前应进行校准或核查，以证实其能够满足实验室的规范要求和相应的标准规范。设备在使用前应进行核查和/或校准（见 5.6）。

5.5.3　设备应由经过授权的人员操作。设备使用和维护的最新版说明书（包括设备制造商提供的有关手册）应便于合适的实验室有关人员取用。

5.5.4　用于检测和校准并对结果有影响的每一设备及其软件，如可能，均应加以唯一性标识。

5.5.5　应保存对检测和/或校准具有重要影响的每一设备及其软件的记录。该记录至少应包括：

a. 设备及其软件的识别；

b. 制造商名称、型式标识、系列号或其他唯一性标识；

c. 对设备是否符合规范的核查（见 5.5.2）；

d. 当前的位置（如果适用）；

e. 制造商的说明书（如果有），或指明其地点；

f. 所有校准报告和证书的日期、结果及复印件，设备调整、验收准则和下次校准的预定日期；

g. 设备维护计划，以及已进行的维护（适当时）；

h. 设备的任何损坏、故障、改装或修理。

5.5.6　实验室应具有安全处置、运输、存放、使用和有计划维护测量设备的程序，以确保其功能正常并防止污染或性能退化。

注：在实验室固定场所外使用测量设备进行检测、校准或抽样时，可能需要附加的程序。

5.5.7　曾经过载或处置不当、给出可疑结果，或已显示出缺陷、超出规定限度的设备，均应停止使用。这些设备应予隔离以防误用，或加贴标签、标记以清晰表明该设备已停用，直至修复并通过校准或检测表明能正常工作为止。实验室应核查这些缺陷或偏离规定极限对先前的检测和/或校准的影响，并执行“不符合工作控制”程序（见 4.9）。

5.5.8　实验室控制下的需校准的所有设备，只要可行，应使用标签、编码或其他标识表明其校准状态，包括上次校准的日期、再校准或失效日期。

5.5.9　无论什么原因，若设备脱离了实验室的直接控制，实验室应确保该设备返回后，在使用前对其功能和校准状态进行核查并能显示满意结果。

5.5.10　当需要利用期间核查以保持设备校准状态的可信度时，应按照规定的程序进行。

5.5.11　当校准产生了一组修正因子时，实验室应有程序确保其所有备份（例如计算机软件中的备份）得到正确更新。

5.5.12　检测和校准设备包括硬件和软件应得到保护，以避免发生致使检测和/或校准结果失效的调整。

5.6　测量溯源性

5.6.1 总则

用于检测和/或校准的对检测、校准和抽样结果的准确性或有效性有显著影响的所有设备,包括辅助测量设备(例如用于测量环境条件的设备),在投入使用前应进行校准。实验室应制定设备校准的计划和程序。

注:该计划应当包含一个对测量标准、用作测量标准的标准物质(参考物质)以及用于检测和校准的测量与检测设备进行选择、使用、校准、核查、控制和维护的系统。

5.6.2 特定要求

5.6.2.1 校准

5.6.2.1.1 对于校准实验室,设备校准计划的制定和实施应确保实验室所进行的校准和测量可溯源到国际单位制(SI)。

校准实验室通过不间断的校准链或比较链与相应测量的 SI 单位基准相连接,以建立测量标准和测量仪器对 SI 的溯源性。对 SI 的链接可以通过参比国家测量标准来达到。

国家测量标准可以是基准,它们是 SI 单位的原级实现或是以基本物理常量为根据的 SI 单位约定的表达式,或是由其他国家计量院所校准的次级标准。当使用外部校准服务时,应使用能够证明资格、测量能力和溯源性的实验室的校准服务,以保证测量的溯源性。由这些实验室发布的校准证书应有包括测量不确定度和/或符合确定的计量规范声明的测量结果(见5.10.4.2)。

注1:满足本准则要求的校准实验室即被认为是有资格的。由依据本准则认可的校准实验室发布的带有认可机构标志的校准证书,对相关校准来说,是所报告校准数据溯源性的充分证明。

注2:对测量 SI 单位的溯源可以通过参比适当的基准(见 VIM:1993.6.4),或参比一个自然常数来达到,用相对 SI 单位表示的该常数的值是已知的,并由国际计量大会(CGPM)和国际计量委员会(CIPM)推荐。

注3:持有自己的基准或基于基本物理常量的 SI 单位表达式的校准实验室,只有在将这些标准直接或间接地与国家计量院的类似标准进行比对之后,方能宣称溯源到 SI 单位制。

注4:"确定的计量规范"是指在校准证书中必须清楚表明该测量已与何种规范进行过比对,这可以通过在证书中包含该规范或明确指出已参照了该规范来达到。

注5:当"国际标准"和"国家标准"与溯源性关联使用时,则是假定这些标准满足了实现 SI 单位基准的性能。

注6:对国家测量标准的溯源不要求必须使用实验室所在国的国家计量院。

注7:如果校准实验室希望或需要溯源到本国以外的其他国家计量院,应当选择直接参与或通过区域组织积极参与国际计量局(BIPM)活动的国家计量院。

注8:不间断的校准或比较链,可以通过不同的、能证明溯源性的实验室经过若干步骤来实现。

5.6.2.1.2 某些校准目前尚不能严格按照 SI 单位进行,这种情况下,校准应通过建立对适当测量标准的溯源来提供测量的可信度,例如:

——使用有能力的供应者提供的有证标准物质(参考物质)来对某种材料给出可靠的物理或化学特性;

——使用规定的方法和/或被有关各方接受并且描述清晰的协议标准。可能时,要求参加适当的实验室间比对计划。

5.6.2.2 检测

5.6.2.2.1 对检测实验室,5.6.2.1 中给出的要求适用于测量设备和具有测量功能的检测设备，除非已经证实校准带来的贡献对检测结果总的不确定度几乎没有影响。这种情况下，实验室应确保所用设备能够提供所需的测量不确定度。

注：对5.6.2.1的遵循程度应当取决于校准的不确定度对总的不确定度的相对贡献。如果校准是主导因素，则应当严格遵循该要求。

5.6.2.2.2　测量无法溯源到SI单位或与之无关时，与对校准实验室的要求一样，要求测量能够溯源到诸如有证标准物质（参考物质）、约定的方法和/或协议标准（见5.6.2.1.2）。

5.6.3　参考标准和标准物质（参考物质）

5.6.3.1　参考标准

实验室应有校准其参考标准的计划和程序。参考标准应由5.6.2.1中所述的能够提供溯源的机构进行校准。实验室持有的测量参考标准应仅用于校准而不用于其他目的，除非能证明作为参考标准的性能不会失效。参考标准在任何调整之前和之后均应校准。

5.6.3.2　标准物质（参考物质）

可能时，标准物质（参考物质）应溯源到SI测量单位或有证标准物质（参考物质）。只要技术和经济条件允许，应对内部标准物质（参考物质）进行核查。

5.6.3.3　期间核查

应根据规定的程序和日程对参考标准、基准、传递标准或工作标准以及标准物质（参考物质）进行核查，以保持其校准状态的置信度。

5.6.3.4　运输和储存

实验室应有程序来安全处置、运输、存储和使用参考标准和标准物质（参考物质），以防止污染或损坏，确保其完整性。

注：当参考标准和标准物质（参考物质）用于实验室固定场所以外的检测、校准或抽样时，也许有必要制定附加的程序。

5.7　抽样

5.7.1　实验室为后续检测或校准而对物质、材料或产品进行抽样时，应有用于抽样的抽样计划和程序。抽样计划和程序在抽样的地点应能够得到。只要合理，抽样计划应根据适当的统计方法制定。抽样过程应注意需要控制的因素，以确保检测和校准结果的有效性。

注1：抽样是取出物质、材料或产品的一部分作为其整体的代表性样品进行检测或校准的一种规定程序。抽样也可能是由检测或校准该物质、材料或产品的相关规范要求的。某些情况下（如法庭科学分析），样品可能不具备代表性，而是由其可获性所决定。

注2：抽样程序应当对取自某个物质、材料或产品的一个或多个样品的选择、抽样计划、提取和制备进行描述，以提供所需的信息。

5.7.2　当客户对文件规定的抽样程序有偏离、添加或删节的要求时，这些要求应与相关抽样资料一起被详细记录，并被纳入包含检测和/或校准结果的所有文件中，同时告知相关人员。

5.7.3　当抽样作为检测或校准工作的一部分时，实验室应有程序记录与抽样有关的资料和操作。这些记录应包括所用的抽样程序、抽样人的识别、环境条件（如果相关）、必要时有抽样位置的图示或其他等效方法，如果合适，还应包括抽样程序所依据的统计方法。

5.8　检测和校准物品（样品）的处置

5.8.1　实验室应有用于检测和/或校准物品的运输、接收、处置、保护、存储、保留和/或清理的程序,包括为保护检测和/或校准物品的完整性以及实验室与客户利益所需的全部条款。

5.8.2 实验室应具有检测和/或校准物品的标识系统。物品在实验室的整个期间应保留该标识。标识系统的设计和使用应确保物品不会在实物上或在涉及的记录和其他文件中混淆。如果合适,标识系统应包含物品群组的细分和物品在实验室内外部的传递。

5.8.3 在接收检测或校准物品时,应记录异常情况或对检测或校准方法中所述正常(或规定)条件的偏离。当对物品是否适合于检测或校准存有疑问,或当物品不符合所提供的描述,或对所要求的检测或校准规定得不够详尽时,实验室应在开始工作之前问询客户,以得到进一步的说明,并记录下讨论的内容。

5.8.4 实验室应有程序和适当的设施避免检测或校准物品在存储、处置和准备过程中发生退化、丢失或损坏。应遵守随物品提供的处理说明。当物品需要被存放或在规定的环境条件下养护时,应保持、监控和记录这些条件。当一个检测或校准物品或其一部分需要安全保护时,实验室应对存放和安全作出安排,以保护该物品或其有关部分的状态和完整性。

注1:在检测之后要重新投入使用的测试物,需特别注意确保物品的处置、检测或存储/等待过程中不被破坏或损伤。

注2:应当向负责抽样和运输样品的人员提供抽样程序,及有关样品存储和运输的信息,包括影响检测或校准结果的抽样因素的信息。

注3:维护检测或校准样品安全的原由可能出自记录、安全或价值的原因,或是为了日后进行补充的检测和/或校准。

5.9 检测和校准结果质量的保证

5.9.1 实验室应有质量控制程序以监控检测和校准的有效性。所得数据的记录方式应便于可发现其发展趋势,如可行,应采用统计技术对结果进行审查。这种监控应有计划并加以评审,可包括(但不限于)下列内容:

a)定期使用有证标准物质(参考物质)进行监控和/或使用次级标准物质(参考物质)开展内部质量控制;

b)参加实验室间的比对或能力验证计划;

c)使用相同或不同方法进行重复检测或校准;

d)对存留物品进行再检测或再校准;

e)分析一个物品不同特性结果的相关性。

注:选用的方法应当与所进行工作的类型和工作量相适应。

5.9.2 应分析质量控制的数据,当发现质量控制数据将要超出预先确定的判据时,应采取有计划的措施来纠正出现的问题,并防止报告错误的结果。

5.10 结果报告

5.10.1 总则

实验室应准确、清晰、明确和客观地报告每一项检测、校准,或一系列的检测或校准的结果,并符合检测或校准方法中规定的要求。

结果通常应以检测报告或校准证书的形式出具,并且应包括客户要求的、说明检测或校准结果所必需的和所用方法要求的全部信息。这些信息通常是5.10.2和5.10.3或5.10.4中要求的内容。

在为内部客户进行检测和校准或与客户有书面协议的情况下，可用简化的方式报告结果。对于5.10.2至5.10.4中所列却未向客户报告的信息，应能方便地从进行检测和/或校准的实验室中获得。

注1：检测报告和校准证书有时分别称为检测证书和校准报告。

注2：只要满足本准则的要求，检测报告或校准证书可用硬拷贝或电子数据传输的方式发布。

5.10.2　检测报告和校准证书

除非实验室有充分的理由，否则每份检测报告或校准证书应至少包括下列信息：

a. 标题(例如"检测报告"或"校准证书")；

b. 实验室的名称和地址，进行检测和/或校准的地点(如果与实验室的地址不同)；

c. 检测报告或校准证书的唯一性标识(如系列号)和每一页上的标识，以确保能够识别该页是属于检测报告或校准证书的一部分，以及表明检测报告或校准证书结束的清晰标识；

d. 客户的名称和地址；

e. 所用方法的识别；

f. 检测或校准物品的描述、状态和明确的标识；

g. 对结果的有效性和应用至关重要的检测或校准物品的接收日期和进行检测或校准的日期；

h. 如与结果的有效性或应用相关时，实验室或其他机构所用的抽样计划和程序的说明；

i. 检测和校准的结果，适用时，带有测量单位；

j. 检测报告或校准证书批准人的姓名、职务、签字或等效的标识；

k. 相关时，结果仅与被检测或被校准物品有关的声明。

注1：检测报告和校准证书的硬拷贝应当有页码和总页数。

注2：建议实验室作出未经实验室书面批准，不得复制(全文复制除外)检测报告或校准证书的声明。

5.10.3　检测报告

5.10.3.1　当需对检测结果作出解释时，除5.10.2中所列的要求之外，检测报告中还应包括下列内容：

a. 对检测方法的偏离、增添或删节，以及特定检测条件的信息，如环境条件；

b. 相关时，符合(或不符合)要求和/或规范的声明；

c. 适用时，评定测量不确定度的声明。当不确定度与检测结果的有效性或应用有关，或客户的指令中有要求，或当不确定度影响到对规范限度的符合性时，检测报告中还需要包括有关不确定度的信息；

d. 适用且需要时，提出意见和解释(见5.10.5)；

e. 特定方法、客户或客户群体要求的附加信息。

5.10.3.2　当需对检测结果作解释时，对含抽样结果在内的检测报告，除了5.10.2和5.10.3.1所列的要求之外，还应包括下列内容：

a. 抽样日期；

b. 抽取的物质、材料或产品的清晰标识(适当时，包括制造者的名称、标示的型号或类型和相应的系列号)；

c. 抽样位置，包括任何简图、草图或照片；

d.列出所用的抽样计划和程序；

e.抽样过程中可能影响检测结果解释的环境条件的详细信息；

f.与抽样方法或程序有关的标准或规范，以及对这些规范的偏离、增添或删节。

5.10.4 校准证书

5.10.4.1 如需对校准结果进行解释时，除5.10.2中所列的要求之外，校准证书还应包含下列内容：

a)校准活动中对测量结果有影响的条件(例如环境条件)；

b)测量不确定度和/或符合确定的计量规范或条款的声明；

c)测量可溯源的证据(见5.6.2.1.1注2)。

5.10.4.2 校准证书应仅与量和功能性检测的结果有关。如欲作出符合某规范的声明，应指明符合或不符合该规范的哪些条款。

当符合某规范的声明中略去了测量结果和相关的不确定度时，实验室应记录并保存这些结果，以备日后查阅。

作出符合性声明时，应考虑测量不确定度。

5.10.4.3 当被校准的仪器已被调整或修理时，如果可获得，应报告调整或修理前后的校准结果。

5.10.4.4 校准证书(或校准标签)不应包含对校准时间间隔的建议，除非已与客户达成协议。该要求可能被法规取代。

5.10.5 意见和解释

当含有意见和解释时，实验室应把作出意见和解释的依据制定成文件。意见和解释应象在检测报告中的一样被清晰标注。

注1：意见和解释不应与ISO/IEC 17020和ISO/IEC指南65中所指的检查和产品认证相混淆。

注2：检测报告中包含的意见和解释可以包括(但不限于)下列内容：

——对结果符合(或不符合)要求的声明的意见；

——合同要求的履行；

——如何使用结果的建议；

——用于改进的指导。

注3：许多情况下，通过与客户直接对话来传达意见和解释或许更为恰当，但这些对话应当有文字记录。

5.10.6 从分包方获得的检测和校准结果

当检测报告包含了由分包方所出具的检测结果时，这些结果应予清晰标明。分包方应以书面或电子方式报告结果。

当校准工作被分包时，执行该工作的实验室应向分包给其工作的实验室出具校准证书。

5.10.7 结果的电子传送

当用电话、电传、传真或其他电子或电磁方式传送检测或校准结果时，应满足本准则的要求(见5.4.7)。

5.10.8 报告和证书的格式

报告和证书的格式应设计为适用于所进行的各种检测或校准类型，并尽量减小产生误解或误用的可能性。

注1：应当注意检测报告或校准证书的编排，尤其是检测或校准数据的表达方式，并易于读者理解。

注 2:表头应当尽可能地标准化。

5.10.9　检测报告和校准证书的修改

对已发布的检测报告或校准证书的实质性修改,应仅以追加文件或资料更换的形式,并包括如下声明:

"对检测报告(或校准证书)的补充,系列号……(或其他标识)",或其他等效的文字形式。这种修改应满足本准则的所有要求。

当有必要发布全新的检测报告或校准证书时,应注以唯一性标识,并注明所替代的原件。

附录 11

实验室资质认定评审准则

(2006 年 7 月 27 日　国家认监委　国认实函[2006]141 号)

1　总则

1.1　为贯彻实施《实验室和检查机构资质认定管理办法》,确保科学、规范地实施实验室资质认定(计量认证/审查认可)评审,为实验室资质行政许可提供可靠依据,根据《中华人民共和国计量法》、《中华人民共和国标准化法》、《中华人民共和国产品质量法》、《中华人民共和国认证认可条例》等有关法律、法规的规定,制定本准则。

1.2　在中华人民共和国境内,对从事向社会出具具有证明作用的数据和结果的实验室资质认定(计量认证、授权、验收)的评审应当遵守本准则。

1.3　本准则所称的实验室资质认定评审,是指国家认证认可监督管理委员会和各省、自治区、直辖市人民政府质量技术监督部门对实验室的基本条件和能力是否符合法律、行政法规规定以及相关技术规范或者标准实施的评价和承认活动。

1.4　实验室的资质认定评审,应当遵循客观公正、科学准确、统一规范、有利于检测资源共享和避免不必要重复的原则。

1.5　对取得国家认监委确定的认可机构认可的实验室进行资质认定,只对本准则特定条款(黑体字部分)进行评审。同时申请实验室认可和资质认定的,应按实验室认可准则和本准则的特定条款进行评审。

2　参考文件

GB/T 15481:2000《检测和校准实验室能力的通用要求》

ISO/IEC 17025:2005《检测和校准实验室能力的通用要求》

《实验室和检查机构资质认定管理办法》(国家质量监督检验检疫总局第 86 号局长令)

《产品质量检验机构计量认证/审查认可(验收)评审准则》(试行)(质技监认实函[2000]046 号)

3　术语和定义

本准则使用《实验室和检查机构资质认定管理办法》和 GB/T 15481:1999《检测和校准实验室能力的通用要求》中给出的相关术语和定义。

4　管理要求

4.1　组织

实验室应依法设立或注册,能够承担相应的法律责任,保证客观、公正和独立地从事检测或校准活动。

4.1.1　实验室一般为独立法人;非独立法人的实验室需经法人授权,能独立承担第三方公正检验，独立对外行文和开展业务活动，有独立账目和独立核算。

4.1.2 实验室应具备固定的工作场所，应具备正确进行检测和/或校准所需要的并且能够独立调配使用的固定、临时和可移动检测和/或校准设备设施。

4.1.3 实验室管理体系应覆盖其所有场所进行的工作。

4.1.4 实验室应有与其从事检测和/或校准活动相适应的专业技术人员和管理人员。

4.1.5 实验室及其人员不得与其从事的检测和/或校准活动以及出具的数据和结果存在利益关系；不得参与任何有损于检测和/或校准判断的独立性和诚信度的活动；不得参与和检测和/或校准项目或者类似的竞争性项目有关系的产品设计、研制、生产、供应、安装、使用或者维护活动。

实验室应有措施确保其人员不受任何来自内外部的不正当的商业、财务和其他方面的压力和影响，并防止商业贿赂。

4.1.6 实验室及其人员对其在检测和/或校准活动中所知悉的国家秘密、商业秘密和技术秘密负有保密义务，并有相应措施。

4.1.7 实验室应明确其组织和管理结构、在母体组织中的地位，以及质量管理、技术运作和支持服务之间的关系。

4.1.8 实验室最高管理者、技术管理者、质量主管及各部门主管应有任命文件，独立法人实验室最高管理者应由其上级单位任命；最高管理者和技术管理者的变更需报发证机关或其授权的部门确认。

4.1.9 实验室应规定对检测和/或校准质量有影响的所有管理、操作和核查人员的职责、权力和相互关系。必要时，指定关键管理人员的代理人。

4.1.10 实验室应由熟悉各项检测和/或校准方法、程序、目的和结果评价的人员对检测和/或校准的关键环节进行监督。

4.1.11 实验室应由技术管理者全面负责技术运作，并指定一名质量主管，赋予其能够保证管理体系有效运行的职责和权力。

4.1.12 对政府下达的指令性检验任务，应编制计划并保质保量按时完成(适用于授权/验收的实验室)。

4.2 管理体系

实验室应按照本准则建立和保持能够保证其公正性、独立性并与其检测和/或校准活动相适应的管理体系。管理体系应形成文件，阐明与质量有关的政策，包括质量方针、目标和承诺，使所有相关人员理解并有效实施。

4.3 文件控制

实验室应建立并保持文件编制、审核、批准、标识、发放、保管、修订和废止等的控制程序，确保文件现行有效。

4.4 检测和/或校准分包

如果实验室将检测和/或校准工作的一部分分包，接受分包的实验室一定要符合本准则的要求；分包比例必须予以控制(限仪器设备使用频次低、价格昂贵及特种项目)。实验室应确保并证实分包方有能力完成分包任务。实验室应将分包事项以书面形式征得客户同意后方可分包。

4.5 服务和供应品的采购

实验室应建立并保持对检测和/或校准质量有影响的服务和供应品的选择、购买、验收和储存等的程序,以确保服务和供应品的质量。

4.6 合同评审

实验室应建立并保持评审客户要求、标书和合同的程序,明确客户的要求。

4.7 申诉和投诉

实验室应建立完善的申诉和投诉处理机制,处理相关方对其检测和/或校准结论提出的异议。应保存所有申诉和投诉及处理结果的记录。

4.8 纠正措施、预防措施及改进

实验室在确认了不符合工作时,应采取纠正措施;在确定了潜在不符合的原因时,应采取预防措施,以减少类似不符合工作发生的可能性。实验室应通过实施纠正措施、预防措施等持续改进其管理体系。

4.9 记录

实验室应有适合自身具体情况并符合现行质量体系的记录制度。

实验室质量记录的编制、填写、更改、识别、收集、索引、存档、维护和清理等应当按照适当程序规范进行。

所有工作应当时予以记录。对电子存储的记录也应采取有效措施,避免原始信息或数据的丢失或改动。

所有质量记录和原始观测记录、计算和导出数据、记录以及证书/证书副本等技术记录均应归档并按适当的期限保存。每次检测和/或校准的记录应包含足够的信息以保证其能够再现。记录应包括参与抽样、样品准备、检测和/校准人员的标识。所有记录、证书和报告都应安全储存、妥善保管并为客户保密。

4.10 内部审核

实验室应定期地对其质量活动进行内部审核,以验证其运作持续符合管理体系和本准则的要求。每年度的内部审核活动应覆盖管理体系的全部要素和所有活动。审核人员应经过培训并确认其资格,只要资源允许,审核人员应独立于被审核的工作。

4.11 管理评审

实验室最高管理者应根据预定的计划和程序,定期地对管理体系和检测和/或校准活动进行评审,以确保其持续适用和有效,并进行必要的改进。

管理评审应考虑到:政策和程序的适应性;管理和监督人员的报告;近期内部审核的结果;纠正措施和预防措施;由外部机构进行的评审;实验室间比对和能力验证的结果;工作量和工作类型的变化;申诉、投诉及客户反馈;改进的建议;质量控制活动、资源以及人员培训情况等。

5 技术要求

5.1 人员

5.1.1 实验室应有与其从事检测和/或校准活动相适应的专业技术人员和管理人员。实验室应使用正式人员或合同制人员。使用合同制人员及其他的技术人员及关键支持人员时,实验室应确保这些人员胜任工作且受到监督,并按照实验室管理体系要求工作。

5.1.2 对所有从事抽样、检测和/或校准、签发检测/校准报告以及操作设备等工作的人员，应按要求根据相应的教育、培训、经验和/或可证明的技能进行资格确认并持证上岗。从事特殊产品的检测和/或校准活动的实验室，其专业技术人员和管理人员还应符合相关法律、行政法规的规定要求。

5.1.3 实验室应确定培训需求，建立并保持人员培训程序和计划。实验室人员应经过与其承担的任务相适应的教育、培训，并有相应的技术知识和经验。

5.1.4 使用培训中的人员时，应对其进行适当的监督。

5.1.5 实验室应保存人员的资格、培训、技能和经历等的档案。

5.1.6 实验室技术主管、授权签字人应具有工程师以上(含工程师)技术职称，熟悉业务，经考核合格。

5.1.7 依法设置和依法授权的质量监督检验机构，其授权签字人应具有工程师以上(含工程师)技术职称，熟悉业务，在本专业领域从业3年以上。

5.2 设施和环境条件

5.2.1 实验室的检测和校准设施以及环境条件应满足相关法律法规、技术规范或标准的要求。

5.2.2 设施和环境条件对结果的质量有影响时，实验室应监测、控制和记录环境条件。在非固定场所进行检测时应特别注意环境条件的影响。

5.2.3 实验室应建立并保持安全作业管理程序，确保化学危险品、毒品、有害生物、电离辐射、高温、高电压、撞击以及水、气、火、电等危及安全的因素和环境得以有效控制，并有相应的应急处理措施。

5.2.4 实验室应建立并保持环境保护程序，具备相应的设施设备，确保检测/校准产生的废气、废液、粉尘、噪声、固废物等的处理符合环境和健康的要求，并有相应的应急处理措施。

5.2.5 区域间的工作相互之间有不利影响时，应采取有效的隔离措施。

5.2.6 对影响工作质量和涉及安全的区域和设施应有效控制并正确标识。

5.3 检测和校准方法

5.3.1 实验室应按照相关技术规范或者标准，使用适合的方法和程序实施检测和/或校准活动。实验室应优先选择国家标准、行业标准、地方标准；如果缺少指导书可能影响检测和/或校准结果，实验室应制定相应的作业指导书。

5.3.2 实验室应确认能否正确使用所选用的新方法。如果方法发生了变化，应重新进行确认。实验室应确保使用标准的最新有效版本。

5.3.3 与实验室工作有关的标准、手册、指导书等都应现行有效并便于工作人员使用。

5.3.4 需要时，实验室可以采用国际标准，但仅限特定委托方的委托检测。

5.3.5 实验室自行制订的非标方法，经确认后，可以作为资质认定项目，但仅限特定委托方的检测。

5.3.6 检测和校准方法的偏离须有相关技术单位验证其可靠性或经有关主管部门核准后，由实验室负责人批准和客户接受，并将该方法偏离进行文件规定。

5.3.7 实验室应有适当的计算和数据转换及处理规定，并有效实施。

当利用计算机或自动设备对检测或校准数据进行采集、处理、记录、报告、存储或检索时，实验室应建立并实施数据保护的程序。该程序应包括(但不限于)：数据输入或采集、数据存储、数据转移和数据处理的完整性和保密性。

5.4 设备和标准物质

5.4.1 实验室应配备正确进行检测和/或校准(包括抽样、样品制备、数据处理与分析)所需的抽样、测量和检测设备(包括软件)及标准物质,并对所有仪器设备进行正常维护。

5.4.2 如果仪器设备有过载或错误操作、或显示的结果可疑、或通过其他方式表明有缺陷时,应立即停止使用,并加以明显标识,如可能应将其储存在规定的地方直至修复;修复的仪器设备必须经检定、校准等方式证明其功能指标已恢复。实验室应检查这种缺陷对过去进行的检测和/或校准所造成的影响。

5.4.3 如果要使用实验室永久控制范围以外的仪器设备(租用、借用、使用客户的设备),限于某些使用频次低、价格昂贵或特定的检测设施设备,且应保证符合本准则的相关要求。

5.4.4 设备应由经过授权的人员操作。设备使用和维护的有关技术资料应便于有关人员取用。

5.4.5 实验室应保存对检测和/或校准具有重要影响的设备及其软件的档案。该档案至少应包括:

a. 设备及其软件的名称;

b. 制造商名称、型式标识、系列号或其他唯一性标识;

c. 对设备符合规范的核查记录(如果适用);

d. 当前的位置(如果适用);

e. 制造商的说明书(如果有),或指明其地点;

f. 所有检定/校准报告或证书;

g. 设备接收/启用日期和验收记录;

h. 设备使用和维护记录(适当时);

i. 设备的任何损坏、故障、改装或修理记录。

5.4.6 所有仪器设备(包括标准物质)都应有明显的标识来表明其状态。

5.4.7 若设备脱离了实验室的直接控制,实验室应确保该设备返回后,在使用前对其功能和校准状态进行检查并能显示满意结果。

5.4.8 当需要利用期间核查以保持设备校准状态的可信度时,应按照规定的程序进行。

5.4.9 当校准产生了一组修正因子时,实验室应确保其得到正确应用。

5.4.10 未经定型的专用检测仪器设备需提供相关技术单位的验证证明。

5.5 量值溯源

5.5.1 实验室应确保其相关检测和/或校准结果能够溯源至国家基标准。实验室应制定和实施仪器设备的校准和/或检定(验证)、确认的总体要求。对于设备校准,应绘制能溯源到国家计量基准的量值传递方框图(适用时),以确保在用的测量仪器设备量值符合计量法制规定。

5.5.2 检测结果不能溯源到国家基标准的,实验室应提供设备比对、能力验证结果的满意证据。

5.5.3 实验室应制定设备检定/校准的计划。在使用对检测、校准的准确性产生影响的测量、检测设备之前,应按照国家相关技术规范或者标准进行检定/校准,以保证结果的准确性。

5.5.4　实验室应有参考标准的检定/校准计划。参考标准在任何调整之前和之后均应校准。实验室持有的测量参考标准应仅用于校准而不用于其他目的，除非能证明作为参考标准的性能不会失效。

5.5.5　可能时，实验室应使用有证标准物质（参考物质）。没有有证标准物质（参考物质）时，实验室应确保量值的准确性。

5.5.6　实验室应根据规定的程序对参考标准和标准物质（参考物质）进行期间核查，以保持其校准状态的置信度。

5.5.7　实验室应有程序来安全处置、运输、存储和使用参考标准和标准物质（参考物质），以防止污染或损坏，确保其完整性。

5.6　抽样和样品处置

5.6.1　实验室应有用于检测和/或校准样品的抽取、运输、接收、处置、保护、存储、保留和/或清理的程序，确保检测和/或校准样品的完整性。

5.6.2　实验室应按照相关技术规范或者标准实施样品的抽取、制备、传送、贮存、处置等。没有相关的技术规范或者标准的，实验室应根据适当的统计方法制定抽样计划。抽样过程应注意需要控制的因素，以确保检测和/或校准结果的有效性。

5.6.3　实验室抽样记录应包括所用的抽样计划、抽样人、环境条件、必要时有抽样位置的图示或其他等效方法，如可能，还应包括抽样计划所依据的统计方法。

5.6.4　实验室应详细记录客户对抽样计划的偏离、添加或删节的要求，并告知相关人员。

5.6.5　实验室应记录接收检测或校准样品的状态，包括与正常（或规定）条件的偏离。

5.6.6　实验室应具有检测和/或校准样品的标识系统，避免样品或记录中的混淆。

5.6.7　实验室应有适当的设备设施贮存、处理样品，确保样品不受损坏。实验室应保持样品的流转记录。

5.7　结果质量控制

5.7.1　实验室应有质量控制程序和质量控制计划以监控检测和校准结果的有效性，可包括（但不限于）下列内容：

a. 定期使用有证标准物质（参考物质）进行监控和/或使用次级标准物质（参考物质）开展内部质量控制；

b. 参加实验室间的比对或能力验证；

c. 使用相同或不同方法进行重复检测或校准；

d. 对存留样品进行再检测或再校准；

e. 分析一个样品不同特性结果的相关性。

5.7.2　实验室应分析质量控制的数据，当发现质量控制数据将要超出预先确定的判断依据时，应采取有计划的措施来纠正出现的问题，并防止报告错误的结果。

5.8　结果报告

5.8.1　实验室应按照相关技术规范或者标准要求和规定的程序，及时出具检测和/或校准数据和结果，并保证数据和结果准确、客观、真实。报告应使用法定计量单位。

5.8.2　检测和/或校准报告应至少包括下列信息：

a. 标题；

b. 实验室的名称和地址，以及与实验室地址不同的检测和/或校准的地点；

c. 检测和/或校准报告的唯一性标识（如系列号）和每一页上的标识，以及报告结束的清晰标识；

d. 客户的名称和地址（必要时）；

e. 所用标准或方法的识别；

f. 样品的状态描述和标识；

g. 样品接收日期和进行检测和/或校准的日期（必要时）；

h. 如与结果的有效性或应用相关时，所用抽样计划的说明；

i. 检测和/或校准的结果；

j. 检测和/或校准人员及其报告批准人签字或等效的标识；

k. 必要时，结果仅与被检测和/或校准样品有关的声明。

5.8.3 需对检测和/或校准结果做出说明的，报告中还可包括下列内容：

a. 对检测和/或校准方法的偏离、增添或删节，以及特定检测和/或校准条件信息；

b. 符合（或不符合）要求和/或规范的声明；

c. 当不确定度与检测和/或校准结果的有效性或应用有关，或客户有要求，或不确定度影响到对结果符合性的判定时，报告中还需要包括不确定度的信息；

d. 特定方法、客户或客户群体要求的附加信息。

5.8.4 对含抽样的检测报告，还应包括下列内容：

a. 抽样日期；

b. 与抽样方法或程序有关的标准或规范，以及对这些规范的偏离、增添或删节；

c. 抽样位置，包括任何简图、草图或照片；

d. 抽样人；

e. 列出所用的抽样计划；

f. 抽样过程中可能影响检测结果解释的环境条件的详细信息。

5.8.5 检测报告中含分包结果的，这些结果应予清晰标明。分包方应以书面或电子方式报告结果。

5.8.6 当用电话、电传、传真或其他电子/电磁方式传送检测和/或校准结果时，应满足本准则的要求。

5.8.7 对已发出报告的实质性修改，应以追加文件或更换报告的形式实施；并应包括如下声明："对报告的补充，系列号……（或其他标识）"，或其他等效的文字形式。报告修改应满足本准则的所有要求，若有必要发新报告时，应有唯一性标识，并注明所替代的原件。

附录 12

公路水运工程试验检测人员考试办法

（2007 年 2 月 14 日　交通部　质监综字[2007]4 号）

第一章　总　　则

第一条　根据《公路水运工程试验检测管理办法》(交通部令 2005 年第 12 号)第三十九条的规定，为加强对公路水运工程试验检测人员管理，提高试验检测人员素质，制定本办法。

第二条　公路水运工程试验检测人员资格(以下简称检测人员)分为公路工程和水运工程 2 个专业，设试验检测工程师(以下简称检测工程师)和试验检测员(以下简称检测员)2 个等级。

第三条　从事公路、水运工程试验检测的人员应当通过公路水运工程试验检测业务考试(以下简称考试)，取得上岗资格证书。

第四条　质监总站为考试工作的组织和监管部门，负责：

(一)确定考试大纲，建设和管理考试题库。

(二)指导监督各省的考试工作。

(三)确定考试合格分数线。

(四)组织对检测工程师的考卷评判，核发检测工程师证书。

(五)制定有关考试工作管理规定并监督落实。

(六)建立并维护考试合格人员管理数据库。

第五条　各省级质监机构(以下简称省站)为本行政区域内考试工作的组织实施部门，负责：

(一)制定本行政区域内考试计划，报质监总站核备。

(二)发布检测工程师和检测员考试通知，审查报名考试者资格。

(三)组织实施考试，负责监考，承担相应考务工作。

(四)组织对检测员的考卷评判，核发检测员证书。

(五)动态更新和维护考试合格检测人员管理数据库。

第二章　考试科目与方式

第六条　公路工程和水运工程检测工程师考试科目分为公共基础科目和专业科目，检测员考试仅设置专业科目。

第七条　公路检测工程师和检测员考试专业科目分为：材料、公路、桥梁、隧道、交通安全设施和机电工程；水运检测工程师和检测员考试专业科目为：材料、地基与基础、结构。

第八条　检测工程师应当通过公共基础科目和任意一门专业科目的考试。从事试验检测工作两年以上且具有相关专业高级职称的考生可免试公共基础科目。

检测员应当通过任意一门专业科目的考试。

每个考生可报考多个专业，单科考试成绩2年内有效。

第九条 考试实行计算机考试或纸质试卷考试的方式。

计算机考试应使用质监总站规定的专用程序，当场随机抽取试题组成试卷，当场确定考生成绩。考试组织单位应按考生数量配备计算机（每人1台），并在考前进行测试，保证计算机在考试过程中正常运行。

纸质试卷考试应从题库中随机抽取试题，经专家审查后组成试卷，人工阅卷。

第三章 报名及考试

第十条 申请考试的人员（以下简称“考生”），应当符合下列基本条件：

（一）遵纪守法，遵守试验检测工作职业道德。

（二）身体健康，能胜任试验检测工作。

（三）申请检测员的考生应具有高中以上文化程度及2年以上所申请专业的工作经历，或具有大学专科及以上学历，或具有初级专业技术任职资格。

（四）申请检测工程师的考生应取得中级或相当于中级（含高级技师）以上工程专业技术任职资格，有1年以上所申请专业的试验检测工作经历，且满足以下相关专业学历的年限要求：

1.获博士学位当年。

2.获硕士学位后从事工程专业技术工作3年以上。

3.获得双学士学位或研究生毕业后，从事工程专业技术工作4年以上。

4.大学本科毕业后，从事工程专业技术工作5年以上。

5.大学专科毕业后，从事工程专业技术工作7年以上。

6.工作后取得大学本科学历，从事工程专业技术工作6年以上。

7.工作后取得大学专科学历，从事工程专业技术工作8年以上。

8.相关专业中专毕业后，从事工程专业技术工作12年以上。

第十一条 考生可在户籍或工作所在地报名，考试实行网上报名。考生同时向考场所在地省站提交以下材料：

（一）公路水运工程试验检测人员考试申请表（样式附后）。

（二）本人学历、职称、身份证原件及相应复印件。

（三）近期小二寸标准证件照片4张。

考生对个人材料真实性负责。申请表须经考生所在单位或人事档案管理部门审核盖章。审核单位对材料真实性负审核责任。

第十二条 考生或其所在单位应在规定时间内将申报材料报送省站进行审查，省站审核证件原件后保留复印件及其他材料。考试资格审查实行审查人负责制。

第十三条 省站根据当地报名情况拟定考试计划。考试计划向质监总站报备，核准后，在质监总站统一确定的时间内由省站组织集中考试。

省站须严格执行考试有关规章制度，公平、公正、科学地组织考试；监考人员要恪尽职守，严格执行监考守则；考生必须遵守考场纪律。

第十四条　开考前，监考人员要逐一核查考生身份，并明示考场纪律。发现作弊、替考、违反考试纪律等违规现象要及时制止，并在监考记录单上如实记录。

第十五条　考试违规处理：

（一）考试作弊者取消当场考试成绩及后续考试资格，当年内不得再次报考。

（二）替考、扰乱考场秩序、提供假资料者取消本次考试资格，2年内不得再次报考。

（三）对已取得试验检测人员证书的人员，经查实有弄虚作假骗取考试资格、违规替考等违反考试纪律行为的，取消其证书资格，并在2年内不得再次报考。

第十六条　考试结束后，各考点主考应如实填写考试信息登记表，由省站签章认可后及时报质监总站。各省站应对考试信息的真实性负责。

第四章　检测人员证书

第十七条　检测工程师考试结束后，由省站将考试信息报送质监总站，质监总站核准后组织阅卷，并对考试合格者颁发《公路水运工程试验检测工程师证书》。

第十八条　检测员考试结束后，由各省站组织阅卷，并对考试合格者颁发《公路水运工程检测员证书》。

第十九条　检测人员证书格式由质监总站制定。

第二十条　各省站应将本区域获得检测人员证书者纳入检测人员数据库进行动态管理。

第二十一条　检测人员证书是从事检测工作的岗位证书，不得伪造、涂改、租借。

第二十二条　检测人员证书有效期为5年。证书有效期内，检测人员应按规定参加继续教育。继续教育内容和时间由质监总站制定。

检测人员证书到期，发证部门应对其参加继续教育情况及业绩信誉记录进行核查。核查合格的在证书上签署核查意见并加盖印章。核查不合格的，责令限期整改，或按《公路水运工程试验检测管理办法》（交通部令第12号）第五十条执行。检测人员在整改期间不得从事试验检测业务。

附件1（略）

附录 13

相关系数检验表

相关系数检验表(γ_β)

$n-2$	显著性水平 β		$n-2$	显著性水平 β		$n-2$	显著性水平 β	
	0.01	0.05		0.01	0.05		0.01	0.05
1	1.000	0.997	15	0.606	0.482	29	0.456	0.355
2	0.990	0.950	16	0.590	0.468	30	0.499	0.349
3	0.959	0.878	17	0.575	0.456	35	0.418	0.325
4	0.917	0.811	18	0.561	0.444	40	0.393	0.304
5	0.847	0.754	19	0.549	0.433	45	0.372	0.288
6	0.834	0.707	20	0.537	0.423	50	0.354	0.273
7	0.798	0.666	21	0.526	0.413	60	0.325	0.250
8	0.765	0.632	22	0.515	0.404	70	0.302	0.232
9	0.735	0.602	23	0.505	0.396	80	0.283	0.217
10	0.708	0.576	24	0.496	0.388	90	0.267	0.205
11	0.684	0.553	25	0.487	0.381	100	0.254	0.195
12	0.661	0.532	26	0.478	0.374	200	0.181	0.138
13	0.641	0.514	27	0.470	0.367	300	0.148	0.133
14	0.623	0.497	28	0.463	0.361	400	0.128	0.098

参考文献

[1] 中华人民共和国计量法(1985 年 9 月 6 日 中华人民共和国主席令第 28 号).
[2] 中华人民共和国标准化法(1988 年 12 月 29 日 中华人民共和国主席令第 11 号).
[3] 中华人民共和国产品质量法(2000 年 7 月 8 日 中华人民共和国主席令第 33 号).
[4] 中华人民共和国标准化法实施条例(1990 年 4 月 6 日 国务院令第 53 号).
[5] 建设工程质量管理条例(2000 年 1 月 30 日 国务院令[2000]第 279 号).
[6] 中华人民共和国计量法实施细则(1987 年 2 月 1 日 国家计量局发布).
[7] 实验室和检查机构资质认定管理办法(中华人民共和国国家质量监督检验检疫总局令第 86 号).
[8] 实验室资质认定评审准则(2006 年 7 月 27 日国家认监委国认实函(2006)141 号).
[9] 公路水运工程试验检测管理办法(交通部令[2005]第 12 号).
[10] 关于发布《公路水运工程试验检测机构等级标准》《公路水运工程试验检测机构等级评定程序》的通知(交质监发[2008]274 号).
[11] 关于印发公路水运工程试验检测人员考试办法的通知(质监综字[2007]4 号).
[12] 关于印发公路水运工程试验检测信用评价管理办法(试行)的通知(交质监发[2009]318 号).
[13] 关于进一步加强公路水运工程工地试验室管理工作的意见(厅质监字[2009]183 号).
[14] 关于印发公路路水运工程试验检测人员继续教育办法(试行)的通知(厅质监字[2011] 229 号).
[15] 关于印发公路水运工程试验检测机构换证复核细则(试行)的通知(质监综字[2011]17 号).
[16] 公路水运工程安全生产监督管理办法(交通部令 2007 年第 1 号).
[17]《危险化学品安全管理条例》(国务院第 591 号).
[18] 国际标准化组织(ISO)和国际电工委员会(IEC)联合发布的 ISO/IEC17025:2005《检测和校准实验室能力的通用要求》.
[19] 中华人民共和国国家标准. GB/T 8170—2008 数值修约规则与极限数值的表示和判定[S]. 北京:中国标准出版社,2008.
[20] 中华人民共和国国家标准. GB 3100～3102—1993 量和单位[S]. 北京:中国标准出版社,1993.
[21] 中华人民共和国法定计量单位(1984 年 2 月 27 日国务院发布).
[22] 国家认证认可监督管理委员会. 实验室资质认定工作指南[M]. 北京:中国计量出版社,2007.
[23] 中华人民共和国国家标准. GB/T 15483.1—1999 利用实验室间比对的能力验证 第 1 部分:能力验证计划的建立和运作[S]. 北京:中国标准出版社,1999.
[24] 中华人民共和国国家标准. GB/T 15483.2—1999 利用实验室间比对的能力验证 第 2 部分:实验室认可机构对能力验证计划的选择和使用[S]. 北京:中国标准出版社,1999.

[25] 中华人民共和国国家标准. GB/T 3358.1—2009 统计学词汇及符号 第1部分:一般统计术语与用于概率的术语[S]. 北京:中国标准出版社,2004.

[26] 中华人民共和国国家标准. GB/T 3358.2—2009 统计学词汇及符号 第2部分:应用统计[S]. 北京:中国标准出版社,2004.

[27] 中华人民共和国国家标准. GB/T 4883—2008 数据的统计处理和解释正态样本离群值的判断和处理[S]. 北京:中国标准出版社,2008.

[28] 中华合格评定国家认可委员会. 能力验证结果的统计处理和能力评价指南 CNAS-GL02,2006.

[29] 张超,郑南翔,王建设. 路基路面试验检测技术[M]. 北京:人民交通出版社,2004.